ちくま新書

社会保障入門

伊藤周平
Ito Shuhei

1333-3

社会保障入門【目次】

広がる貧困と生活不安——脆弱な社会保障と社会保障削減

†現場からの悲鳴

「食品や日用品、光熱費が上がり、さらに介護保険、医療保険の保険料も上がり、わが家では、新聞も止め、……医師から処方される薬も止めました。……年金引き下げは高齢者の生活を苦しめるだけです。取り消してください」

これは鹿児島市に住む七〇歳（当時）の女性が、年金減額処分の不服審査請求書に記した悲鳴にも近い訴えだ。「これ以上下げられると盆暮れのおつきあいもできません」と記した女性もいた（年金裁判違憲訴訟陳述集『とどろけ心の叫び』全日本年金者組合、二〇一六年一二月、一一二頁）。

第二章でみるように、二〇一三年一〇月から、特例水準（物価が下落した時期に特例として年金給付が据え置きとなっていた水準）の解消を名目に、老齢・障害・遺族年金が引き下げられ（一三年から一五年まで三年間で二・五％減額）、母子世帯などに支給される児童扶養手当や障害のある子どもへの手当なども減額された（同じく三年間で一・七％減額）。二〇一五年四月からは、年金給付額を物価・賃金の伸びより低く抑えるマクロ経済スライドがはじめて発動され、二・三％の物価上昇に対し年金上昇は〇・九％増（特例水準の解消分の〇・五％、マクロ経済スライドの調整率〇・九％が加わり計一・四％の引き下げ）に抑えられた。

「通所施設に通ってくるお年寄りの方が元気で、職員の私たちの方が元気ないのよ」

私事で恐縮だが、これは山口県の通所事業所に勤務する筆者の妹のぼやきである。二〇一五年四月から、介護事業所などに支払われる介護報酬が全体で二・二七％も引き下げられた。介護職員処遇改善加算分（プラス一・六五％）などを除く基本報酬でみると、四・四八％もの引き下げは、過去最大だ。二〇一八年四月の介護報酬改定では、引き下げ（マイナス改定）こそなかったが、改定率〇・五四％の微々たる引き上げにとどまり、しかも、妹が勤務しているような大規模通所介護事業所の基本報酬は引き下げられ、経営が苦しくなっている。妹がぼやいていた「利用者が元気で、職員が疲弊して元気がない」という「笑い話」のような状況は、多くの事業所でみられるが、さらに悪化している。介護現場では、いまや介護職員の疲弊、離職が加速し、募集をかけても人がこないという状況が常態化している。

「生活保護費の削減と消費税の増税で暮らしは、悪化の一途。昨年夏は猛暑であったが、電気代節約のためにクーラーをつけず、三回も熱中症で病院に運ばれた」

最後の声は、生活保護基準引き下げ違憲訴訟の鹿児島地方裁判所での第一回期日における原告のひとりの陳述である（二〇一六年六月二二日）。第八章でみるように、二〇一三年八月から三年かけて生活保護の扶助費（生活保護基準）の引き下げが断行され、二〇一五年七月からは、さらに住宅扶助費の削減（三年かけて総額一九〇億円の削減）と冬季加算の削減（二〇一五年一一月から翌年三月までの分約三〇億円）が断行された。生活扶助費は二〇一八年一〇月から三年かけて、さらに一六〇億円削減される。この陳述のように、生活保護受給者の健康への悪影響、場合によっては命にかかわる事態をもたらしかねず、まさに「命を削る政策」といってよい。

†社会保障削減と生活不安の拡大

現場からの悲鳴を三つ紹介したが、いま、日本では、社会保障費の抑制・削減（以下「社会保障削減」と総称）が進められ、国民生活がますます苦しくなり、将来への不安が増大している。

二〇一八年度予算でみると、医療・介護などの社会保障費の自然増部分（高齢化の影響などで自然に増大する部分）が概算要求段階の六三〇〇億円から五〇〇〇億円に削減された。安倍晋三政権になってからの六年間で、医療崩壊をもたらしたといわれた小泉政権の時代を上回る一・六兆円もの大幅削減である。同時並行で、社会保障削減を内容とする法律が次々と成立、生活保護基準や年金などの引き下げが断行されている。

中でも、社会保障の中心をなす社会保険制度（年金・医療・介護）については、保険料の引き上げ、給付水準の引き下げ（マクロ経済スライドによる年金水準の引き下げ）、給付要件の厳格化（特別養護老人ホームの入所対象者を要介護3以上に限定など）、患者・利用者の自己負担増が次々と断行され、保険料や自己負担分を払えない人が、必要な医療や介護サービスを受けられない事態を招いている。また、年金から天引きされる保険料の増大や年金給付の減額は、冒頭でみたように、年金生活者の生活困難を増大させている。

一方で、二〇一八年度予算では、防衛費（軍事費）が当初予算としては過去最大の五兆一九一一億円となり突出した伸びを示し、安倍政権が発足してから六年連続の増額、四年連続で過去最大を更新している。北朝鮮による弾道ミサイル発射を口実に、陸上配備型迎撃ミサイルシステム（イージス・アショア）配備に向けた調査費などに七億三〇〇〇万円を盛り込み、垂直離着陸機オスプレイスやF35Aステルス戦闘機、無人偵察機グローバルホークなどを増強する。とりわけ、歴史的な米朝首脳会談の後、北朝鮮半島の軍事的緊張が緩和されている中で、長距離巡航ミサイルの導入は（イージス・アショアの購入費だけで一〇〇〇億円を超える！）、かえって緊張を高めるだろうし、北朝鮮のミサイル基地を射程に収めた攻撃能力を日本が保有することを意味し、憲法のみならず、歴代内閣が堅持してきた「専守防衛」の枠を超えることとなり問題である。

かつて「大砲か、バターか」と称されたように、防衛費の増大を進める政権は、必ず社会保障を削減してきた。安倍政権の場合、それがとくに露骨だ。そして、こうした社会保障削減により、貧困や格差が今以上に拡大することは必至である。貧困や格差を拡大させる政策は、それが意図的か否かは別として、結果的に、貧困層の若者の経済的徴兵（生活困窮のために、安定した収入を求めて軍隊に入ること）をうながし、二〇一五年に成立した安全保障関連法（いわゆる「戦争法」）、さらには、二〇一七年に成立した共謀罪と並んで日本を戦争のできる国にしていく基盤づくりともいえる。

†脆弱な日本の社会保障

日本国憲法（以下、本書では「憲法」と略）二五条一項は、国民の「健康で文化的な最低限度の生活を営む権利」を明記し、同条二項は「国は、すべての生活部面について、社会福祉、社会保障及び公衆衛生の向上及び増進に努めなければならない」と規定している。国（都道府県や市町村など自治体も含むとされている）の社会福祉・社会保障における責任を明記しているわけだ。

この憲法二五条の規定を踏まえ、社会保障を定義するならば、失業しても、高齢や病気になっても、障害を負っていても、どのような状態にあっても、すべての国民に、国や自治体が「健康で文化的な最低限度の生活」を権利として保障する制度ということができる。そして、憲法二五条一項で保障されるべき生活水準は、生存ぎりぎりの「最低限度の生活」（すなわち、ヒトとしての生命体を維持できるぎりぎりの生活）ではなく、「健康で文化的な」ものでなければならないと解されている。しかし、冒頭で紹介した年金生活者や生活保護受給者の生活実態は、とても「健康で文化的な最低限度の生活」とはいいがたいだろう。

何よりも、日本では、社会保障が脆弱で十分機能していない。生活保護世帯は過去最高を更新し、貧困率は国際的にみても高い水準にあり（国民の六人に一人が貧困線以下の生活）、子どもの虐待件数も過去最多を更新し続けている。高齢者の孤立死・孤独死も増大、家族の介護疲れによる介護心中・殺人件数は、二〇〇六年以降、毎年四〇件から五〇件のペースで発生している（この件数も氷山の一角と推定される）。過労死・過労自殺の労働災害（労災）認定も増加し続けており、二〇一七年度の労災補償状況によれば、仕事が原因でうつ病などの精神障害を発症して労災認定を受けた人は五〇六人で、はじめて五〇〇人の大台を越え（うち九八人が自殺・自殺未遂）、過去最多になっている（厚生労働省発表）。

これに加えて、社会保障が削減されているのだからたまらない。しかも、安倍政権による生活保護基準や年金の引き下げは、年金受給者などの生活実態を無視して一律に行われており、その意味で、国民の生存権侵害であり、憲法二五条違反の政策といえる。

†国民に知らされないまま進められる社会保障削減

あろうことか、安倍首相は、こうした憲法違反の社会保障削減を自らの歳出カット政策の実績として誇っている。社会保障削減を進め、その削減を誇るような人物が首相の座にとどまることは他の先進国では考えられないことなのだが、年金がカットされ生活が苦しいとぼやく高齢者が、なぜか選挙になると、年金をカットする法案を通した政権与党（自民党）に投票する。安倍政権の社会保障削減の実態がよく知られていないのではないか。

そもそも、社会保障の法制度は複雑なうえに、その範囲が、年金・医療から子育て支援など多岐にわたるため、一般の国民には理解が難しい。しかも、多くの国民に知られないまま、毎年のように法改正が行われ、頻繁に制度が変わる（介護保険がその典型だろう）。法律が施行されて、はじめて保険料や自己負担が増えていることに気づき驚く国民が大半なのである。

国政選挙でも、年金、介護、子育て支援などの社会保障政策は景気対策と並んで、有権者が投票の際に重視する項目では、常に一位か二位にランクインされるのだが、与野党とも、選挙になると（表面的とはいえ）社会保障の充実を公約に掲げるため、双方の違いがわからず争点になりにくい。

安倍政権も、これまでの選挙の時には、社会保障削減の方針はひた隠し、待機児童の解消など社会保障の充実を公約としてきた。直近の二〇一七年一〇月の衆議院選挙でも、政権与党は、二〇一九年一〇月の消費税率一〇％への引き上げを確実に実施し、その使途を変更することで幼児教育・保育を無償化することを選挙公約に掲げた。社会保障削減を国民に知らせない、政治問題化させない、選挙の争点とさせない（政治問題化しそうな場合には、小出しの改善案を打ち出し、矛盾を覆い隠す）政治手法がとられている。

†社会保障要求の封じ込め——財政危機論と強権政治

社会保障を充実してほしいという国民の要求は高いのだが、そうした要求を封じ込める政治手法もとられている。まず、国の財政が苦しいという財政危機論が持ち出される（これは、安倍政権に限らず、民主党政権も含めて歴代の政権がそうであったが）。国の借金は一〇〇〇兆円を超えている一方で、少子高齢化、さらには人口減少社会の進展で、税や保険料を納める社会保障の「支え手」が減り、現在の社会保障制度は持続できなくなるため、「持続可能」な制度（年金制度改革の場合には、これに「世代間の公平の確保」が加わる）にするための改革、すなわち増え続ける社会保障費を抑制・削減する改革が必要だとし、社会保障の充実を求める声を封じ込める。

同時に、社会保障の充実のためには、消費税の増税しかないと半ば脅しともいえる宣伝を行う。少子高齢化の進展と人口減少社会の到来→社会保障の支え手の不足→社会保障の持続可能性を維持するための歳出削減と消費税の増税というお決まりの図式だ。

しかし、社会保障は安心した国民生活を保障するための制度なのだから、いくら社会保障制度が「持続可能」になったとしても、国民生活が成り立たなくなれば意味がないし、本末転倒だ。社会保障は国民生活に必要なものであるから、財源が足りなければ、どこからか財源を工面して、社会保障の充実に充てるのが、政治家の仕事ではないか。そもそも、本当に財源がないのか。消費税を増税することなく、社会保障充実のための財源を確保することはできないのだろうか（この問題については、終章で詳しく検討したい）。

また、これは安倍政権に顕著な特徴だが、生活保護バッシングのように、生活保障を求めようとする人を「怠け者」や「不正受給者」のごとく攻撃し、助けを求めさせない、声を上げさせない社会的雰囲気が作りだされている（助けを求めたら、バッシングされる！）。社会保障を公的責任による保障の仕組みとしてではなく、家族や地域住民の「助け合い」（共助）の仕組みと歪曲し、できるだけ公に頼らず、自助や家族で何とかすべきだという自己責任論が強調される。

自民党の「日本国憲法改正草案」（二〇一二年四月二七日決定）の二四条は、新たに一項を設け、「家族は、互いに助け合わなければならない」と規定している。そのこと自体が、戦前の家制度など古い価値観の復活を思わせるが、社会保障との関係では、自助や共助の基本的単位として、家族内での助け合い、つまりは扶養を強要する根拠規定されるおそれがある。そこでは、家族の扶養や助け合いで何とかならないからこそ、社会保障が生まれて発展してきたという歴史的事実が全く看過されている（第一章参照）。

†それでも、声をあげはじめた人々

こうした安倍政権のもとでも、社会保障削減と相次ぐ給付引き下げに対して、当事者が声をあげはじめている。もともと、日本の人権をめぐる訴訟の中で、さまざまな困難をか

かえつつも、生活保護基準の違憲性を争った朝日訴訟など、固有の人名を付した裁判として、活発に提訴されてきたのが、憲法二五条の生存権をめぐる裁判であった（第八章参照）。

まず、生活保護基準の引き下げについては、同基準の引き下げを違法とする行政訴訟（生存権裁判といわれる）が、全国で二九件提訴され、原告は一〇〇〇人を超え（二〇一七年一二月現在）、生活保護史上空前の裁判運動に発展している。年金給付の引き下げについても、全日本年金者組合の組合員を中心に、全国で一二万人を超す集団審査請求の運動が展開され、それを受けて、全国四二都道府県の原告が三九の地方裁判所に年金減額に対する取消訴訟を提起している（二〇一七年九月現在）。こちらは、原告は四〇〇〇人を超え、社会保障をめぐる史上最大の集団訴訟に発展している（筆者も、同訴訟において、原告側の共通意見書を東京地裁などに提出している）。

二〇一六年二月には、保育園の入所選考に子どもが落とされた母親が政治への怒りをつづった「保育園落ちた日本死ね!!!」と題するブログが国会質問で取り上げられ、これを契機に、「待機児童ゼロの実現」などを掲げながら、待機児童問題に真剣に向き合おうとも解決しようともしない安倍政権に対する怒りの声が急速に拡大、同じように保育園の選考にもれた親たちが「保育園落ちたのは私だ！」とのプラカードを手に、国会前で抗議活動に立ち上がった。マスコミにも大きく取り上げられ、待機児童問題が大きな政治問題に浮上し、安倍政権は、待機児童解消を（表面的にでも）重要政策に掲げざるを得なくなった。社会保障の問題を政治問題化し、選挙の争点としていくことができれば、政治を変え、社会保障を充実させていくことができるという展望が見出せる出来事だったといえよう。

†本書の目的と構成

いずれにせよ、社会保障削減が続くいまこそ、私たち一人ひとりが社会保障の内容を正確に理解し、だれもが安心して暮らせる社会保障を実現するための道筋を考える必要があるのではなかろうか。そのために、社会保障のガイドブックが必要ではないか。

本章は、以上のような問題意識から、社会保障の法制度を読み解き、その現状と制度が抱えている問題点を、できるだけわかりやすく解説し、社会保障の財源問題も含めて制度の諸問題の解決と社会保障充実の道筋を示すことを狙いとしている。

第一章では、社会保障とは何か、どのように発展してきたのかを辿り、日本の社会保障の枠組みを示し、公的扶助（日本では生活保護といわれる）、社会保険、社会福祉のそれぞれの特徴を明らかにする。第二章以下は各論であり、まず、国民の関心が高く、給付額も社会保障費の八割を占める三つの社会保険制度、年金（第二章）、医療（第三章）、介護（第四章）について検討する。

ついで、労災保険と雇用保険からなる労働保険（第五章）、子育て支援・保育と児童福祉（第六章）、障害者福祉（第七章）、貧困問題と生活保護（第八章）の順に、それぞれの法制度を考察する。そして、終章では、社会保障の財源問題をとりあげ、社会保障の主要な税財源とされている消費税が、貧困と格差を拡大する欠陥税制であり、社会保障財源として最もふさわしくないことを指摘する。同時に、所得のない人からも徴収する介護保険料など社会保険料負担の問題点を明らかにし、だれもが安心して暮らせる社会保障を実現するための社会保障・税制改革の対案を提示する。

本書は、第一章で、社会保障の全体像をつかんで、第二章以下の各論で詳しく分析するというスタイルをとっているが、各章は、それぞれ独立しているので、関心のある章から読み進めてもらってよい。

第一章

社会保障とは何か

1 社会保障の誕生と発展

†社会保障の沿革――救貧法と社会保険

「社会保障」と呼ばれる法制度は、救貧法と労働者共済制度を沿革として、二〇世紀の二度の世界大戦を経て、先進諸国を中心に本格的な確立をみた。おおまかにいうと、救貧法は国家責任による公的扶助に、労働者相互の互助の制度であった労働者共済は、国家に取り込まれ、強制加入の社会保険制度にそれぞれ発展していった。

救貧法（Poor Law）は、イギリスにおけるエリザベス一世統治下の一六〇一年法に、その淵源を求めることができる。エリザベス救貧法を抜本的に見直した一八三四年の新救貧法は、資本主義の発展を背景に、貧困は個人の責任であるという考え方に基づき、労働能力のある者は労役場（work house）に収容し強制的な労働に従事させ、労働能力のない者は、最下層の労働者の生活水準より快適であってはならないとする「劣等処遇（less eligibility）の原則」のもと、低水準の救済を恩恵的に与えるものであった。

しかし、一八三四年法の劣等処遇原則は、一九世紀末のC・ブースの貧困調査などにより、貧困が個人の責任ではなく社会で対処すべき問題と考えられるようになると、破棄され、二〇世紀に入ると、現代的な公的扶助への脱皮がはかられる。ただし、救貧法そのものは、イギリスでは後述の国民扶助法の成立まで残存したし、日本では、こうした「劣等処遇」の考え方は、いまだに、生活保護受給者に対して根強く残っている（第八章参照）。

これに対して、保険料負担（救出）を前提とする社会保険（Social Insurance）の制度化は、一八八〇年代のドイツにおいて成立した疾病保険（一八八三年）、労災保険（一八八四年）、老齢保険（一八八九年）のいわゆるビスマルク社会保険立法を嚆矢とする。労働者共済制度の自治が強かったイギリスやフランスでは、ドイツに比べて社会保険の制度化は遅れたが、それでも、二〇世紀に入ると、イギリスでも、一九〇八年の老齢年金法、一九一一年の国民保険法（健康保険と失業保険）など、次々に社会保険立法が成立する。

†社会保障の生成

当初は別個に発展してきた公的扶助と社会保険であったが、一九三〇年代の大恐慌がもたらした大規模な失業と深刻な生活の危機により、失業保険が機能不全に陥ると、社会保険方式の限界が明らかとなり、失業扶助が創設されるなど両者の交錯が生じた。一九四二年に出されたＩＬＯ（国際労働機関）事務局の『社会保障への途（Approaches to Social Security）』という小冊子では、社会保険と公的扶助の統合としての社会保障制度を構想した。

同時に、第二次世界大戦という総力戦を遂行するため、社会を統合・安定させる装置、戦費調達の手段（年金保険料など）としての役割を果たすべく、国家的規模で、すべての国民を対象とした生活保障の制度が確立していった。

こうした生活保障の仕組みが、しだいに「社会保障」と呼ばれるようになるが、社会保障の名を付した最初の法律は、一九三五年、当時のニューディール政策の一環としてアメリカで成立した「社会保障法（Social Security Act）」である。「保障」は「安全保障」と同じ語源であり、その意味で、「社会保障」とは、国民が安全・安心に暮らすための生活保障の仕組みといってよい。

†社会保障の発展と福祉国家

一九四二年に、イギリスで「ベヴァリッジ報告」(正式名称は「Beveridge Report: Social Insurance and Allied Services」)が出される。同報告は、これまで存在した社会保険およびその関連諸制度の抜本的な改革により、国家が国民生活のナショナル・ミニマム(最低基準)を統一的・包括的に保障することを提唱し、社会保険と公的扶助を組み合わせた総合的な社会保障計画を構想した。この提案を基礎として、第二次世界大戦後、イギリスでは、一九四六年の国民保健サービス法、一九四八年の国民扶助法など一連の社会保障立法が成立、他の西欧諸国にも拡大し、年金・医療などの社会保障制度を整備した「福祉国家(Welfare State)」と呼ばれる国家体制が確立していった。

社会保障の概念の定着がみられるのもこの時期で、国連の世界人権宣言(一九四八年)において、社会保障の権利が「自己の尊厳と自己の人格の自由な発展」のために欠くことができない権利として明記されるにいたった(二二条、二五条)。また、ILOが一九五二年に採択した「社会保障の最低基準に関する条約」(一〇二号条約)は、当時の自由主義諸国の社会保障の最大公約数的な基準を設定した(日本は、一九七六年に批准)。

世界人権宣言には、加盟国に対する法的拘束力はなかったが、一九六六年に、国連総会で採択され、一九七九年に、日本が批准し発効した国際人権A規約（経済的、社会的及び文化的権利に関する国際規約。以下「社会権規約」という）は、九条で「この規約の締結国は、社会保険その他の社会保障についてのすべての者の権利を認める」と明確に規定した。社会権規約は国際条約であり、国内法に優越し、同条約に反する国内法は改変が求められることを考えると、国際条約で社会保障の権利が認められた意義は大きい。

†日本における社会保障の確立と発展

日本では、序章でみたように、一九四六年に制定された憲法二五条一項において、国民の「健康で文化的な最低限度の生活を受ける権利」が明記され、同条二項で、国（都道府県や市町村など自治体も含む）の社会福祉・社会保障等の向上増進義務が規定された。戦後になって、憲法の条文に「社会保障」という言葉がはじめて登場したわけである（それまでは「社会事業」などの言葉で呼ばれていた）。

第二次世界大戦後、日本を占領下においたGHQ（連合国最高司令官総司令部）の対日福祉政策の基本は、戦前の社会事業の恩恵的・慈善的性格の払拭に置かれた。GHQは、「社会救済」覚書において、公的扶助における①無差別平等原則、②公的（国家）責任の原則、③必要充足の原則（扶助費の総額に制限を設けないこと）を示し、この原則に基づき、一九四六年九月、旧生活保護法が制定された。しかし、同法は保護請求権が否定されるなどの問題があったため、一九四九年の社会保障制度審議会の勧告「生活保護の改善強化に関する件」を受け、翌年、全面改正され、保護請求権を認めた現行の生活保護法が制定された。つまり、生活保護の受給は国民の権利とされたわけだが、いまだに権利とは意識されていない現状がある。

生活保護法から専門分化していくという過程を辿り、社会福祉法制も整備される。まず、一九四七年に児童福祉法が、一九四九年に身体障害者福祉法が制定され、生活保護とあわせて「福祉三法」と呼ばれた。また、年金・医療については、一九五八年に、国民健康保険法が全面改正され、国民健康保険が強制加入となったのに続き、一九五九年には、国民年金法が成立し、一九六一年四月から、すべての国民がいずれかの医療保険、年金保険の適用を受ける「皆保険・皆年金」がスタートした。

一九六〇年代の高度経済成長期に入ると、一九六〇年に知的障害者福祉法、一九六三年に老人福祉法、一九六四年に母子福祉法(現在は、母子及び父子並びに寡婦福祉法)が相次いで制定され(先の「福祉三法」に加えて「福祉六法」と呼ばれる)、年金・医療体制に続いて社会福祉の制度が確立した。

2 その定義と内容

†社会保障を定義すると……

日本をはじめ先進諸国で確立・発展してきた社会保障であるが、各国でその定義について共通の理解があるわけではなく、その社会的・文化的・政治的背景に応じて、社会保障の捉え方には相違がみられる。たとえば、アメリカの連邦社会保障法は、年金保険と公的扶助をさすものであるし（アメリカは、いまだに連邦レベルでの公的医療保険を持たない。オバマ政権時代に成立した、いわゆる「オバマケア」は、民間保険会社への加入を義務付ける仕組みである）、イギリスでは、社会保障は、主に所得保障制度（年金、家族手当、公的扶助など）を、フランスでは、社会保険と家族給付をさす概念として用いられている。

日本では、前述の憲法二五条二項に、「社会保障」は「社会福祉」や「公衆衛生」と並列して掲げられており、憲法上では、その定義がなされているわけではない。ただ、憲法二五条一項・二項の趣旨を踏まえると、社会保障とは、失業しても、高齢や病気になっても、障害を負っていても、どのような状態にあっても、何らかの支援を必要とするすべての国民に、国や自治体が「健康で文化的な最低限度の生活」を権利として保障する制度と定義できる。社会保障の運営実施の責任を最終的に負うのは国であり、国民の「健康で文化的な最低限度の生活」を保障する義務があるのも国ということとなろう。

社会保障を必要とするのは、障害者や認知症の高齢者などにとどまらない。現在は働いて収入を得ている人でも、病気やけが（傷病）で働けなくなったり、会社の倒産・解雇や労働災害によって職を失うことがあるし、やがては定年退職により賃金収入を失うときを迎える。その意味では、すべての国民が社会保障による支援を必要としているともいえ、社会保障は、国民の安全・安心を確保するための重要な制度である。

†社会保障の内容

では、日本の社会保障はどのようなものから成り立っているのだろうか。社会保障の内容をはじめて明確にしたのは、一九五〇年の社会保障制度審議会（二〇〇一年に廃止され、その機能は現在の社会保障審議会に受け継がれている）の勧告（以下「一九五〇年勧告」という）であり、そこでの分類が、現在まで広く用いられている。

「一九五〇年勧告」は、社会保障制度を「疾病、負傷、分娩、廃疾、死亡、老齢、失業、多子その他困窮の原因に対し、保険的方法又は直接公の負担において経済保障の途を講じ、生

図表1　日本の社会保障の法体系（主要4制度）

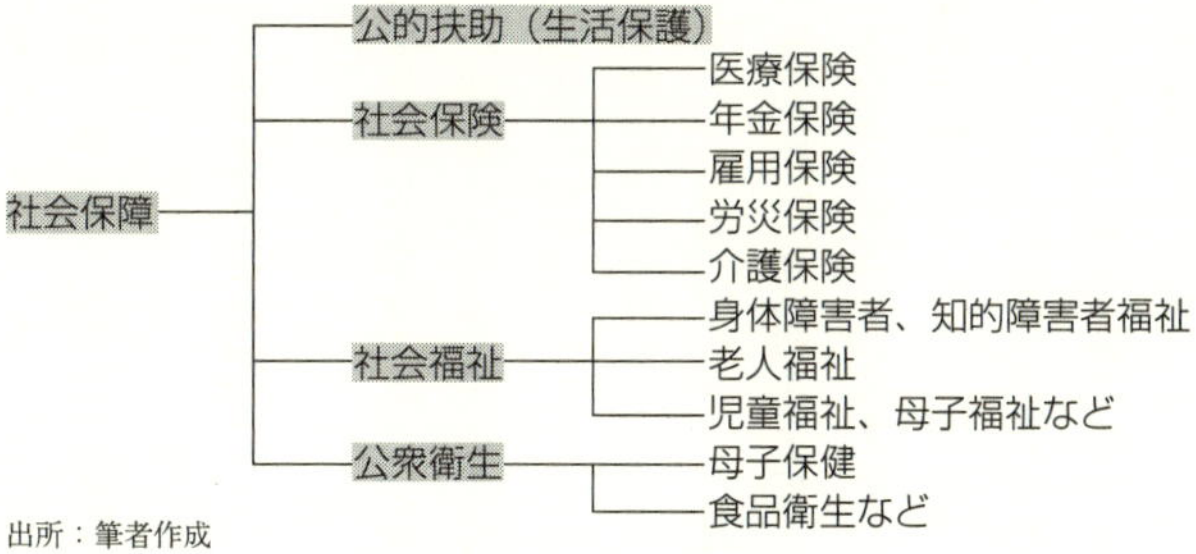

出所：筆者作成

活困窮に陥った者に対しては、国家扶助によって最低限度の生活を保障するとともに、公衆衛生及び社会福祉の向上を図り、もってすべての国民が文化的社会の成員たるに値する生活を営むことができるようにすること」と定義した。ここで社会保障の内容としては、社会保険、国家扶助（公的扶助）、公衆衛生、社会福祉が挙げられている。これが狭義の社会保障といわれる。その後の社会保障制度審議会の整理で、これに恩給と戦争犠牲者援護を加えて広義の社会保障とされ、さらに、住宅や雇用（失業）対策が社会保障関連制度として位置づけられた。いずれにせよ、日本では、社会保障が社会福祉・公衆衛生を含む広い意味で使われており、この点がイギリスなど他国との相違である（図表1）。

一九六〇年代の高度経済成長を経て、日本でも、社会保障制度の根拠となる法律が多数制定され、これら社会保障制度に関する法律が「社会保障法」と総称され、独立の法領域として研究されるようになった。これが社会保障法学である。そして、現在の社会保障法学では、憲法二五条の生存権規定が、社会保障法の制定根拠であり、基本的な解釈指針であるとの見解が通説となっている。

3　どのような枠組みなのか——その体系と法

社会保障を構成する社会保険、公的扶助などの制度は、それぞれ保障の方式、財政方式などが法律によって規定され、また、制度相互間にも一定の整合性があることから、これらの制度をベースにして社会保障の枠組みを捉えることができる（社会保障法学では「制度論的体系論」と呼ばれる考え方）。

同時に、前述のように、社会保障を、傷病や障害などにより何らかの支援を必要とする人の権利保障の仕組みと捉えるならば、憲法二五条にも明記され、「一九五〇年勧告」にも含まれている「公衆衛生」は、個々人の権利保障のための仕組みというより、全体的な保障の仕組みであり、本書では、考察の対象からは除外し、社会保障を側面から支える諸施策として、必要に応じて触れる。

以上から、社会保障の法体系を、被保険者の拠出（保険料負担）を前提とする社会保険、拠出を前提としないが、資産調査を必要とする公的扶助（日本では生活保護）、障害者・高齢者・児童など支援を必要とする人への個別的な対人サービスを中心とする社会福祉、そして、無拠出の定型的な金銭給付である社会手当の四つの主要制度に区分できよう。次に、その社会保障の四つの主要制度を解説する。

4　公的扶助、社会保険、社会福祉、社会手当の四制度

†公的扶助

公的扶助は、健康で文化的な最低限度の生活を営むことができない生活困窮者に対して、国がその責任において、その生活を保障する制度である。日本では、生活保護法に基づいて実施されているため、公的扶助は生活保護と同義で用いられている（第八章参照）。

序章でみたように、現代の日本では、高齢者や若者をはじめあらゆる世代に貧困が拡大し、とくに年金だけでは暮らしていけず、生活保護を受給する高齢者が増大している。生活保護（公的扶助）は、いまや重要なセーフティネットとしての役割を担っているといえる。

公的扶助の財源は、すべて税金によって賄われ、受給者には保険料などの拠出義務はないが、資産・能力の活用が受給要件とされているため、それを確認するため、資産調査（ミ

ーンズテスト）が実施される。そして、その調査に基づいて、受給者が選別され、生活保護基準に照らして最低生活を維持するのに足りない部分について補足的に保護費などが支給される。これが補足性原則と呼ばれる（生活保護法四条）。

†社会保険

つぎに、社会保険については、判例は、端的に「個人の経済的損害を加入者相互において分担する」仕組みと定義している（最高裁大法廷判決一九五八年二月一二日）。学説などの最大公約数的なところでいえば、社会保険は、加入者の拠出（保険料負担）を前提に、保険事故が生じた場合に、必要な給付を行う仕組みと定義できる。

社会保険においては、たとえば病気などになる確率の高い者だけが保険に加入すること（「逆選択」といわれる）を防止し、リスク（危険）の分散をはかるため、強制加入の仕組みが採用されている。国民健康保険の強制加入の仕組みが、憲法一九条（思想・良心の自由）および二九条（財産権の保障）に違反するかが争われた事例では、最高裁は、強制加入を「公共の福祉に合致する目的のために必要かつ合理的な範囲にとどまる措置」とし、憲法違反に当たらないと判示している（前記最高裁大法廷判決）。

強制加入の結果として、保険料負担が困難な人も加入者とさせられるため、社会保険には保険料の減免制度が存在し、保険料も応能負担が原則となっている。また、健康保険の被扶養者や国民年金の第三号被保険者のように、保険料負担をせずに、給付が受けられる場合がある。社会保険は、拠出（保険料負担）を前提とする保険方式をとりながらも、拠出がない給付が存在する点に最大の特徴を有している。その意味で、社会保険は、保険に特有の機能であるリスク分散とともに、所得再分配という二つの機能をもつといえる。

社会保険に加入し、保険料を負担（拠出）し、保険事故が発生して法定の受給要件を満たした場合に、保険給付を受けることができる者を被保険者といい、保険料を徴収し、適用や給付など保険事業を行うものを保険者という。社会保険の保険者は政府や公的機関である点が、保険会社が運営する民間保険との相違である。保険給付には、年金の支給のような金銭の支給（「現金給付」といわれる）のほかに、医療保険の療養の給付のような治療行為そのものの提供（「現物給付」といわれる）がある。

日本の社会保険には、老齢、障害、病気やけが（傷病）、業務・通勤災害、失業、要介護状態などの保険事故に対応し、①年金保険、②医療保険、③労災保険、④失業（雇用）保険、⑤介護保険の五つの社会保険がある。①の法律として厚生年金保険法と国民年金法などが、②の法律として健康保険法、国民健康保険法、高齢者の医療の確保に関する法律（以下「高齢者医療確保法」という）などが、③の法律として労働者災害補償保険法（以下

「労災保険法」という）が、④の法律として雇用保険法が、⑤の法律として介護保険法がそれぞれ存在する（①については第二章、②については第三章、③④については第五章、⑤については第四章で検討する）。

社会保険の財源は、加入者（被保険者）の保険料が基本だが、保険料は、労働者が加入する被用者保険の場合、被保険者本人のほかに、会社などの事業主（使用者）による事業主負担がある（負担割合は、原則として労使折半、ただし、労災保険は、原則として全額事業主負担で、労働者の負担はない）。自営業者の場合には、事業主負担がなく、被保険者本人のみが負担する。民間保険と異なり、社会保険には、国・自治体による公費（税）負担が投入されている。たとえば、自営業者の加入する国民年金では基礎年金給付費の二分の一を、国民健康保険では医療給付費の四割をそれぞれ国庫が負担している。

†社会福祉

社会福祉は、障害や老齢などの原因により、何らかの社会的支援が必要な人に対して、施設への入所や居宅での介護などのサービスを提供する仕組みである。

日本では、社会福祉は、対象者ごとに高齢者福祉、児童福祉、障害者福祉、母子福祉などの領域に分類され、社会福祉に関する法律も、これらの領域に対応して、児童福祉法、老人福祉法、身体障害者福祉法、知的障害者福祉法、母子及び父子並びに寡婦福祉法と、対象者ごとに分かれて制定されている。一方で、保育・教育施設などへの給付の仕組みを定める子ども・子育て支援法や身体・知的・精神障害者に対する給付の仕組みを定める障害者の日常生活及び社会生活を総合的に支援するための法律（以下「障害者総合支援法」という）なども制定されている（児童福祉法や子ども・子育て支援法は第六章で、身体障害者福祉法や障害者総合支援法などは第七章で検討する）。

†社会手当

社会手当は、受給に際して、社会保険のような保険料負担（拠出）を前提とせず、法定の要件に該当することで（たとえば、児童手当であれば、中学生以下の子どもがいる世帯）支給される無拠出の現金給付である。公的扶助（生活保護）のような厳格な資産調査も必要としない点に特徴がある。ただし、支給の要件として、一定の所得以下の者についてだけ支給される所得制限や年齢制限が課せられることがある。

日本の社会手当には、児童手当、児童扶養手当、特別児童扶養手当、特別障害者手当などがあり、いずれも所得制限がある。そのほか、無拠出の現金給付として、二〇歳前に障害を負った者に対する障害基礎年金がある。

社会手当は、一九五九年制定の国民年金法により、無拠出の福祉年金のひとつとして、まず死別母子世帯に対する母子福祉年金が設けられ、ついで離婚等による生別母子世帯についても、社会保障施策として、一九六一年に、児童扶養手当法が制定された。その後、生別死別を問わず母子家庭に対象が拡大され、現在では父子家庭にまで拡大されている。これに対して、児童を養育している一般家庭には、個別企業の賃金の一部である扶養手当という形で（いわば企業福祉として）、また、扶養控除などによる税制上の優遇措置という形で対応がなされてきたため、手当の制度化は遅れ、ようやく一九七一年に児童手当法が制定され、翌年より支給が開始された。

一方、障害者（児）に対する所得保障を目的として、特別児童扶養手当等の支給に関する法律（以下「特別児童扶養手当法」という）に基づき、障害児に対する特別児童扶養手当や障害児福祉手当、成人障害者に対する特別障害者手当が支給されている。

社会手当の財源は、公費（税）で賄われているが、児童手当では、被用者への手当の一部を事業主からの拠出金で賄っている。日本の社会手当は、児童手当以外は、特定の世帯を対象とした限定的な手当にとどまり、ヨーロッパ諸国の家族手当のような普遍的な社会手当としての発展はみられなかった。本書では「社会手当」として独立の章立てはせず、代表的な社会手当である児童手当は第六章で、児童扶養手当は第八章で考察する。

第二章

年金

年金制度は、老齢・障害などによる収入の中断、被保険者の死亡による遺族の生活困難に対応する生活保障の仕組みである。日本の年金制度は社会保険方式を採用しているが、少子高齢化の進展の中で、自分が高齢になったとき、年金がもらえないのではないか、もしくは大幅に減額されるのではないかという不安が若い世代を中心に広がっている。一方で、六五歳以上の年金受給者の三分の一にあたる約一〇〇〇万人が基礎年金だけの受給者で、平均支給額は月額四万四〇〇〇円ときわめて低く、生活保護を受給する高齢者世帯も増えている。本章では、年金制度の仕組みを解説した上で、年金制度の問題点と今後の課題を探る。

1　年金制度の仕組み

†年金制度のあらまし

日本の年金制度は、特定の年齢層を強制加入とする社会保険方式を採用しており、保険者（保険料を徴収して保険給付やその管理を行う機関）は政府であり、二〇一〇年一月より、日本年金機構が政府の委託を受け保険料徴収や給付などの事務を行っている。この点で、民間の保険会社が運営する私的年金制度と区別され、公的年金制度といわれることもある。本書では、強制加入の公的年金制度を単に「年金制度」という。

日本では、すべての国民が、いずれかの年金制度に加入する皆年金の確立は、国民年金法（一九五九年）の制定を待たなければならなかった。同法の成立・施行により、一九六一年より皆年金が実現した。

当初の皆年金は、民間労働者が加入する厚生年金、公務員が加入する各種共済年金および自営業者などが加入する国民年金など八つの年金制度に分かれ、職業により加入する年金が異なっていたが、一九八五年に、年金制度の抜本的な改革が行われ、いまの枠組みが確立した。すなわち、国民年金による基礎年金を一階部分とし、厚生年金保険や各種共済組合に加入する民間労働者や公務員に対して、基礎年金に加えて所得比例年金を支給する二階建て年金の導入である。旧制度では、厚生年金に加入する民間労働者に扶養されている配偶者（大半が女性）は、国民年金に自分で加入手続きをとらないと、基礎年金の受給権がなかったが、この改革で、新たに第三号被保険者として自分名義の年金受給権を得ることができることとなった（「女性の年金権の確立」といわれる）。

さらに、二〇一五年一〇月から、公務員の共済年金は厚生年金に統合され、国民年金と厚生年金の二つの枠組みとなった。

†二階建ての給付の仕組み

年金制度の仕組みは、全制度に共通する基礎年金（国民年金加入者が受け取る年金の総称）が一階建て部分となり、二階建て部分として、所得比例の厚生年金がある（図表2）。

国民年金の被保険者は、第一号、第二号、第三号被保険者に分けられる。第一号被保険者は、日本国内に住所がある二〇歳以上六〇歳未満の者で、第二・三号被保険者でない者をいい、定額の保険料を納付する。保険料額は、二〇一七年度で月額一万六四九〇円となっており、この水準で固定されている。二〇歳以上の学生も第一号被保険者とされ、後述

図表2　公的年金制度の仕組み

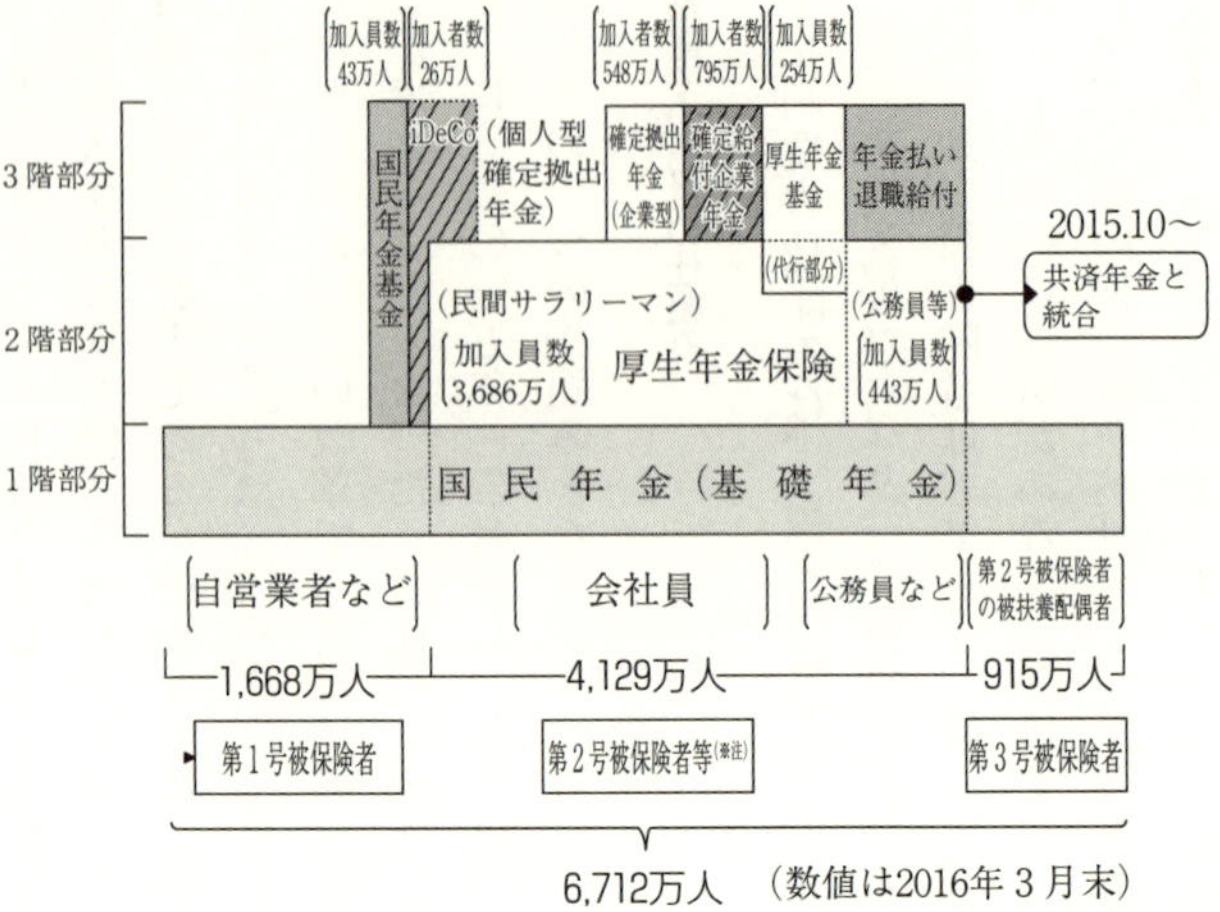

注：第2号被保険者等とは、厚生年金被保険者をいう（第2号被保険者のほか、65歳以上で老齢または退職を支給事由とする年金給付の受給権を有する者を含む）。
出所：『平成29年版・厚生労働白書』一部加筆修正

のように、学生本人だけの所得で保険料の納付を猶予する学生納付特例制度がある。

第二号被保険者は、厚生年金に加入している者で、保険料は報酬比例（標準報酬に保険料率をかけた額）であり、事業主などと折半し給与から天引きされて徴収される。たとえば、報酬月額（月収）二〇万五〇〇〇円の人であれば、標準報酬月額は第一七級（二〇万円）で、保険料率を一八％とすると、保険料は三万六〇〇〇円となる。半分は事業主（会社など）が負担するので、本人の負担は一万八〇〇〇円となる。

第三号被保険者は、第二号被保険

者の被扶養配偶者で二〇歳以上六〇歳未満の者をいう。被扶養配偶者とは、主に第二号被保険者の収入により生計を維持している者で、その圧倒的多数は女性（主婦）である。保険料は、第二号被保険者全体で第三号被保険者の基礎年金部分の保険料をまとめて負担しているため、第三号被保険者本人の保険料負担はない。

†老齢年金

年金給付の種類には、老齢年金、障害年金、遺族年金の三つがある。いずれも、年金を現実に受けとるには、本人から請求して、厚生労働省大臣の裁定を受ける必要がある。

このうち、老齢年金は、私たちが通常、「年金」といった場合にイメージする年金給付である。国民年金の給付である老齢基礎年金は、六五歳以上の人に受給資格期間に応じて支給される。受給資格期間は、保険料を支払った納付期間、免除の期間、制度上支払うことができなかった期間（給付額に反映しないので「カラ期間」といわれる）、学生納付特例制度などの手続きを行った期間のそれぞれを合計した期間をいう。この受給資格期間が一〇年以上ないと、老齢基礎年金を受け取ることができない。

受け取ることができる年金の給付額は、満期の四〇年間（四八〇カ月）保険料を支払った場合の満額で、年額七八万九〇〇〇円×改定率の定額である（二〇一七年度）。月額だと、二〇一七年度で六万四九四一円で、地域によっては、生活保護基準を下回る額である。納付期間が四〇年に達していなかったり、免除を受けている期間がある場合には、これよりさらに減額される。たとえば、四〇年間、保険料が全額免除されていた場合には、満額支給額の二分の一の給付額となる。ただし、厚生年金に加入していた人は、老齢基礎年金に上乗せして、老齢厚生年金が支給される。

老齢厚生年金の支給を受けながら、なお会社などに勤め賃金を得ている場合、年金額と賃金額に応じて、老齢厚生年金の一部または全部が支給停止される（在職老齢年金制度）。ただし、七〇歳以上の者は被保険者資格がなくなるため、保険料の負担義務はない。

老齢年金については、離婚時の年金分割制度が設けられている。この制度には、合意分割制度と三号分割制度がある。合意分割制度は、民法の財産分与と同様の考え方に基づくもので、夫婦の合意に基づき、婚姻期間にかかる標準報酬の分割を厚生労働大臣に請求する。分割割合は、夫婦双方の標準報酬額の二分の一以下とされており、当事者の協議が整わないときは、家庭裁判所が決めることになる。三号分割制度は、第二号被保険者の保険料は夫婦が共同して負担したものとみなし、その被扶養配偶者（第三号被保険者）が、離婚に際し、婚姻期間にかかる第二号被保険者の標準報酬の分割を請求できる。分割割合は二分の一と決められており、請求があれば強制的に分割される。分割の対象となるのは、分割規定を定めた改正法が施行された二〇〇八年四月以降の婚姻期間である。

†障害年金

障害年金は、二〇歳以上で障害を負った人に支給される。後述のように、二〇歳以上であれば、年齢に関係なく支給され、障害の程度によって支給額が異なり、最も重い障害等級一級で、障害基礎年金は月額八万円程度である。厚生年金に加入していた人には、障害基礎年金に障害厚生年金が上乗せされて支給される。

障害基礎年金と障害厚生年金が支給されるのは、①疾病にかかりまたは負傷し、その傷病の初診日において被保険者であったこと、②障害認定日（当該初診日から起算して一年六カ月を経過した日、あるいはその期間に傷病が治った症状が固定した日）に、法律で定められた障害等級に該当すること、および初診日の前日においてその前々月までに被保険者期間があり、かつ当該被保険者期間の三分の二以上が保険料納付済期間または保険料免除期間で満たされているとき（いわゆる「三分の二」要件）である。たとえば、二一歳の誕生日が障害初診日の場合、二〇歳から二一歳までの一年間（一二カ月）のうち三分の二にあたる八カ月以上の納付済期間（保険料免除期間）がなければ、障害年金は受給できない。

国民年金では、初診日が二〇歳前にある傷病について、その人が二〇歳に達したとき、または、二〇歳に達した後に障害認定日があるときには、その障害認定日に、障害等級一級または二級に該当するとき、その請求により障害基礎年金を支給する。ただし、本人に一定額以上の所得がある場合、他の年金を受けている場合は、その支給が停止される。

支給要件のうち、①の初診日について、最高裁は「医学的見地から裁定機関の認定判断の客観性を担保するとともに、その認定判断が画一的かつ公平なものとなるよう、当該傷病につき医師等の診療を受けた日」としている（二〇〇八年一〇月一〇日判決）。②の障害等級については、障害基礎年金では一、二級、障害厚生年金においては一級から三級に該当しなければならない。三級に該当するときには障害厚生年金のみが支給される。

障害基礎年金の額は、障害等級二級に該当する場合は、老齢基礎年金（満額支給）と同額（二〇一七年で月額六万四九四一円）で、一級に該当する場合は、その一・二五倍の額（同月額八万一一七六円）である。障害厚生年金の額は老齢厚生年金と同様、報酬に比例する。ただし、この場合は、加入期間が二五年（三〇〇カ月）に満たない場合は三〇〇カ月とみなされ、基礎年金のつかない三級障害の場合には最低保障額が設定されている。

なお、二〇歳以上の学生については、国民年金の任意加入の時期があり、その時期に、事故などにより障害者となった人が、国民年金に加入していなかったため、障害基礎年金を支給されないのは不当であるとして争われたのが一連の学生無年金障害者訴訟である。

東京地裁判決（二〇〇四年三月二四日）は、立法不作為を認め、原告の請求を認容したものの、控訴審（東京高裁）判決（二〇〇五年三月二五日）と最高裁判決（二〇〇七年九月二八日）は、学生を任意加入とした措置は、著しく合理性を欠くということはできないとして、原告の請求を棄却した。これらの訴訟を通じて、無年金障害者の救済の必要性が認識され、二〇〇四年一二月に、特別障害者に対する特別障害給付金の支給に関する法律が制定され、任意加入期間中に任意加入せず障害状態になった学生や被用者の配偶者に対して、月額三万九七六〇円（障害等級一級相当で五万一四〇〇円。二〇一七年度）の給付金が支給されている。

†遺族年金

遺族年金は、被保険者が死亡した場合に、その被保険者などに生計を維持されていた遺族に、一定の要件のもとに支給される。

遺族基礎年金は、①国民年金の被保険者、②国民年金の被保険者であった六〇歳以上六五歳未満の者で、日本国内に住所を有する者、③すでに老齢基礎年金を受給している六五歳以上の者、④老齢基礎年金の受給資格期間を満たした者のいずれかが死亡したときに、その遺族に支給される。

①に該当する場合には、死亡日の前日に、死亡日の属する月の前々月までの被保険者期間があるときは、その被保険者期間のうち保険料滞納期間が三分の一未満でなければならない。たとえば、妻の立場からみて、①は国民年金に加入している五五歳の夫が死亡した場合、②は国民年金に加入していたが、まだ老齢基礎年金を受給していない六三歳の夫が死亡した場合、③は老齢基礎年金を受給している七〇歳の夫が死亡した場合、④は一〇年の老齢基礎年金の受給資格期間を満たした五〇歳の夫が死亡した場合に、それぞれ遺族基礎年金が受給できることになる。

遺族厚生年金は、①被保険者(厚生年金に加入している人)、②被保険者資格喪失後、被保険者期間中に初診日のある傷病によって初診日から五年以内に死亡した者、③障害等級一級または二級の状態にあり、障害厚生年金を受給している者、④老齢厚生年金の受給権者または老齢厚生年金の受給資格期間を満たしている者のいずれかが死亡したときに、その遺族に支給される。たとえば、妻の立場からみて、①は厚生年金に加入している五五歳の夫が死亡した場合、②は厚生年金に加入していたが、被保険者期間中の六三歳のときにがんがみつかり、六六歳で夫が死亡した場合、③は障害等級一級で、障害厚生年金を受給していた七〇歳の夫が死亡した場合、④は一〇年の老齢厚生年金の受給資格期間を満たした五〇歳の夫が死亡した場合に、それぞれ遺族厚生年金が受給できることになる。

遺族基礎年金の遺族の範囲は、被保険者等が死亡した当時、その人によって生計を維持されていた妻または子である。妻の場合には、一八歳未満の子か、障害等級一級または二級の状態にある二〇歳未満の子と生計を同じくする者でなければならない。子の場合には、一八歳未満の子か、障害等級一級または二級の状態にある二〇歳未満の子で、かつ婚姻していない子である必要がある。これに対して、遺族厚生年金の遺族の範囲は、遺族基礎年金よりも広く、配偶者、子、父母、孫または祖父母であり、被保険者等の死亡当時その人によって生計を維持されていた者である。

遺族年金は、被保険者等の死亡当時、その人により生計を維持されていたことを要件とする（生計維持要件）。生計維持の認定は、生計同一要件と収入要件からなり、収入要件は、年収八五〇万円が基準とされている（つまり、年収が八五〇万円以上ある場合には、生計を同一にしていたとしても、遺族年金は受給できない）。こうした遺族の生活保障の趣旨から、法は遺族年金受給者としての「配偶者」を法律上の配偶者に限定せず、事実上婚姻関係と同様の関係にある者、すなわち内縁的配偶者も「配偶者」に含めている。

なお、二〇〇七年四月から、遺族年金の額は、本人の納めた保険料をできるだけ年金に反映させるという観点から、老齢厚生年金を受給できる人には、その老齢厚生年金を優先支給し、差額に相当する遺族厚生年金が支給されることとなった。

2　特徴と給付の水準

†年金制度の特徴

国民年金法は「国民年金制度は、日本国憲法第二十五条第二項に規定する理念に基き」と明記しており（一条）、国民年金は、憲法二五条二項に定める国の社会保障等の向上増進義務を具体化した制度といえる。同時に、国民年金法は、憲法二五条第一項にある「健康で文化的な最低限度の生活」を、高齢者など年金受給者について保障することを目的とする法律といえるだろう。厚生年金については、保険料が標準報酬月額に基づき算定され、給付額も標準報酬月額および被保険者期間によって算定されるもので、基礎年金よりも保険料と給付内容の報酬比例の性格が強いものとなっており、先の目的と沿わないようにもみえるが、老齢、障害など労働能力を失う（収入を失う）原因となる問題が生じた場合に、その人（遺族）の所得保障を目的とする点で、国民年金（基礎年金）と共通している。

以上のような年金受給者の生存権保障の観点から、国民年金には、国庫負担と保険料減免制度が存在し、年金の実質的価値を保つため、国民年金・厚生年金ともにスライド制度が導入されている。

スライド制度には、賃金スライドと物価スライド制度があり、一九八九年から物価指数の変動に応じて年金額を改定する完全物価スライド制度が導入されている。これに対して、賃金スライドは、被保険者の名目賃金の伸びに応じて過去の標準報酬を再評価するものであったが、人口の高齢化とともに、年金給付費が増大し、税や保険料負担が上昇して、名目賃金の伸びより、手取り賃金の伸びが低くなることが予想されたため（現実にそうなっている）、一九九四年の改正により、名目賃金の変動率から社会保険料・税を控除した手取り賃金（可処分所得）の伸びに応じて過去の標準報酬を再評価するスライドに改められた。

その後、二〇〇〇年の改正により、すでに年金を受給している人の年金（既裁定年金）のスライド率が、従来の手取り賃金の変動率から物価の変動率に変えられ、賃金スライドは、これから年金をもらいはじめるとき（新規裁定の時）にだけ行われ、年金受給後には行われないこととなっている。

†国民年金の給付水準

国民年金の拠出制年金の給付水準は、最低加入期間（当初は二五年間、現在は一〇年間に短縮）に保険料を納付した場合の年金額を最低基準額としている。国民年金法の制定当初は、この最低基準額の設定にあたって、最低生活保障といった意味合いが強く意識され、生活保護基準および高齢者の消費支出を根拠にして定められた。その意味で、国民年金は、老齢・障害・死亡（母子）という事由に関して、生活保護に代わる最低生活保障制度として制度化されたといえる。実際、一九七三年には「五万円年金」の確立、前述の物価スライド制度の導入などにより給付水準の向上がはかられたこともあった。

しかし、一九八五年の基礎年金の導入に際して、基礎年金の額（月額五万円）は、当時の最低加入期間の二五年間保険料を納付した場合ではなく、四〇年間満期の保険料を納付した場合の「国民の老後生活の基礎的部分を保障するものとして高齢者の生計費等を総合的に勘案（一九八四年度の六五歳以上の単身、無業者の基礎的消費支出にその後の消費水準の伸びを加味）して」設定されることとなった（吉原健二・畑満『日本公的年金制度史』中央法規出版、二〇一六年、一〇三頁）。保障されるべき年金の給付水準が「最低生活費」から「老後生活の基礎的部分」へ、最低加入期間の水準から満期納付期間の水準へと変わったのである。

その結果、最低加入期間（当時は二五年）を満たしていても、支給される年金額は、生活保護基準を下回るようになった。このような変更がなぜ生じたのかについて、国の側からの説得的な説明はなされていないが、次にみるように、一九八五年の改革以降、年金政策が給付抑制路線へ転換したことに伴う変更と推察される。

とはいえ、国民年金法の趣旨が、受給者の生存権保障にあるとするならば、老齢基礎年金はそれのみで、受給者の「健康で文化的な最低限度の生活」を保障するものでなければならないはずである。それは厚生労働大臣が定める生活保護基準を上回るか、少なくとも同程度のものでなければならない。何よりも、前述のように、国民年金法の制定当初は、社会保障としての年金は生活保護基準を上回る定額制度にする必要があることを国の審議会が主張していた（吉原ほか・前掲『日本公的年金制度史』二〇頁参照）。老齢基礎年金が、最低加入期間の拠出（保険料負担）を前提として給付される仕組みであることもこの考え方を補強する。

そもそも、四〇年にわたり国民年金保険料を払いつづけても、年金給付額が生活保護の基準額に及ばない場合があるという事実は、一般の加入者にとって保険料納付意欲を失わせる大きな要因となるし、年金給付額が低いために、生活保護を受給する（せざるをえない）高齢者が増大している（序章参照）。しかし、生活保護法は、自立助長を目的としており（一条）、経済的自立がほとんど不可能な高齢者の支援策として位置づけることは、もともと無理がある。同時に、生活保護法は「その他あらゆるもの」の活用（他制度・施策の活用）を原則（補足性の原則）としている（四条一項）。したがって、まずは他の制度や施策によって最低生活が保障されるべきで、それでもなお最低生活を維持できない場合に、はじめて生活保護が適用されるのである（第八章参照）。生活保護以外の社会保障制度、高齢者についていえば、まずは年金制度によって最低生活が保障されるべきなのである。

3　年金改革の展開

†二〇〇四年改正法とマクロ経済スライドの導入

一九八五年の改革以降、年金改革は、給付水準の充実路線から、制度の長期安定化をはかるためとして、給付抑制の路線（いわゆる「給付水準の適正化」）へ転換する。

当初は、それでも、給付抑制は鮮明ではなく、一九九四年の改革では、老齢厚生年金の定額部分に関する支給開始年齢の六五歳への引き上げや可処分所得スライド制などが導入された。二〇〇〇年には、老齢厚生年金の所得比例部分の支給開始年齢を六五歳に引き上げるほか、国民年金の保険料の半額免除制度や学生納付特例制度、育児休業期間における厚生年金の保険料に関する事業主負担部分を免除するなどの法改正が行われた。

給付抑制路線が鮮明になったのは、二〇〇四年の国民年金法等の改正である（以下「二〇〇四年改正法」という）。二〇〇四年改正法の主な内容は、①厚生年金と国民年金の保険料を段階的に引き上げ、二〇一七年度以降は一定水準（厚生年金の保険料率一八・三％、国民年金の保険料は一万六九〇〇円。二〇〇四年度価格）で固定する方式（保険料水準固定方式）の導入、②基礎年金国庫負担割合の二分の一への引き上げ、③積立金の活用、④財源の範囲内で給付水準を調整する仕組み（マクロ経済スライド）の導入というものである。

このうち、改正法の中心となるのが、①と④である。保険料水準を固定したうえで、給付水準をマクロ経済スライドの手法を使って調整し、保険料と国庫負担財源の範囲内で給付を行うことを狙いとしたのである。

また、二〇〇四年改正法までは、五年ごとに財政再計算を行い、人口推計や将来の経済の見通しなどの変化を踏まえて、給付内容や将来の保険料水準について制度改革が行われてきたが、二〇〇四年改正法により、年金給付費一年程度の積立金を保有し、二一〇〇年度まで一〇〇年程度をかけて積立金を取り崩すこととされた（有限均衡方式）。そして、それまでの間（財政均衡期間）、少なくとも五年ごとに、年金財政の現況と見通しを作成・公表することとされた。これを財政検証という。この現況と見通しにより、財政均衡を保つことができないと見込まれる場合には、政令で定める調整期間（調整期間の開始は二〇〇五年度からと政令で規定)において、保険料ではなく給付額を調整することによって財政均衡をはかることとされた。

†マクロ経済スライドと巨額の年金積立金保有の問題点

以上のように、二〇〇四年改正法により、保険料固定方式が導入され、保険料引き上げによる被保険者(現役世代)の負担増はなくなったものの、固定された保険料収入の範囲内で給付を調整する仕組みが導入され、現在の(そして将来の)年金受給者の年金額が調整(実質的に減額)されることとなった。この年金額を調整する仕組みが、マクロ経済スライドである。

マクロ経済スライドの具体的な調整率は、平均余命の延び率〇・三%(二〇〇四年の財政再計算の見込みで、この率で固定)と公的年金の被保険者総数の減少率〇・六%(同財政再計算の見込みで、その後の実績によって変化)を加えたものである。少子化が進展して年金制度を支える就労世代が減少する分と、平均余命が延びて年金の受給期間が長くなる分だけ、年金水準を引き下げる仕組みといえる。

マクロ経済スライドによる調整は、前述の財政検証によって、長期的な負担と給付の均衡が保てると見込まれる状況になるまで続けられる(二〇〇四年改正法時点での厚生労働省の「基準ケース」では、調整終了は二〇二三年度と想定)。しかし、少子高齢化が予想を超えて進んだり、経済が不振で賃金の伸びや積立金の運用利回りが低下した場合には、マクロ経済スライドによる調整終了は想定年度より後にずれ込む。そこで、二〇〇四年改正法では、五年ごとに財政検証を行い、次回の検証までに所得代替率(後述)が五〇%を下回ることが見込まれるという結果が出た場合には、マクロ経済スライドによる調整を打ち切り、負担と給付のあり方について再検討して所要の措置を講ずることとされた(附則二条)。

しかし、マクロ経済スライドは、低額の基礎年金(老齢基礎年金・障害基礎年金など)にも一律に適用され、ただですら低い基礎年金の給付水準も将来的に低下していくこととなる。とくに、障害者の基礎的生活費を保障するはずの障害基礎年金に適用することには問題がある。

また、そもそも、年金制度を維持するために(年間支払額約五六兆円)、一五〇兆円を超す巨額の積立金(年間支払額の二・五倍)を保持する必要があるのかも疑問である。諸外国の年金積立金をみると、給付費の一年分が通常である。しかも、巨額の積立金を一〇〇年もの長期間かけて取り崩すというのも理解に苦しむ。一〇〇年間の日本経済の行く末など誰も予想できないのであるから、後述のように、給付費一年分を残し、年金積立金を取り崩して基礎年金の水準を引き上げたほうが、はるかに有効だ。なぜ、世界最大規模の巨額の年金積立金を、リスクをおかしてまで市場運用する必要があるのか。何か利権がからんでいるのではないかと勘ぐりたくなるのは、筆者だけだろうか。

†社会保障・税一体改革としての年金制度改革

二〇〇四年改正法は、政府の言葉では「一〇〇年安心」の制度改革であったが、その後、経済成長が長期にわたり低迷し、物価も上昇せず、いわゆるデフレ経済のもとでマクロ経済スライドによる調整ができない状態が続いた。そのため、消費税増税分を財源とした年金制度改革が、社会保障・税一体改革の一環として進められた。

二〇一二年八月には、当時の民主党政権のもとで、社会保障・税一体改革関連法として、年金機能強化法（正式名は「公的年金制度の財政基盤及び最低保障機能の強化等のための国民年金法等の一部を改正する法律」。以下同じ）、厚生年金と共済年金を統合する被用者年金一元化法（「被用者年金制度の一元化等を図るための厚生年金保険法等の一部を改正する法律」）が成立した。また、同年一一月には、後述する特例水準解消を行う改正国民年金法（「国民年金法等の一部を改正する法律等の一部を改正する法律。以下「二〇一二年改正法」という）と年金生活者支援給付金法（「年金生活者支援給付金の支給に関する法律」）が成立した。これら一連の立法の成立で「基礎年金の国庫負担割合の二分の一の恒久化や年金特例水準の解消が行われ、二〇〇四年改革により導入された長期的な給付と負担を均衡させるための年金財政フレームが完成をみた」（社会保障制度改革国民会議報告書「豊かな社会保障を将来世代に伝えるための道筋」二〇一三年八月、三九頁）とされる。

年金機能強化法では、①産前産後休業期間中の厚生年金保険料の免除、②遺族基礎年金の父子家庭への拡大、③短時間労働者への社会保険（厚生年金・健康保険）の適用拡大などが行われた。このうち、③は、従業員数が五〇〇人を超す企業で働く労働時間が週二〇時間以上、標準報酬月額八万八〇〇〇円の短時間労働者を新たに厚生年金と健康保険に加入させるもので（適用拡大の対象となる労働者は二五万人程度）、二〇一六年一〇月から適用が拡大された。

また、年金生活者支援給付金法は、消費税増税による増収分を活用し、低年金の高齢者・障害者に対して、月額五〇〇〇円（障害等級一級の場合には六二五〇円）を支給するものである。ただし、同法の施行は、消費税率一〇％の引き上げ時となっており、二度にわたり税率引き上げが延期され、二〇一九年一〇月となったため、いまだに実施されていない。

†特例水準の解消とその問題点

二〇一二年改正法は、特例水準の解消と称して、既裁定年金（裁定を受け、すでに受給している人の年金）の減額を断行した。具体的には、二〇〇〇年度から二〇〇二年度にかけて、特例法により、マイナスの物価スライドを行わず、年金額が据え置かれたが、その後も物価の下落が続いたことなどにより、法律が本来想定している水準（本来水準）よりも、二・五％高い水準（これが「特例水準」といわれる）の年金額が支給されていることを問題視したのである。この特例水準の存在により、本来の給付水準に比べて毎年約一兆円の給付増となっており、過去の累計で約七兆円（基礎年金・厚生年金給付費の合計）の年金の過剰な給付があったと推計された。

そして、特例水準の計画的な解消を図るとして、二〇一三年度から二〇一五年度の三年間かけて給付額を二・五％減額すること（一三年一％、一四年一％、一五年〇・五％をそれぞれ引き下げ）が実施された。同時に、年金と連動した同じスライド措置が取られてきた、ひとり親家庭への手当（児童扶養手当）や障害者などへの手当の特例水準についても、同じ三年間かけて一・七％減額された（一三年〇・七％、一四年〇・七％、一五年〇・三％）。

特例水準の解消の名のもとで実施された年金の減額については、前述のように、全国各地で違憲訴訟が提起されている(序章参照)。そもそも、物価下落にもかかわらず、特例法が制定されたのは、当時の社会経済情勢や高齢者の生活状態が苦しいことを配慮して、マイナスの物価スライドを停止する措置をとったものだ。そして、特例水準の解消を定めた二〇一二年改正法から年金が実際に減額された三年間、物価スライドを停止した当時に比べて経済情勢が好転したとか、高齢者の生活状態が改善したという事実は存在しない。

むしろ、この間、年金から天引きされる介護保険料や高齢者医療保険料の引き上げなどにより、年金受給者の年金手取り額は減少の一途をたどり、二〇一四年四月の消費税率の八%への引き上げなどで、その生活はますます苦しくなっている。特例水準の解消を行うべき立法事実(二〇一二年改正法が必要な事実)があったとは到底いえず(そもそも、高齢者の生活状態の調査すら行われていない)、高齢者の生活実態を配慮するならば、年金減額ではなく、むしろ支給額の引き上げが行われるべきであったと考える(詳しくは、筆者が、裁判所に提出した年金減額違憲訴訟の原告側意見書を加筆した「年金給付の引き下げと年金受給権」『鹿児島大学法学論集』五一巻二号、二〇一七年参照)。

†持続可能性向上法の成立と給付抑制の徹底

その後、二〇一三年六月には、厚生年金基金制度の見直しと、第三号被保険者の記録不整合問題（主婦年金問題）への対応を盛り込んだ年金健全性信頼性確保法（「公的年金制度の健全性及び信頼性の確保のための厚生年金保険法等の一部を改正する法律」）が成立し、二〇一六年一二月には、持続可能性向上法（「公的年金制度の持続可能性の向上を図るための国民年金法等の一部を改正する法律」）が成立している。

持続可能性向上法では、とくに年金額の改定ルールの見直しが重要である。この見直しにより、二〇一八年四月より、マクロ経済スライドに「キャリーオーバー」制度が導入された。すなわち、物価・賃金の上昇が小さい場合や賃金・物価が下落する場合には、現在と同様に、マクロ経済スライドは行われないが（これを「名目下限措置」という）、このマクロ経済スライドが行われない分を翌年度以降に持ち越し（キャリーオーバー）、名目下限措置を維持したうえで、その持ち越し分を含めてマクロ経済スライドを行うというものである。たとえば、マクロ経済スライドの調整率を一％とした場合、A年度は物価が上昇しなかったため、調整を行わず、次のB年度、物価が二％上昇したとすると、年金額は引き上げられず据え置きとなる（A年度の持ち越し分一％＋B年度の一％＝合計二％が調整されるため）。

同時に、名目手取り賃金の変動率が物価変動率を下回る場合は、現在は、年金支給額は据え置きとなるが、二〇二一年四月以降は、同賃金変動率によりスライドまたはマクロ経済スライド（名目下限措置は維持）が行われることとなる（つまり、賃金の下落に合わせて年金額が引き下げられる）。賃金と物価がどのような局面であっても、年金給付の抑制と削減が徹底される仕組みといってよい。

なお、二〇一六年一一月に、年金機能強化法の改正法が成立し、老齢年金等の受給資格期間が二五年から一〇年に短縮された。当初は、消費税一〇％の引き上げ時に施行の予定であったが、法改正で、二〇一七年八月から実施されたのである。これにより、約四〇万人が老齢基礎年金を受給することができるようになった（特別支給の厚生年金対象者等を含めると約六四万人）。しかし、一〇年ぎりぎりの加入期間では、基礎年金のみであれば、受給額は月額一万六〇〇〇円にとどまり、無年金者は減少するものの、低年金の高齢者が増大することは避けられない。

†二〇一四年財政検証の問題点、とくに基礎年金の最低生活保障機能の喪失

二〇一二年改正法による特例水準の解消（年金減額）が実施されている中、二〇一四年六月に、厚生労働省は、二〇〇四年改正法に基づく財政検証、すなわち「平成二六年年金財政検証結果」（以下「二〇一四年財政検証」という）を公表した。

二〇一四年財政検証については、経済成長率が高めに設定されているなど前提が楽観的

すぎる、想定されているいずれのケースでも、所得代替率五〇%が維持されるのは、新規の裁定時（六五歳で年金を受給しはじめる時）だけであり、受給開始後は年齢を重ねるごとに、所得代替率が低下していく構造になっているなどの問題が指摘されている。

所得代替率とは、モデル世帯（夫が四〇年間厚生年金の被保険者、妻は四〇年間第三号被保険者である世帯）の年金収入が「現役男子の手取り収入」の何%に当たるかをさすが、ＩＬＯ（国際労働機関）の勧告では、先進諸国では「夫婦の従前所得五五%以上」を準拠すべき基準としている。多くの人にとって、「従前所得」の方が、その時の「現役世代の手取り収入」より高く、日本の所得代替率は、実際以上に高めに現れる傾向にある。また、夫婦共働き世帯が増加し、非正規雇用の労働者が四割以上に達している中で、モデル世帯自体が、平均的なモデルではなくなってきていることも指摘しておかなければならない。

何より、最大の問題は、想定されているあらゆるケースで、マクロ経済スライドの調整を続けていくと、基礎年金の低下率（いわゆる目減り）が著しいことである（俗にいえば、ただですら低い年金額がさらに削られる!）。

ケースＤ（経済成長率などを一・二%と想定したもので、もっとも現実的なケース）で、二〇一四年度と二〇四三年度を比較してみると、基礎年金の所得代替率は三六・八%から二六%へ約三割もダウン、所得比例年金（厚生年金）と合わせても六二・七%から五一%へ約二割減となる。低下率に差はあるものの、基礎年金の低下率が著しいことは、他のケースでも同じである。しかも、この低下率はあくまでも夫婦が二人とも四〇年加入し、満額の年金を受給する場合である。現実には、加入期間が短かったり、保険料免除などで満額を受け取れない人が多数おり、それらの低年金の人の給付水準が、受給開始時点から三割も低下してしまうとなれば、基礎年金は、もはや最低生活保障の機能をまったく果たしえなくなる。現在、年金を受給している世代だけでなく、将来、年金を受給する世代も、受け取る年金の実質的価値が二割から三割減少することになる。

以上のような問題は、楽観的な経済前提（経済成長率が一・二％を超す！）に依拠しないかぎり、所得代替率五〇％を維持できないこと（それも年金支給開始時点のみ）、基礎年金については、マクロ経済スライドの適用によって、生活保護基準を下回る額になり、老後の所得保障制度としての年金の生活保障機能が劣化し、最低生活保障の機能を果たしえなくなることを示している。少なくとも、基礎年金についてはマクロ経済スライドを適用しないという政策的な配慮がなされる必要がある。

4　年金財政と年金積立金

†賦課方式と積立方式

これまで説明してきたように、給付額が減少されることの背景に、年金財政と財源を作りだす仕組み（財政方式）があることも理解しておく必要がある。

社会保険方式の年金制度では、その財政方式として賦課方式と積立方式がある。賦課方式とは、その時々の年金給付に必要な費用を、そのときの被保険者から保険料として徴収する方式であり、積立方式とは、将来必要になる年金給付費に見合う保険料を徴収し、事前に積立金を保有する方式である。賦課方式は、高齢化など人口構造の変化に影響を受けやすく、現在のように少子高齢化が急速に進展している社会では、将来の世代ほど負担が重くなるという問題がある。積立方式は、こうした人口構造の変化の影響は受けないが、急激なインフレなど経済変動に影響を受けやすく、また、積立金を伴うため、運用のリスクがあるという問題がある。

日本では、労働者年金保険法（現在の厚生年金保険法）の制定当初は積立方式ではじまったが、一九四八年に、修正積立方式に移行し、現在では積立金を保有しつつ、二一世紀までに完全賦課方式に移行しつつある（修正賦課方式）。また、後述のように、年金積立金の運用も行っており、賦課方式でありながら、運用のリスクもかかえている。

少子高齢化が進む現状を考えるならば、むしろ、積立方式に転換する方がよいのではないかという意見もあるが、積立方式にすると、年金積立金の運用に制約がかかるためなのか、政府内では、完全賦課方式への移行は規定路線になっている。

†年金保険料

年金財源の大半は、被保険者の保険料からなる。国民年金の保険料は定額であり（二〇一七年度で月額一万六四九〇円。前述の二〇〇四年改正法により以後固定）、個人で納付する。負担も給付も個人単位であるが、世帯主に世帯に属する被保険者の保険料を連帯して納付する義務を、また、配偶者の一方に被保険者たる他方の保険料を連帯して納付する義務を課している。これに対して、厚生年金の保険料納付義務は事業主にあり、事業主は、被保険者の負担分を給与などから天引きして徴収し、事業主負担部分（労使折半）とあわせて納付する。

国民年金保険料には、障害基礎年金や生活保護を受給した場合など、法律の要件に該当すると保険料が免除となる法定免除と、一定所得以下で自ら申請して免除となる申請免除がある。申請免除には、全額免除、四分の三、二分の一、四分の一の四種類がある。保険料が全額免除の場合でも、免除期間中は二分の一の年金額（国庫負担相当分）が給付される。また、二〇歳以上の学生については、学生本人だけの所得で保険料の納付を猶予する学生納付特例制度がある。これにより、在学中の事故による障害基礎年金の支給要件を満たすことができるが、猶予された期間は、老齢基礎年金はまったく受給できないため、一〇年以内にさかのぼって保険料を追納する必要がある。さらに、二〇一六年七月以降は、五〇歳未満（従来は三〇歳未満）の保険料納付猶予制度も設けられている。

厚生年金の保険料は、標準報酬月額・標準賞与額に保険料率を乗じて算定される。保険料率は一年ごとに決められており、保険料水準固定方式の導入により、二〇一七年度以降は一八・三％で固定されている。標準報酬月額は、労働者の報酬月額に基づいて、一級から三一級まで区分された標準報酬等級表により定められている。二〇〇三年から、賞与についても、報酬と同じ保険料率を用いて保険料が賦課される（総報酬制）。ここで賞与とは、賃金、給料あるいは俸給などその名称を問わず、労働者が労働の対価として三カ月を超える期間ごとに受け取るものをいう。たとえば、ソフトバンクホークスが日本シリーズで優勝したときに、ソフトバンク社の社員に支払われる優勝祝いの臨時支給金なども、賞与といえる。

育児休業中の被保険者は、事業主が年金事務所などに申し出ることによって、事業主負担分も含めて保険料が免除される。免除期間は、申し出をした日の属する月から、育児休業が終了する翌日の属する月の前月までである。産前産後休業期間中の被保険者についても、同じ方式で、労使双方の保険料が免除される。

†年金積立金の運用

国民年金および厚生年金の保険料は、基本的には、年金給付の支払いに充てられるが、その残りは年金積立金とされ、それ以前の積立方式のときの積立金とあわせると、その額は約一五〇兆円にのぼる（二〇一七年度）。年金積立金は、従来は、国の資金運用部に委託され、財政投融資の原資として運用されていたが、二〇〇〇年の法改正で、厚生労働大臣が自主運用を行うこととなり、二〇〇六年からは、年金積立金管理運用独立行政法人（GPIF：Government Pension Investment Fund の略）が設立され、運用を行っている。

年金積立金の運用については、財政検証で想定された必要な運用収入を得るための運用利回りを達成すべく、GPIFが基本ポートフォリオ（資産運用割合）を設定している。そして、二〇一四年一〇月、それが国内債券三五％（それぞれ一定の許容乖離幅が定められており、国内債券で±八%。以下同じ)、国内株式二五%(±九%)、外国債券一五%(±四%)、外国株式二五%(±八%)に変更された(従前保有していた短期資産については、基本的構成割合を設定せず、各乖離許容幅内で保有することとされた)。国内外債券の構成割合を下げ、国内外株式の割合を大幅に引き上げたわけだが(ともに一二%→二五%)、このことは、株価などが下落した場合には、大きな運用損失が出ることを意味する。そして、実際、二〇一五年度は、年金積立金の運用で約五・八兆円の損失が出たことが明らかになっている(二〇一六年七月のGPIFの発表)。

そもそも、年金積立金は、被保険者から徴収された保険料の一部であり、将来の保険給付の貴重な財源であることから、専ら「被保険者の利益のために、長期的な観点から、安全かつ効率的に行うことにより、将来にわたって、厚生年金保険事業の運営の安定に資することを目的として行うものとする」と規定されている(厚生年金保険法七九条の二)。

年金積立金の運用が投機的なハイリスクに移行するということは、損失のリスクもそれだけ高くなる。膨大な損失が出た場合、かつて厚生年金積立金を原資とした保養施設(グリーンピア)が、バブル崩壊後に大きな損失を出したときのように、結局、だれも責任をとらず、その損失のツケは、年金保険料の引き上げとして、国民に回ってくることになるかもしれない。年金積立金のギャンブル的な市場運用をやめ(ちなみに、アメリカでは、年金積立金は、非市場の国債保有に充てられ、市場運用を行っていない）、運用の透明性を確保し安定運用を行うべきである。

5　年金はこれからどうなるのか

†年金支給開始年齢の引き上げ

この章の最後に年金がこれからどうなっていくのかを確認しておこう。

現在、年金の支給開始年齢の引き上げが検討されている。政府試算では、支給開始年齢を一歳遅らせると、五〇〇〇億円の公費削減効果があるとされているが、雇用の定年延長が進まない中、支給開始年齢の引き上げは老後不安を増幅させるため、世論の反発が強い。

現在、国民年金（老齢基礎年金）の支給開始年齢は原則六五歳になっており、厚生年金（老齢厚生年金）については、六〇歳から六五歳に段階的に引き上げられている途上にある。男性の厚生年金の定額部分については、二〇一三年四月に六五歳への引き上げが完了し、報酬比例部分についての引き上げが、二〇二五年に向け開始されている（女性の厚生年金については男性から五年遅れて引き上げ）。こうした中で、さらなる支給開始年齢の引き上げを持ち出すのは、政治的には難しく、いまのところ提案されていないが、社会保障審議会年金部会では、何人かの委員が言及しており、早晩、提案されることは間違いない。

確かに、先進諸国では、高齢化に伴う年金財政の悪化に対処するため、年金支給開始年齢の引き上げに取り組んできている。しかし、雇用に定年制度が存在し、就労希望者を年金支給開始年齢の六五歳まで雇用継続する体制が整っているとはいいがたい日本の現状では、年金支給開始年齢の引き上げには問題が多い。雇用の定年延長を進めるため、六五歳以上の雇用継続希望者に対して、企業に雇用を義務づける内容の改正高年齢者雇用安定法（高年齢者の雇用の安定等に関する法律）が成立したものの、企業の雇用義務は、あくまでも努力義務にすぎず、六五歳定年制度を導入しているのは、現時点でも全企業の四割程度で、希望者全員が、六五歳まで働ける企業の割合は、大企業でも、全体の二四％程度にとどまっている（厚生労働省「高年齢者の雇用状況」）。

こうした現状での支給開始年齢の引き上げは、老後の不安と制度への不信を拡大するだけである。諸外国でも長い議論を経て、支給開始年齢の引き上げがなされており、日本でも議論が必要であるし、まずは、生活保護基準に届かない基礎年金の給付水準の底上げが先決だろう。

†年金受給の繰り下げ延長

それでも、政府内では支給開始年齢引き上げに向けての布石なのか、年金受給の繰り下げを七〇歳以降も可能にする案が検討されている。

現在の仕組みでも、六五歳からの年金受給を七〇歳まで繰り下げることができ、その分、年金額が増額される（繰り下げ増加率は七％）。七〇歳まで繰り下げると実に四二％の増額になるが、厚生年金を繰り下げ受給している人は、新規裁定の受給権者のわずか〇・二％にとどまる（二〇一五年度。厚生労働省「厚生年金保険・国民年金事業年報」）。定年後に、まったく仕事に就かず、繰り下げ受給で増額されるまで待ち、年金を受給しようとする人はほとんどいないからである。また、かりに定年後も、仕事があり年金を受給しながら働き続けたときでも、在職老齢年金によって年金が減額されるが、どれだけ減額されるかを仮計算して、その減額分を除いた分だけが繰り下げ支給の対象となるため、意義が薄れてしまうという問題点もある。

繰り下げ受給者が少ないこと、高齢者の就労率が上昇していることを考えれば、年金の繰り下げ支給延長より在職老齢年金の縮小・廃止の方が合理的といえる。もっとも、日本で、高齢者の就労率が上昇しているのは、年金給付が低すぎて、働かないと暮らしていけない高齢者が増えているためでもあり、やはり年金給付水準の引き上げが必要であることは忘れてはいけないだろう。

†進む国民年金・厚生年金の空洞化問題

また、上記の問題に限らず、現在でも国民年金には様々な問題点がある。

なかでも、国民年金保険料の未納・滞納が増大する「国民年金の空洞化」問題が深刻化している。

二〇一七年度の国民年金保険料の納付率は、前年度より向上したとはいえ、六六％にとどまっている（厚生労働省調べ）。国民年金保険料は、原則として過去二年さかのぼって徴収することができ、徴収が二年目にずれ込んだ分をあわせた最終納付率は七二・一八％（二〇一四年度分）となる。ここ二～三年でみると納付率は向上しているものの、依然として三割近い未納が存在する。このほか、低所得による保険料免除を受けている人が約六〇〇万人にのぼっている（二〇一四年度末）。

保険料未納が多くなれば、保険料収入は落ち込むが、将来、その期間に対応する年金給付が支給されないため、年金財政そのものには大きな影響はない。二〇一四年財政検証でも、同様の理由から、「納付率が低下しても年金財政上の影響はほとんどない」と結論づけており、空洞化がただちに年金財政の破綻に結びつくことはない。しかし、未納の増大は、将来の低年金・無年金を増大させ（免除の場合も、給付は国庫負担分だけになるので、低年金となる）、結果として、生活保護を受給する高齢者の増大につながるだろう。

空洞化問題は、厚生年金でも深刻になっている。厚生年金は、前述のように、法人の全事業所と、従業員五人以上の個人事業所に適用が義務づけられているが、実際には、会社を設立しても厚生年金の適用を受けなかったり、いったん適用を受けた事業所が休業を偽って届け出たり、制度の適用を免れる例があとを絶たない。健康保険料にくらべ厚生年金保険料の負担が重く、事業主負担が困難な中小企業などに適用逃れが目立ち、国税庁による企業の税関連情報と厚生年金加入事業所の調査から、厚生年金に未加入の事業所は全国で約七九万、労働者数でみると約二〇〇万人にのぼると推計されている（二〇一六年末、厚生労働省調べ）。

これら約二〇〇万人の人は、老後に厚生年金を受給できないだけでなく、国民年金保険料の未納等で低年金となる可能性が高い。国は、悪質な事業所については刑事告発する方針を示すなど、適用対策の強化を進めているが、かりに適用対策が一定の効果を挙げたとしても、今度は、事業所が保険料を滞納したり、あるいは保険料負担に耐え切れず廃業に追い込まれる可能性もある。公費負担による厚生年金保険料の引き下げや中小企業への支援など抜本的な改革が必要だ。

†年金制度の現状

そもそも、厚生労働省の先の財政検証は、日本の年金給付水準は高すぎるとの前提に立ち、少子高齢化が進む中、現行の年金制度維持のために、マクロ経済スライドにより給付水準を引き下げようとしているわけだが、国際的に、日本の年金給付水準が本当に高いのかという検証は十分なされていない。OECD（経済開発協力機構）諸国の公的年金給付費の対GDP（国内総生産）比のデータでみると、日本はOECD三四カ国中第九位程度で、決して高すぎるわけではなく、先進国に限定してみると、むしろ中位程度にある。

現在、六五歳以上の年金受給者は三〇三一万人、その三分の一にあたる一〇四七万人が基礎年金だけの受給者で、平均支給額は月額四万四〇〇〇円であり、実質的な生活保護基準（高齢者単身世帯で年収一六〇万円、高齢者夫婦世帯で同二三〇万円）以下の高齢者数は五一三万八〇〇〇人（三九七万世帯）にのぼり、女性の高齢単独世帯では五四%（二一九万九〇〇〇世帯）と、半数以上が貧困世帯となっている（厚生労働省の二〇一三年の年金年報による）。とくに、基礎年金だけの受給者（女性が多い）の場合、月額四～五万円の年金水準では、資産がなく、単身世帯であれば生活保護を受けなければ生きていけない。実際に、現在、生活保護受給世帯の半分以上は高齢者世帯であり、その受給高齢者世帯の九割は単身世帯である（序章・第八章参照）。

年金水準が一般市民の生活費の半分程度に設定されていること、物価下落率の認定が生鮮食料品などを除外し、医療・介護保険料の値上げ分を考慮していないこと、前述のように、現行制度では、マクロ経済スライドが基礎年金、所得比例年金（厚生年金）に一律にあてはめられるため、基礎年金が最低生活保障の機能を果たしえなくことになるなど、現在の社会保険方式を前提にして、給付抑制を進める年金改革には大きな問題がある。

†未解決の年金記録問題と新たな年金支給漏れ問題の発生

さらに、年金制度の管理運営についても指摘しておかなければならないだろう。長期保険である年金保険が適切に運営されるためには、被保険者の同一性確保に関する情報、就労情報や保険料納付記録が正確に把握され、管理され続ける必要がある。正確な情報管理・処理が可能な組織を備えていること、そのもとで過去の保険料支払いを踏まえた正確な年金給付（支給）が現在行われ、将来も行われることに対する国民の信頼が、年金制度存続のためには不可欠だからだ。

しかし、そうした国民の信頼は、二〇〇七年、第一次安倍政権時に発覚した、五〇〇〇万件以上もの持ち主不明の年金記録、いわゆる「消えた年金」や「宙に浮いた年金」問題によって崩れさった。この事件を契機に、当時の社会保険庁の解体・民営化と日本年金機構への移行が進められたが、その移行過程で、組織のコスト削減が迫られ、年金実務に習熟した職員の大量解雇（分限処分）と職員の非正規化が進められ、業務の外部委託が拡大された。

その結果、年金個人情報の厳格管理がおろそかにされ、またしても、二〇一五年六月、日本年金機構のコンピューターが外部からインターネットメールで送られたウイルスに感染し、人数ベースで約一〇〇万人（受給者五二万人、被保険者四八万人）の年金個人情報が流出する事件が起きた。しかも、事件発覚後の日本年金機構と厚生労働省のお粗末な対応が、国民の不安や不信に拍車をかけた（個人情報の厳格管理体制の不備は、二〇一六年一月から運用がはじまったマイナンバー制度にもいえる）。さらに、二〇一七年九月には、元公務員の妻などの基礎年金に一定額を上乗せする「振替加算」が約一〇万六〇〇〇人に対して行われていないことが明らかになった（未払総額は約六〇〇億円にのぼる）。さらに、二〇一八年二月には、委託業者による入力ミスで一〇万人超分の年金の過少支給が発覚した。

現在の日本年金機構の管理運営体制では、この種の年金支給漏れ事件やずさんな対応が、今後も繰り返される可能性が高い。ちなみに、年金記録問題の解決に向けての取り組みも、当時、安倍首相は「最後の一人まで記録を回復する」と言っていたが、結局、二〇一五年五月、未解決の年金記録が二〇〇〇万件以上残ったまま、政府の年金記録確認中央第三者委員会は所管を総務省に移し、事実上の解明作業の打ち切りに至った。

社会保険方式を維持するのであれば、年金実務に習熟した正規職員を大量に雇用し日本年金機構の再編を進めるべきで、それができないのなら、税方式に切り替えるべきだろう。

†最低保障年金の実現に向けて

年金情報の管理運営面にとどまらず、現在の膨大な保険料滞納者・免除者は、将来的に無年金・低年金者となる可能性が高く（前述の年金受給資格期間の一〇年への短縮により無年金者は減少するが、低年金者が増大する）、老後の所得保障制度の点からも、社会保険方式には限界がある。少なくとも、基礎年金については、税方式による最低保障年金を確立すべきだろう。そして、最低保障年金の財源は、消費税ではなく、累進性の強い所得税や法人税などを充てるのが望ましい（財源問題については、終章参照）。

また、当面の改革として、保険料免除期間の年金額も満額支給とする改革が早急に求められる。同時に、前述したように、諸外国の積立金の残高は給付費一年分が通常であることを考えれば、給付費一年分（約五〇兆円）を残し、積立金の計画的な取り崩しによる給付、とくに老齢基礎年金の給付額の生活保護基準レベルへの引き上げを行うべきだろう。具体的には、年間一〇兆円ずつ一〇年かけて取り崩し、老齢基礎年金の支給額に上乗せすれば、それだけで、低年金受給者の暮らしの改善に役立つはずだ（同様の指摘は、山家悠紀夫「社会保障とその財源を考える・下――社会保障支出を賄う財源は十分に生み出せる」『月刊保育情報』二〇一六年六月号、一三頁参照）。

第三章　医療

医療制度は、病気やけが（以下「傷病」という）、それによる収入の中断などの生活困難に対応する生活保障の仕組みである。日本では、主として社会保険方式（医療保険）で行われ、すべての国民がいずれかの医療保険の適用を受ける「皆保険」が確立している。本章では、医療保険を中心に、その仕組みと日本の医療の課題を探る。

1　医療保険のあらまし

†医療保険の沿革

日本では、世界の中でも比較的早い時期の一九二二年に、健康保険法が制定された（実施は一九二七年から）。戦後、一九四七年に、労働者災害補償保険法（労災保険法）が制定され、業務上傷病（仕事中の傷病など）については労災保険に移行し、健康保険の対象外となった。また、一九五八年には、国民健康保険法が全面改正され、自営業者などは、市町村を保険者とする国民健康保険に強制加入する仕組みとなり、一九六一年四月から、全市町村において国民健康保険事業がはじまり、「皆保険」がスタートした。

一九七三年には、医療保険における高齢者の一部負担金を老人福祉の税財源によって全額負担することで、七〇歳以上の老人医療の無料化が実現した（一定の所得制限があったが、実質的に大半の高齢者が対象となった）。しかし、老人医療の無償化は、高齢者医療への公費支出の増大をもたらし、一九八二年には、老人保健法が制定され（翌年から施行）、窓口負担（定額）が導入された。無料化は一〇年で終結したのである。同時に、老人保健法は、疾病の治療とその予防を体系的に取り入れた保健事業を実施するとともに、在宅復帰のための中間施設の位置づけで老人保健施設を創設した（一九八六年改正）。

一方で、高齢者の窓口負担は引き上げられ続け、二〇〇一年からは、定率（かかった医療費の）一割負担とされた。また、二〇〇三年には、健康保険被保険者本人の一部負担金も三割に引き上げられている（国民健康保険加入者はすでに三割）。

その後、介護保険法の施行により（二〇〇〇年）、老人保健施設の給付など高齢者医療の一部が介護保険の給付に移行し、二〇〇八年には、老人保健法を全面改正し名称を変えた「高齢者の医療の確保に関する法律」（以下「高齢者医療確保法」という）が施行され、七五歳以上の高齢者が加入する後期高齢者医療制度が導入され、現在に至っている。

さらに、二〇一四年には、急性期病床を削減し、安上がりの医療・介護提供体制を構築することを目的とした「地域における医療及び介護の総合的な確保を推進するための関係法律の整備等に関する法律」（以下「医療・介護総合確保法」という）が成立、二〇一五年には「持続可能な医療保険制度を構築するための国民健康保険法等の一部を改正する法律」（以下「医療保険制度改革法」という）が成立し、二〇一八年度から、国民健康保険が都道府県単位化され、一連の医療制度改革が実現をみている。

†医療保険と公費負担医療

医療保険には、職業・職種などを基準とする職域保険と居住地域などを基準とする地域保険とがある。職域保険には、①健康保険協会管掌健康保険（主に中小企業の労働者が加入。以下「協会けんぽ」という）、②組合管掌健康保険（主に大企業の労働者が加入。以下「組合健保」という）、③国家公務員共済組合（国家公務員および公共企業体の労働者が加入）、④地方公務員共済組合（地方公務員および公共事業体の職員が加入）、⑤日本私立学校振興・共済事業団（私立学校教員共済、私立の学校法人の職員が加入）、⑥国民健康保険組合（特定の自営業者が加入）がある。

図表3　公的医療保険制度の仕組み

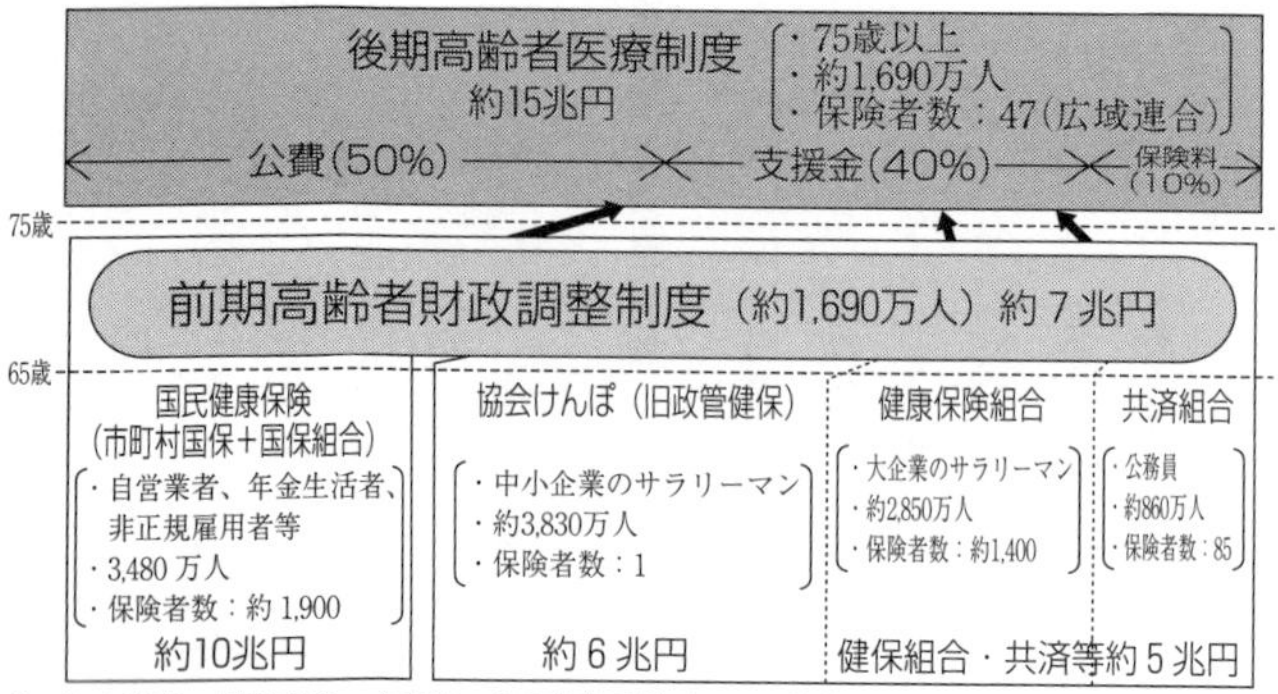

注：加入者数、保険者数、金額は、2017年度予算ベースの数値
出所：『平成29年・版厚生労働白書』一部加筆

このうち、⑥を除いたものを被用者保険という。また、地域保険として、⑦国民健康保険（①〜⑥の医療保険に加入していない地域住民が加入）と⑧後期高齢者医療制度（七五歳以上の高齢者が加入）がある。根拠法は、①②が健康保険法、③④が共済組合各法（国家公務員共済組合法、地方公務員共済組合法など）、⑥⑦が国民健康保険法、⑧が高齢者医療確保法である（図表3）。

このうち、①の協会けんぽの保険事業の運営主体は全国健康保険協会となっている。同協会は、独立の法人格を持ち、都道府県ごとに「支部（従たる事務所）」を置いている。保険財政は都道府県ごとに独立し、各支部を単位として保険料率を定める。したがって、都道府県ごとに保険料が異なることとなる。

また、⑦の国民健康保険については、従来、保険者は市町村とされていたが、医療保険制度改革法の施行で、都道府県と市町村が共同して財政責任を負うこととなり（市町村と都道府県が共同で保険者となる仕組み）、保険料の徴収、適用・給付などの業務は従来と同じく市町村が行っている。

このほか、船員およびその扶養家族を対象に、医療、業務上・通勤災害、失業、年金を包摂する船員保険があったが、被保険者の減少にともない、二〇一〇年以降、その職務外疾病部門と独自給付の支給に関しては、協会けんぽが実施し、職務上の部門は労災保険に、失業給付の部門は雇用保険に統合されている。

なお、社会保険方式ではなく（つまり医療保険ではなく）、財源がすべて公費（租税）で賄われる医療もある。これを「公費負担医療」という。具体的には、原爆被爆者援護法（認定疾病医療は全額国庫負担）、生活保護法（医療扶助）、精神保健及び精神障害者福祉に関する法律（措置入院）、障害者総合支援法（自立支援医療）、児童福祉法（療育の給付等）、難病患者に対する医療等に関する法律に基づいて提供される医療がある。

2　保険給付と診療報酬の仕組み

†療養の給付と一部負担金

医療保険の給付の中心は「療養の給付」といわれ、診察、薬の投与、治療材料の支給、手術・処置、病院・診療所への入院およびその療養に伴う世話・看護など、いずれも法律に列挙されており、傷病の治療にかかわる医療・看護そのものを提供する現物給付である。前章でみた年金の給付は金銭の支給（現金給付）であったが、療養の給付は、金銭ではなく、治療行為など医療・看護（サービス）そのものが提供される。

日本では、保険者が直営の医療機関を有している場合は少なく、多くが民間の医療機関が療養の給付を行い、それに要した費用や報酬を保険者から医療機関に支払う仕組みがとられている。療養の給付にかかる費用の一部は患者の自己負担（一部負担金といわれる。いわゆる窓口負担）とされているので、保険者が医療機関に支払うのは一部負担金を除いた額となる。一部負担金は、年齢に応じて療養に要した費用の一割から三割で、義務教育就学前の六歳児までが二割、義務教育就学児から七〇歳までは三割、七〇歳以上七五歳未満の者は二割、七五歳以上は一割とされている。ただし、七〇歳以上の高齢者のうち、課税所得が一四五万円以上あるものは現役並み所得者として三割になる（図表4）。また、すべての自治体で、乳幼児の医療費負担の無料制度がある。

一部負担金は、国民健康保険の被保険者や被用者保険の被扶養者については三割負担であったが、被用者保険の被保険者本人については当初はなく、一九八四年に一割負担が導入され、二〇〇三年には、三割にまで引き上げられ被扶養者などと同一にされた。こうした患者負担の増大により、保険医療機関への窓口負担の未払いが増えてきている。

図表4　医療保険の一部負担金

	一般・低所得者	現役並み所得者
75歳以上	1割負担	3割負担
75歳まで	2割負担	
70歳まで	3割負担	
6歳まで（義務教育就学前）	2割負担	

出所：筆者作成

†高額療養費

つぎに、医療・看護という現物給付以外の金銭的な給付に関する部分を説明していこう。

窓口負担は、定率制のため、患者が医療を受ければ受けるほど高額になるうえ、入院治療や高額な医療機器を利用した場合には、一部負担金が患者やその家族の生計を圧迫することが考えられる。そこで、一部負担金が一定額（支給基準）を超える場合には、これを超えた分を高額療養費として払い戻す仕組みが導入されている。

現在の支給基準は、七〇歳未満の者と七〇歳以上の者とで異なる基準額を設けており、七〇歳未満の者では、所得段階が五区分に細分化され、それぞれ別の基準が設定されている。たとえば、標準報酬月額が二八万円から五〇万円の第三区分の場合、一カ月の自己負担は八万一〇〇円＋（医療費－二六万七〇〇〇円）×一％が基準額とされ、これを超える分について高額療養費が支給される。このほか、同一世帯に複数の医療ないし介護保険給付の受給者がいる場合の特例（高額介護合算療養費）などが設けられている。

高額療養費の仕組みは複雑であり、患者自らが保険者に請求して払い戻しを受けることは煩雑であるばかりか、きわめて難しい。そのため、現在は、入院や高額な外来診療の場合は、保険者の発行する「限度額適用認定証」を保険医療機関などに提示することで、自己負担限度額のみを支払えばすむ取り扱いとなっている。

†訪問看護療養費と入院時食事療養費、傷病手当金など

一九九四年の健康保険法の改正により、一定の要件のもと、訪問看護（看護師が居宅を訪問して看護を行う）の費用が訪問看護療養費として支給されることとなった。また、同

改正では、入院時の食費が自己負担とされ、一部を入院時食事療養費として保険給付することとされた（その分、自己負担が軽減される）。その後、保険給付の範囲はしだいに縮小され、一般病床や六五歳未満の療養病床に入院している患者の食費自己負担（従来は一食につき二六〇円）は、二〇一六年度から一食につき三六〇円、二〇一八年度には一食四六〇円となった。低所得者および難病患者、小児慢性特定疾病患者の負担額は据え置かれているが、入院時の食費は高額療養費の対象とならないため、食費の値上がりは、入院患者やその家族の家計を圧迫している。そもそも、入院時の食事は治療の一環であり「療養の給付」に含めるべきだろう。

健康保険などの被用者保険では、被保険者本人が傷病のため就労不能となって、賃金を受けとることができない場合、傷病手当金が支給される。傷病手当金は、就労不能が始まった四日目から支給され、その額は一日につき標準報酬日額の三分の二に相当する額で、支給期間は、一年六カ月である（ただし、同一の傷病にもとづく就労不能に関して）。国民健康保険の場合には、加入者が基本的に自営業者ということもあり、傷病手当金の給付は任意とされ、実際に給付を行っている保険者はない。

被用者保険の被保険者が出産したときは、出産の日以前四二日（多胎妊娠の場合は九八日）から出産の翌日以後五六日までの間は産前産後休業（産休）となるので、労務に服さず賃金を受けることができない場合は、出産手当金として、一日につき標準報酬日額の三分の二に相当する金額が支給される。もともと、正常分娩（出産）は傷病ではないため、医療保険の対象とならず、産婦人科病院などに入院して出産した場合には、全額自己負担となる。そこで、出産にともなう経済的負担を軽減するべく、被保険者が出産した時、政令で定める額（四二万円）が出産育児一時金として支給される。

ただし、窓口でいったん全額を立て替えて、後で出産育児一時金を受け取るという従来の仕組みでは、煩雑であるうえ、立て替えるお金がないと困るため、現在は、代理受領方式（一時金の請求は妊婦が行い、そのとき病院など分娩施設にその受け取りを委任する）または直接支払方式（一時金の申請と受け取りをともに分娩施設が行う）が採用され、病院などで出産しても、無料もしくは実際にかかった費用と出産育児一時金との差額分だけ窓口で払えばよい仕組みとなった（出産費用の無料化）。出産育児一時金は、被保険者の被扶養者が出産した場合にも支給され（家族出産育児一時金）、国民健康保険の被保険者に対しても同様に支給される。

また、海外旅行中に病気になり、外国の医療機関を受診したような場合でも、日本に帰国してから、加入している健康保険の保険者に請求すれば、日本円に換算した保険給付分が療養費として戻ってくる。これは、緊急やむをえない理由で保険医療機関を利用できなかった場合に、あとで保険者に請求して、保険給付分（通常は医療費の七割）が払い戻される療養費の支給という仕組みである。さらに、健康保険など被用者保険の家族（被扶養者）には、療養の給付と同じ内容の家族療養費が給付される（一部負担金も三割）。

†混合診療禁止原則と保険外併用療養費

近年、がん治療などにおいて混合診療という言葉を耳にする機会も増えているだろう。日本の医療保険では、国民皆保険制度を前提に、国民の生命・健康を守るために必要な医療は、すべて保険から給付することが原則となっており、混合診療は、その原則を崩し、患者の経済格差による医療内容の格差をもたらすことから、明文の規定はないが、禁止されている。そのため、保険がきく診療（療養の給付に該当する保険診療）と保険がきかない診療（自由診療）を組み合わせた混合診療を行った場合は、保険診療相当部分についても給付が行われず、患者の全額自己負担となる。

こうした混合診療禁止原則をめぐっては、小泉政権の時代（二〇〇一～〇六年）に、規制改革論者によって、全面解禁すべきという議論が執拗に繰り返されてきた。もっとも、一九八三年に、特定療養費制度が導入されたことにより、保険診療と自由診療の併用が一部認められ、混合診療禁止原則は一部解除されていた。そして、二〇〇六年の法改正により、厚生労働大臣が指定する一部の高度先進医療等を対象とした「評価療養」と特別の病室等の提供などを対象とした「選定療養」については、療養の給付と併用した診療を、保険外併用療養費の支給対象とする仕組み（保険外併用療養費制度）が導入された。

混合診療をめぐっては、がん患者である原告が、保険診療のインターフェロン療法に加えて、自由診療の活性化自己リンパ球移入療法（LAK療法）を併用する混合診療を受けたところ、インターフェロン療法についても保険適用を受けず全額自己負担となったことを不服として、保険診療に当たる部分については保険給付を受けることができる権利を有することの確認を求める訴訟を提起した事案があり、最高裁は、混合診療禁止原則を認める立場から、原告の請求を退ける判断を示している（二〇一一年一〇月二五日判決）。

†診療報酬の仕組み

医療機関は、医療法によって開業を許可されただけでは、保険がきく保険診療（療養の給付）を取り扱うことができず、厚生労働大臣による指定を受けなければならない。また、医療機関で診療を担当する医師も登録をした者（保険医）でなければならない。

保険診療（療養の給付）の対価が「診療報酬」であり、その内容は、健康保険法七六条二項にもとづいて厚生労働大臣が制定する「療養の給付に要する費用の額」と診療報酬点数表（以下「算定告示」という）で示される。療養の給付を実施した保険医療機関または保険薬局に対して、保険者は、療養の給付に関する費用を支払う。療養の給付に関する費用は、療養の給付に要する費用から患者が負担する一部負担金に相当する金額を控除した額である。療養の給付に要する費用は、提供された個別の診療行為について点数（一点＝一〇円）が設定されており、出来高払い方式をとっている。

出来高払い方式は、基本的に、必要な医療が、治癒に至るまで保険がきく形で提供される点で患者にとっては安心できるが、提供された診療行為がそのまま医療機関の収入になることから、過剰診療を招きやすいという問題もある。そこで、大学病院など高度先端医療を提供する特定機能病院を中心に、「医師による診断」と具体的に提供された「診療行為」にもとづき診断群分類により報酬を決定する定額払い（包括払い）方式が二〇〇三年四月から導入されている。この方式は、手術料や麻酔料などの出来高部分と入院基本料や検査など包括評価部分にわけられる。この包括評価部分は、診断群分類包括評価（DPC：Diagnosis Procedure Combination）といわれる。

療養の給付を行った保険医療機関は、これに要した費用および報酬の合計額から被保険者の支払った一部負担金を除いた額を、保険者に請求する。その際に利用されるのが、診療報酬明細書（レセプト）である。従来は、紙媒体を利用していたが、近年では、保険医

図表5　医療保険の給付と診療報酬のしくみ（健康保険の場合）

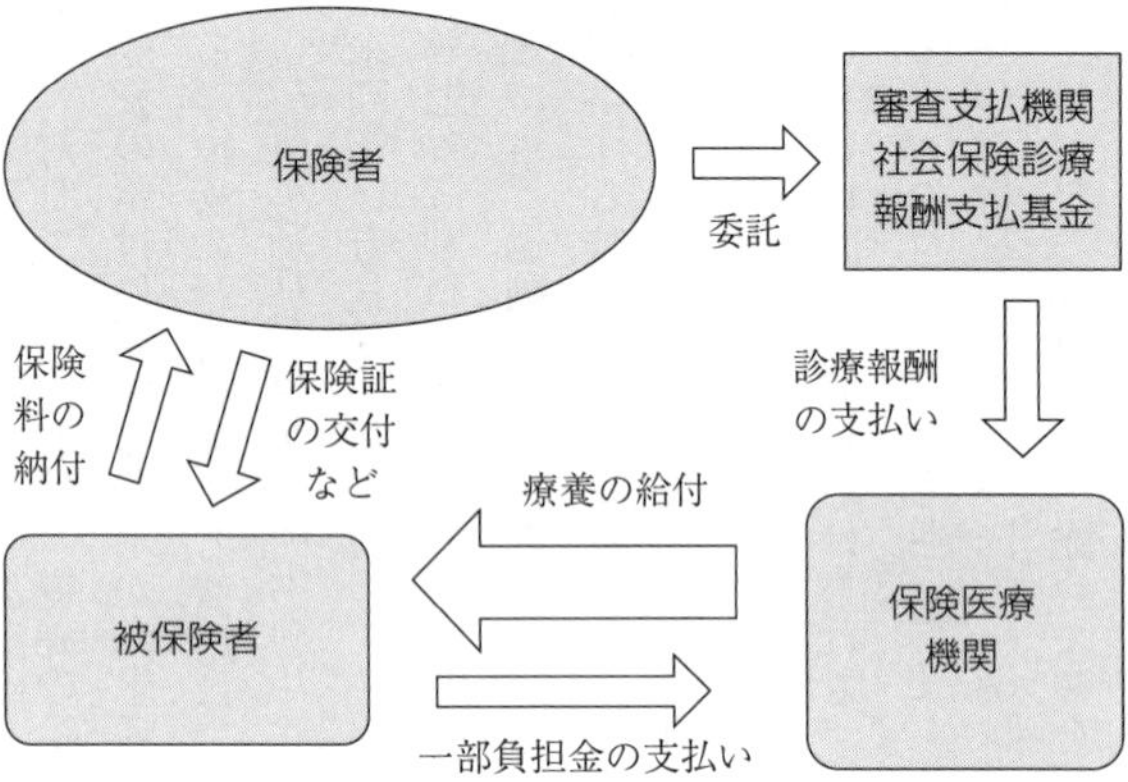

出所：筆者作成

療機関、審査支払機関、保険者の間に「レセプト電算処理システム」が構築されており、ほとんどが電子レセプトによる請求となっている。

保険者は、レセプトの審査とその結果にもとづく保険医療機関への診療報酬の支払いの事務を、健康保険等については社会保険診療報酬支払基金、国民健康保険については国民健康保険団体連合会へ、それぞれ委託している。これらの組織は審査支払機関といわれる。審査支払機関は、レセプトに記載された診療行為や使用薬剤などが保険診療として適切かを審査し、支払いを行う（以上の診療報酬の仕組みについては図表5）。審査支払機関は、その際、それらが不適切と判明した場合には、請求の全部または一部について支払いを拒否することができる（診療報酬点数を減額することになるので、「減点査定」といわれる）。

†診療報酬による政策誘導

先ほど述べたように、診療報酬は、一点単価（＝一〇円）に点数を乗じて計算されるが、診療報酬の点数表は、診療行為に関する本体部分と処方した薬の価格を示す薬価部分とに大まかに区分される。同時に、これは保険診療の「公定価格表」にとどまらず、個々の診療報酬点数について、どのような場合に報酬が請求できるかという要件を示した「算定要件集」でもある（島崎謙治『医療政策を問いなおす――国民皆保険の将来』ちくま新書、二〇一五年、一四四頁参照）。診療報酬は二年ごとの偶数年に改定されるが、たとえば、特定の病床（後述する七対一病床など）が過剰だと、政策側が考えている場合には、それを減らすため、特定の病床の算定要件を厳しくするなど、診療報酬による政策誘導が行われてきた。

二〇一八年の診療報酬改定（以下「二〇一八年改定」という）は、六年に一度の介護保険の介護報酬との同時改定であり、いわゆる団塊の世代（約七〇〇万人）がすべて七五歳以上に達する二〇二五年までの同時改定は二〇一八年と二〇二四年の二回しかないため、大きな改革が可能な実質的に最後の機会とされてきた。また、同年は、医療計画や介護保険事業（支援）計画、医療費適正化計画といった計画を更新するタイミングとも重なり、国民健康保険の都道府県単位化が実施されるなど、いわゆる「惑星直列」と比喩される大改革の年とされてきた。

しかし、序章でもみたように、安倍政権のもと、社会保障費の自然増分を年間五〇〇〇億円に抑制する政策が続いており、財政的制約の中で、財務省などは早くから、診療報酬・介護報酬のマイナス改定を提案していた。診療報酬をプラス改定すれば、病院などに入ってくる収入は増えるが、その分、保険料や公費負担が増大するからだ（逆にマイナス改定となれば、保険料や公費負担が減少するが、病院などの収入が減り、経営が苦しくなる）。結局、二〇一八年改定は、薬価等は一・七四％のマイナス改定となったが、診療報酬の本体は〇・五五％のプラス改定となり、前回（プラス〇・四九％）より〇・〇六ポイント微増にとどまった（全体では一・一九％のマイナス改定）。

3　保険財政と保険料

†健康保険の保険料

医療保険の財源は、被保険者（社員など）と事業主（会社など。被用者保険の場合）が負担・納付する保険料と公費負担および患者の一部負担金からなる。医療費全体から患者の一部負担分を除いた保険料などで負担する部分は「医療給付費」といわれる。

このうち、健康保険の保険料は、被保険者の標準報酬月額（五〇段階）と標準賞与額を定め、それに保険者が定めた一般保険料率（基本保険料率と特定保険料率を合算した率）を掛けて算出され、所得に応じた保険料が設定されている総報酬制が導入されており、賞与（ボーナス）にも標準報酬月額と同率の保険料率がかかる。もっとも、一定所得以上の人に対しては、同一の標準報酬が適用される（健康保険の場合は、一三五万五〇〇〇円以上の報酬月額の人については、たとえ月収が一〇〇〇万円あっても、すべて五〇級＝月額一三九万円の標準報酬が適用される）。つまり、負担上限が設定されており、高額所得者の保険料負担は軽減されているのである。

事業主は、被保険者と折半で保険料を負担し、保険者に保険料を納付する。通常は、事業主が被保険者の給与から保険料を天引きし、事業者負担分と合わせて保険料を納付する。健康保険組合では、組合の議決に基づき保険料率を規約で定める。健康保険組合の平均保険料率は九・〇三五％で、保険料率が一〇％を超す組合も二九一組合と全組合の二〇・七％にのぼっている（二〇一七年度決算見込。健康保険組合連合会発表）。協会けんぽの場合は、支部ごとに定めるので、都道府県によって保険料率が異なることとなる。二〇一二年度に、保険料率が八・二%から一〇・〇%と大幅引き上げとなり、それ以降、財政支援措置（当分の間、国庫補助率を一六・四%とし法定化）と準備金の取り崩しにより、平均の保険料率は、現在まで一〇%台に据え置かれている。

なお、前述の年金機能強化法（第二章3参照）により、二〇一六年一〇月から、短時間労働者の健康保険への加入が実現、国民健康保険から約一五万人、健康保険被扶養者から約一〇万人が健康保険被保険者となった（健康保険組合に約二〇万人、協会けんぽに約五万人が加入）。多くの短時間労働者は、いわゆる「主婦パート」であり、健康保険に加入している夫の被扶養者になっているが、健康保険被扶養者であっても、家族療養費として療養の給付と同じ医療給付が受けられることを考えると、健康保険被保険者となっても、新たな保険料負担が発生しただけで、あまりメリットは感じられないだろう（ただし、傷病手当金は支給される）。

国民健康保険の保険料

国民健康保険の保険料は、地域保険の場合、地方税法の規定に基づき国民健康保険税として賦課することができる。保険料よりは税の方が徴収率の向上が期待できると考えられたためか、大都市以外では、現在でも保険税を用いているところが多い（保険税方式一五〇五、保険料方式二三六で、保険税方式が全体の八六・四％を占める。二〇一六年三月末。総務省自治税務局調査）。ただし、国民健康保険料と国民健康保険税とでは、保険税とした方が徴収権の優先順位が高くなる（国税・地方税→社会保険料の順）、消滅時効が五年になる（社会保険料は二年）などの相違のほかは、賦課や免除、軽減の算定方法について本質的な差異はみられない（以下、両者の区別の必要がある場合を除き「国民健康保険料」で総称する）。

国民健康保険料の賦課は、世帯を単位として行われ、世帯主に保険料の納付義務が課せられる。保険料額などは、政令で定める基準により条例または規約で定める。具体的には、基礎賦課額（介護納付金の納付に要する費用を除いた国民健康保険事業に要する費用）を算定し、これを応能割（所得など支払能力に応じて課すもの）と応益割（支払能力に関係なく一定の条件に当てはまれば課すもの）とを組み合せた方法で計算して、各世帯に賦課される保険料額が決定される。

従来は、応能割と応益割の組み合わせ比率は七対三が多かったが、一九九五年の国民健康保険法の改正以降、同比率を五対五へと変更することが推進され、現在では多くの自治体で、五対五となっている。応能割には所得に応じて課す所得割と資産に対して課す資産割があり（都市部では資産割を課すところは少ない）、応益割には加入人数に対して課す均等割と世帯に対して課す平等割がある。均等割は人頭税のようなもので、平等割は子どもの数が多いなど世帯の人数が多いほど、保険料が高くなる。応益割の比重が大きくなったことで、とくに低所得者の保険料負担が過重となり、保険料滞納者の増加につながったと考えられる。

後述のように、国民健康保険の都道府県単位化がなされたが、国民健康保険料の設定・賦課は市町村が行う方式に変化はなく、市町村ごとに保険料額は異なる。たとえば、四〇代夫婦と子ども二人の四人世帯で、給与収入が二二五万一〇〇〇円（給与所得一三九万六〇〇〇円）の場合（国民健康保険実態調査による二〇一五年の加入者平均所得）、福岡市では、国民健康保険料額は年間二三万一六〇〇円となっている。年間所得の二割近くにのぼる高い保険料だ。同じ世帯で、福岡県内で一番高い田川市は二七万五〇〇〇円、一番安い芦屋町は一八万二六〇〇円で、県内の保険料格差は一・四八倍ある（二〇一七年度。福岡県社会保障推進協議会調べ）。

国民健康保険料には、応能割が五〇％の場合、低所得の被保険者に対して保険料（応益割負担分）を七割、五割、二割軽減する制度があり（国民健康保険法にもとづく軽減で、法定軽減制度といわれる）、被保険者には、あらかじめ軽減された保険料が賦課される。また、保険者は、条例または規約の定めるところにより、特別の理由がある者に対し保険料を減免し、または徴収を猶予することができるが、対象は災害などにより一時的に保険料負担能力が喪失した場合に限定され、恒常的な生活困窮者は対象とされていない。

†国民健康保険料と租税法律主義

国民健康保険料については、憲法八四条の租税法律主義の適用が問題となる。租税法律主義とは、租税の賦課・徴収は必ず国民の代表である国会が定めた法律の根拠に基づき、法律に従って行われなければならないという原則だ（「代表なければ課税なし」の原則）。国民健康保険料は、市町村の地方議会が定める条例で決めるので、正確には、地方税条例主義）。

この点が争点となった旭川市国民健康保険条例事件で、最高裁（二〇〇六年三月一日判決）は、保険料は租税には該当せず、租税法律主義は直接適用されないとしつつ、賦課徴収の強制の度合いにおいて租税に類似する性質を有するから、憲法八四条の趣旨は及ぶとした。もっとも、最高裁は、国民健康保険税については、地方税であることから、憲法八四条の規定が直接適用されるとしているが、保険料と保険税との間には、前述のように、本質的な差異はみられず、法形式の違いだけで、憲法八四条の規制の違いを認めることには疑問がある。

†保険料滞納の場合の制裁措置、とくに短期保険証と資格証明書の問題

国民健康保険は、その性質上、定年退職などで被用者保険から移ってくる人がいるため、加入者に高齢者や無職者が多く、年金しか収入がないなど保険料負担能力が低い人が多い。にもかかわらず、もともと自営業者を対象としていたため、被用者保険のような事業主負担がなく、前述のように高い保険料負担となっている。かくして、保険料の滞納世帯は、全国で二八九万世帯、全加入世帯の一五・三%にのぼっている(二〇一七年六月現在。厚生労働省調査。以下同じ)。

滞納問題への対応として、保険料の滞納に「特別の事情があると認められる場合」を除き、一年間保険料を滞納した被保険者に対し、保険証の返還を求め、代わりに被保険者資格証明書(以下「資格証明書」という)を交付する措置がとられる。滞納期間が一年未満の場合にも、短期証(有効期間が一～三カ月と短い保険証)が交付される場合がある。短期証と資格証明書の交付世帯は、現在、あわせて約一〇〇万世帯(短期約八二万世帯、資格証明書約一八万世帯)に達している。

資格証明書保持者は、医療の給付を受けた場合、支払うべき自己負担金が一〇割となり、あとで請求すれば給付分が返還されるが、保険料滞納分が控除されて返還されない場合が

大半である。保険料を払えず滞納している人が、窓口で医療費を全額負担できるはずもなく、受診は困難となり、実質的に無保険者の状態に置かれているといってよい。資格証明書保持者の中には、十分な医療が受けられず治療の手遅れにより死亡する人も出ている。

これは、国民皆保険を揺るがす事態であり、とくに資格証明書交付世帯の無保険状態の子どもたちの存在が問題となり、議員立法で、二〇〇八年に国民健康保険法が改正され、中学生以下（現在は高校生以下）の被保険者には、六カ月の短期証を交付することとなった。もっとも、短期証の場合も、保険証の有効期間が切れた場合には、市町村の窓口に新規の保険証を取りに行く必要があり、その際に、国民健康保険料の納付を求められるため、窓口に足を運ぶことなく、有効期間が切れた短期保険証を保持したままの人もいる。窓口に、こうした「留め置き」された短期保険証が多数ある自治体もある。

法律上は、「特別の事情があると認められる場合」（世帯主が災害にあい、または盗難にあった場合、世帯主または生計を一つにする親族が病気にかかり、または負傷した場合など）には、資格証明書は交付されないが、「特別の事情」の存在については、市町村から保険証返還の求めがあった時点で、世帯主から届出をする必要があり、この届出がなされないと、機械的に資格証明書が交付されている事例が多い。

しかし、滞納問題は国民健康保険の構造的問題といえ、制度は、保険料滞納者の増大↓

保険財政の逼迫→保険料の引き上げ→保険料滞納者の増大という悪循環に陥っている。資格証明書の交付を義務付けた後も、収納率の改善はみられず、交付制度そのものが意義を失っており、廃止すべきと考える。かりに資格証明書を交付する場合でも、世帯主からの「特別の事情」の届出がなくても、生活状況を調査し、悪質な滞納者と認定したうえで、はじめて交付などの手続きに移るべきで、調査の過程で、保険料滞納者が、生活保護が必要なほどの困窮状態にあることが明らかになれば、医療扶助を行う責任が市町村の側に生じるはずだ（第八章参照）。近年では、批判の高まりの中で、資格証明書の交付は減ってきているものの、滞納者の財産差押が増大している。

4　高齢者医療

†後期高齢者医療制度

高齢者の医療制度では、二〇〇八年に、高齢者医療確保法に基づき、七五歳以上の高齢者（後期高齢者）を加入者とする後期高齢者医療制度が創設され、現在に至っている。

後期高齢者医療制度の被保険者は、七五歳以上の人だが、六五歳以上七五歳未満の人でも、政令で定める程度の障害があり、後期高齢者医療広域連合（以下「広域連合」という）の認定を受けた場合には被保険者となる。七五歳に達すると、それまで加入していた医療保険（主に国民健康保険）から離脱し、同制度に強制加入となる。実施主体は、各都道府県の全市町村が加入する広域連合である。従来の医療保険で使われている「保険者」という名称が用いられていないのは、保険料の徴収（年金天引きの特別徴収の場合は年金保険者が行う）、資格関係届の受付、給付の申請受付などの業務は市町村が行うためである。保険業務を広域連合と市町村が共同で分担する仕組みといってよい。

　後期高齢者医療制度は、高齢者の窓口負担（医療費の約一割）を除く給付費を、七五歳以上の高齢者（被保険者）からの保険料（約一割）、各医療保険者からの後期高齢者支援金（約四割。各医療保険の被保険者が特定保険料として負担している）、公費（約五割。国二五％、調整交付金八％、都道府県と市町村で各八％の定率負担）で賄う仕組みである。こうした高齢者のみを被保険者とする独立の医療保険制度は世界でも類をみないものである。七五歳以上の高齢者は、病気になるリスクが高いうえに、年金生活者が大半で保険料負担能力が低く、リスク分散が機能せず、保険方式になじまないからだ。実際、高齢者の保険料負担だけでは給付費の一割程度しか賄えず、後期高齢者医療制度は、公費や支援金に財政的に大きく依存する構造になっている（図表3参照）。

とくに、後期高齢者支援金は年々増大し、健康保険など被用者保険の財政を悪化させる大きな要因となっており、被用者保険側から改革要求が相次いでいる。そして、医療保険制度改革法により、二〇一七年度から、後期高齢者支援金に全面総報酬割が導入された。総報酬割は、従来は加入者数に応じて拠出していた後期高齢者支援金を、賃金水準（平均収入）に応じて拠出するもので、これにより、所得が高い大企業の従業員が加入している健康保険組合などの負担は増大し、所得の低い中小企業の従業員が加入している協会けんぽとの所得格差を平準化するために投入されている協会けんぽへの国庫補助（約二四〇〇億円）が削減された。負担が増大した健康保険組合などからは、全面総報酬割の導入にともなう国庫補助の削減は、国の財政責任を現役世代の保険料負担に押し付ける「肩代わり」（被用者保険による国庫補助の「肩代わり」）であるとの当然の批判が出ている。

後期高齢者医療制度の給付の種類は、健康保険の療養の給付とほぼ同じであるが、一部負担金は、原則として医療費の一割負担である（ただし、現役並み所得者は三割負担）。保険料は、介護保険料と同様、年金額が月一万五〇〇〇円以上の被保険者については、特別徴収（年金からの天引き）となる。普通徴収の被保険者については、世帯主や配偶者の一方に連帯納付義務が課されている。保険料滞納世帯に対して、資格証明書の交付が義務付けられているものの、現在までのところ、同証明書の交付はなく、短期証の交付にとどまっている（それでも、二〇一七年六月現在で、全国で約二万人に交付されている。厚生労働省調べ）。

†前期高齢者の財政調整制度

一方、六五歳から七四歳までの前期高齢者の医療費については、財政調整制度が導入されている。これは、保険者間の前期高齢者数の偏りによる負担の不均衡を調整するために、国民健康保険・被用者保険の各保険者が、その加入者数に応じて負担する費用を調整する制度である。要するに、前期高齢者が多く加入する国民健康保険に、加入者が少ない被用者保険から徴収した交付金を支給し、財政調整を行う仕組みである。

具体的には、どの保険者にも同じ割合の前期高齢者が加入していると仮定して（各医療保険への前期高齢者の加入率は、全国平均で一二％だが、これを調整対象の基準とする）、前期高齢者の加入率の低い協会けんぽ（平均加入率五％。以下同じ）や組合健保（二％）から納付金を徴収し、加入率の高い国民健康保険（二八％）に交付金として支給する。

組合健保など前期高齢者の加入が少ない医療保険者は、後期高齢者医療制度への支援金のみならず、前期高齢者納付金の負担も加わったわけで、前期高齢者納付金は、結局は、健康保険などの加入者の保険料で賄われていることになる（協会けんぽの場合、納付金についても、給付費同様に一六・八％の国庫負担が行われる）。かくして、後期高齢者支援金と前期高齢者納付金による大幅な支出増で、赤字に転落する健康保険組合が続出し、健康保険組合連合会（健保連）は、後期高齢者支援金などの見直しを提言しているが、いまだ実現していない。

†医療費適正化計画と特定健診・特定保健指導

他に高齢者医療に関して、高齢者医療確保法は、医療費の適正化を総合的かつ計画的に推進するため、厚生労働大臣が医療費適正化基本方針と六年を一期とする全国医療費適正化計画を定めること、都道府県にも、都道府県医療費適正化計画の策定を義務付けている。同時に、従来の老人保健法に基づいて実施されていた保健事業を再編し、四〇歳以上七五歳未満の被保険者に対して、糖尿病など生活習慣病の予防に着目した特定健康診査（以下「特定健診」という）と特定保健指導を行うことを医療保険者に義務付けた。健康診断の際に、腹部を測られ、メタボと認定された記憶がある方も多いだろう。

特定健診は、メタボリック・シンドローム（内臓脂肪症候群）の該当者・予備群をセレクトし、医師による特定保健指導につなげるもので、特定保健指導は、積極的支援、動機付け支援、情報提供の三段階に分けられる。特定健診・特定保健指導の受診率、メタボリック・シンドロームの該当者・予備群の減少のそれぞれについては目標が設定され、達成状況に応じて、後期高齢者支援金が最大一〇％、加算ないし減算される仕組みが導入された。

メタボリック・シンドロームの該当者・予備群の診断基準は、腹囲について男性八五㎝以上、女性九〇㎝以上で、①空腹時血糖一〇〇㎎／dL以上、②中性脂肪一五〇㎎／dL以上か、HLDコレステロール四〇㎎／dL未満、③血圧一三〇／八五㎜Hg以上、のうち二つを満たす場合に、メタボリック・シンドロームと診断（三つのうち一つを満たす場合には、メタボリック・シンドローム予備群と診断）されるものだが、腹囲の基準値が国際的基準と異なるなど（通常は、男性の方が女性より腹囲の基準値は長い！）、問題点が指摘されている（詳しくは、伊藤周平『後期高齢者医療制度――高齢者からはじまる社会保障の崩壊』平凡社新書、二〇〇八年、一九七頁以下参照）。

そもそも、特定健診（いわゆる「メタボ健診」）・特定保健指導の制度化は、個人の努力・自己責任によって、生活習慣病を予防できるという健康自己責任論に基づいている。しかし、個人の不健康習慣の最大の要因ともいえる労働要因（長時間労働、不規則勤務、職場ストレスなど）を無視し、特定健診によるハイリスク者の早期発見を起点とする、メタボリック・シンドロームを引き起こす生活習慣に着目した特定保健指導だけで、つまり個人への健康教育とそれによる個人の健康管理・行動だけで、生活習慣病が予防できるとは思えない。WHO（世界保健機関）が、健康の社会的決定要因の改善を各国政府に呼びかけた時期に、日本では、逆に病気の原因と対策を個人に求める方向が強まったのであり、世界の流れに逆行している。

特定健診・特定保健指導の導入から一〇年が経過したが、膨大な予算と人員を投下したにもかかわらず、メタボリック・シンドロームは減少しておらず、導入は失敗におわったというほかない。健康自己責任論という前提が誤っていた当然の帰結だが、経済的に不利な立場にある人ほど（たとえば、非正規雇用の労働者）、健康状態が悪いにもかかわらず健診を受診していないこと、メタボリック・シンドロームは、予備群を含めると一四万人を超えているうえに、健康教育による健康行動の変容やそれによる冠動脈疾患による死亡が抑制できるという証拠（エビデンス）がない、つまり長期的に有効な治療法が確立していないことも指摘されている（近藤克則「健康格差社会の病理と処方箋」『月刊保団連』二〇一七年三月、七頁参照）。

5　医療提供体制

†医療提供施設と医療従事者

これまで医療保険制度の側面から解説してきたが、次に医療を提供する体制（医療提供体制）についてみていこう。

医療を提供する体制に関する法律として、医療法がある。この法では、国民に医療を提供する施設を医療提供施設と位置づけ、二〇床以上の入院施設のある病院と一九床以下もしくは入院施設のない診療所とに区分している。また、地域医療の確保を支援する役割をもち、原則として二〇〇床以上の入院施設のある地域医療支援病院、四〇〇床以上の入院施設と一〇以上の診療科があり、厚生労働大臣の承認を受け、高度医療の提供に関わる特定機能病院がある（全国八〇の大学病院などが承認を受けている）。

病院の病床には、精神病床、感染症病床、結核病床、長期療養の患者を入院させる療養病床があり、これら四種類以外の病床が一般病床である。病院等の人員配置基準は、たとえば一般病床では、看護師は、患者三人に対して一人の配置という基準になっている。

医療従事者については資格制度があり、①医師法、②歯科医師法、③薬剤師法、④保健師助産師看護師法（以下「保助看法」という）などの個別の法律で、資格の得失に関する要件や手続きを定めている。資格には、特定の業務に従事することを許可する業務独占と、特定の名称を用いることを許可する名称独占がある。医師、歯科医師、薬剤師、看護師などは業務独占と名称独占を備えている。医師には、正当な理由がないかぎり診療治療の求めを拒んではならないという応諾義務が課されている。

医療施設の設置許可と保険医療機関の指定

医師・歯科医師が診療所を開設する場合には、開設後一〇日以内に診療所のある都道府県知事にその旨を届け出なければならない。医師以外の者が医療施設を開設する場合は、開設地の都道府県知事の許可が必要で、株式会社（営利法人）が医療施設を開設することは認められていない。

その代わり、医療施設の経営を目的とする社団や財団を医療法人として設置することが認められている。さらに、二〇〇六年の医療法改正により、非営利性を徹底させた医療法人の中でも、小児救急医療、災害医療、へき地医療などを実施し、社会的ないし公共的機能を強化したものが社会医療法人と位置づけられた。社会医療法人は、公共的な医療事業を経営する必要から、収益事業が認められている一方で、事業の透明性を確保するため、外部の公認会計士または監査法人による会計監査が義務付けられている。

医療法は、病院開設の際に、都道府県知事（診療所の場合は、保健所を設置する市・特別区の市長・区長）の許可を得ることを要求している。許可要件の中心は、施設の構造と人員で、これを満たしていれば、許可を与えなければならない。一方、保険給付を行うためには、病院・診療所または薬局は、保険医療機関または保険薬局として、厚生労働大臣による指定を受けなければならない。

日本では、株式会社が医療施設を運営することは認められていないが、アメリカ合衆国では、公的医療保険がなく、多くの人は民間の保険会社に加入し、保険会社が医療施設を運営している。とはいえ、保険会社の病院は、より収益をあげようと、過剰な治療を施す傾向があるため、アメリカの医療費は世界一高くなっている。日本でも、経済財政諮問会議の民間議員を中心に、株式会社の医療施設運営を認めるべきとの規制緩和の主張がなされているが、それを認めてしまうと、アメリカ合衆国のように、医療費が高騰するだろうし、所得格差が医療格差に直結することになるので（ある程度のお金がないと、いい医療が受けられない）、認めるべきではないだろう。厚生労働省も、同様の理由から一貫して株式会社参入には否定的な立場をとっている。

†医療計画と病床規制

医療計画は、医療機関や病床数の適正な配置、医療資源の効率的な運用などをはかるため、都道府県が策定する計画で、一九八五年の医療法改正により導入された。医療計画では、一次から三次までの医療圏を設定し（一次医療圏は、基本的に市町村区域、二次医療圏は広域市町村、三次医療圏は、基本的に都道府県の区域とされている）、それぞれの医療圏における医療提供体制の整備目標に関する事項を定め、医療圏ごとの基準病床数を確定し、病床過剰地域においては、病床数の規制が行われている。

都道府県知事は、公立病院については、基準病床数の超過を理由として開設不許可とすることができるが、民間病院に対しては、病床の削減や病院開設の辞退の勧告ができるにとどまる。勧告は、法的拘束力をもたない行政指導であり、開設許可の取り下げを都道府県知事が執拗に働きかけることは違法になるとの判決（鹿児島地裁一九九七年一二月五日判決）もあり、病床規制の実効性には限界があった。そこで、医療法上の病院開設許可は行うが、保険医療機関の指定は行なわないという方法がとられるようになり、健康保険法の改正で、勧告への不服従が指定拒否事由として明文化された。

こうした医療計画に基づく病床規制に関しては、憲法二二条の職業選択の自由を侵害するとして、指定拒否処分を受けた医療機関が各地で取消訴訟を提起したが、最高裁は、供給に需要創出効果がある医療については、病床制限を超える医療機関の指定は医療保険の運営の効率化を阻害するとして、指定拒否は適法であり、憲法二二条にも違反しないと判示している（二〇〇五年九月八日判決）。また、最高裁は、病院開設中止勧告が、保険医療機関の指定拒否と結びついていることから、都道府県知事が、病院を開設しようとする者に対して、当該医療圏の必要病床数に達しているとの理由で行った病院開設中止勧告を強制力のある行政処分とみなしている（二〇〇五年七月一五日判決）。

なお、二〇一三年四月からは、医療計画の必要記載事項として、五大疾病（がん・脳卒中・急性心筋梗塞・糖尿病・精神疾患）の治療・予防に関する事業、五事業（緊急医療・災害時医療・へき地医療・周産期医療・小児医療）に関する事項などが加えられた。

†病床機能報告制度と地域医療構想――病床削減のツール？

二〇一四年には、医療・介護総合確保法により医療法が大きく改正された。医療提供体制に関する重要な改正は、①病床機能報告制度の創設（二〇一四年一〇月から開始）、②地域医療構想（ビジョン）の策定（二〇一五年度から実施）、③医療計画の見直しである。

このうち、①の病床機能報告制度は、各病院・有床診療所（医療機関）が有している病床の医療機能（高度急性期、急性期、回復期、慢性期）を、都道府県知事に報告する仕組みで、各医療機関は「現状」報告と「今後の方向」の選択（たとえば、今は回復期だが、今後は急性期とするなど）、構造設備・人員配置等に関する項目などを報告する。

報告内容を受けて、都道府県は、構想区域（現在の二次医療圏とほぼ重なる）における病床の機能区分ごとの将来の必要量等に基づく②の地域医療構想を策定する。あわせて、地域医療構想を実現するため、都道府県は、構想区域ごとに、診療に関する学識経験者の団体その他の医療関係者、医療保険者などとの協議の場を設け、協議を行う。また、都道府県知事は、病院の開設等の申請に対する許可に地域医療構想の達成を推進するため必要な条件を付すことができ、病床削減（転換）などの要請、勧告（公立病院の場合は命令）、それらに従わない医療機関名の公表などの措置を発動できる。

地域医療構想のねらいは、看護師配置の手厚い高度急性期の病床（手術前後など重篤な患者が入院している病床）を他の病床機能に転換させ、過剰と判断された病床開設は認めないなどして計画的に削減し、入院患者を病院から介護保険施設や在宅に移すことにある。削減のターゲットは、高度急性期の担い手として位置づけられている現在の看護基準七対一の入院基本料算定病床（以下「七対一病床」という）である。七対一病床は、二〇〇六年に導入されたが、手厚い看護を保障し診療報酬点数が高いため、厚生労働省の予想以上に、算定する病院が多くなった。診療報酬点数が高いということは、医療保険財政を圧迫することも意味し、厚生労働省は、財政抑制のため、現在約三六万床ある七対一病床を、二〇二五年までに一八万床に削減する方針である（図表6）。実際、七対一病床の算定要件で

図表6　病床再編の方向

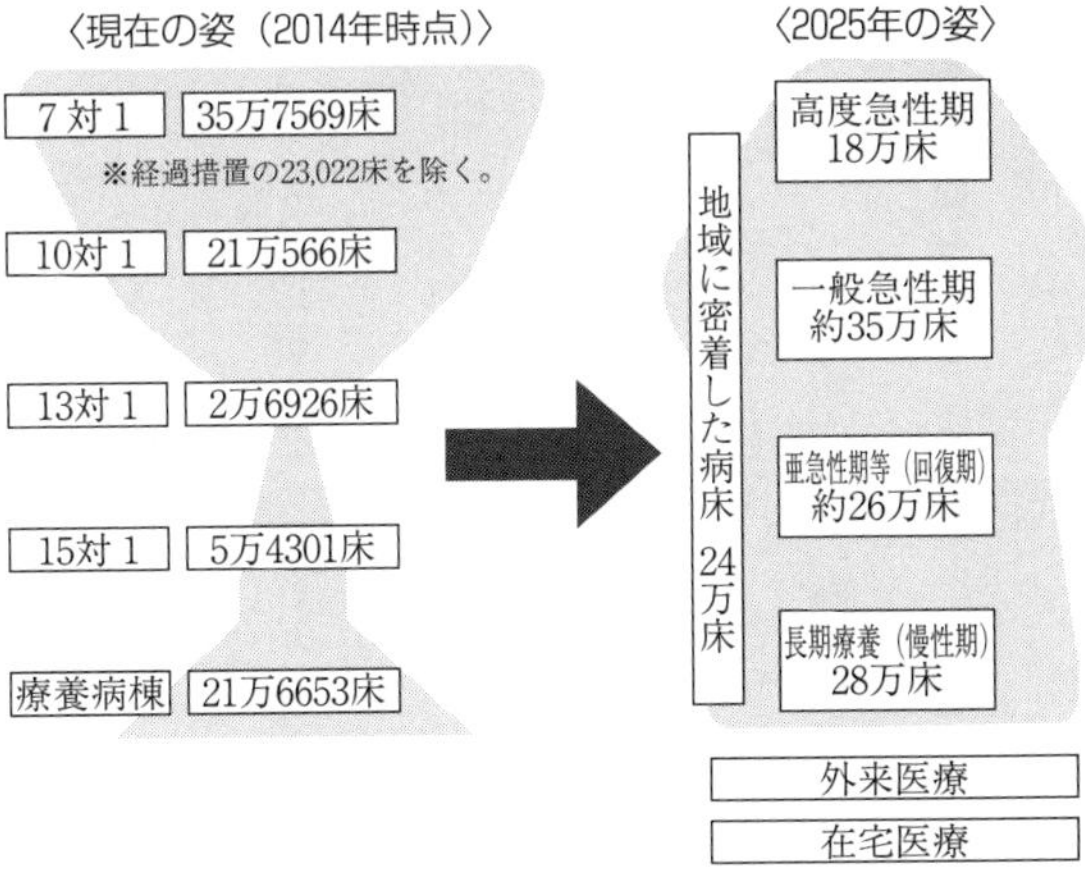

出所：厚生労働省資料、一部修正

ある「重症度、医療・看護必要度」（重篤な患者で手厚い医療・看護が必要な患者であることを示す指標。以下「看護必要度」という）の基準を満たす患者の割合が、二〇一六年の診療報酬改定で、二五%以上に引き上げられ、患者の「在宅等復帰率」（自宅への退院だけでなく、介護保険施設などへの転院も含む）も八〇%以上に引き上げられた。

　こうした算定基準の厳格化により、七対一病床の稼働率は年々低下し、病床数も、二〇一七年六月時点で三五万四九八〇床と、前年六月時点より八二四二床減少している（日本アルトマーク調査結果による）。そして、二〇一八年の診療報酬改定では、七対一病床の入院基本料（一人当たり現在一万五九一〇円)と一〇対一病床の入院基本料(同一万三三二〇円)とを統合し、二つの現行額との間で、「看護必要度」の割合に応じて差をつけ七段階とする仕組みが導入された。

厚生労働省(国)は、地域医療構想の実現は、都道府県と地域の医療機関の協力のもと進めることを大原則とし、それが機能しない場合に、都道府県知事が措置を講じると説明している。しかし、法改正により都道府県知事の権限が強化されており、「上からの機能分化」が進められる懸念は払拭できない。受け皿が整わないまま、機械的な病床削減を定める地域医療構想を策定し、それを実施していけば、早期退院を迫られ、必要な医療を受けることができない患者が続出することになろう。もっとも、これまでも国の病床規制に対しては、前述のように、医療機関からの訴訟が頻発しており、都道府県知事による対抗措置も訴訟リスクをともない、そう簡単に発動できるものではない。厚生労働省(国)の思惑どおりに、病床機能の再編が進むかは未知数である。

医療計画の見直し

③の医療計画の見直しでは、医療と介護の連携を強化するため、厚生労働大臣が医療・介護を総合的に確保するための基本的な方針(総合確保方針)を定め、都道府県が医療計

画を作成するに当たっては、総合確保方針と都道府県の介護保険事業支援計画との整合性の確保をはからなければならないとされた。また、医療計画の見直しサイクルを二〇一八年度から六年とし、その中間年（三年）において在宅医療など介護と関連する部分の見直しを行うこととし、介護保険事業計画の見直しサイクル（三年）とそろえた。

もっとも、これまでも医療と介護の連携はしばしば強調されてきたことであり、二〇一三年からの医療計画にも「在宅医療の体制構築」などが盛り込まれた。しかし、医療計画の策定主体が都道府県、介護保険事業計画の策定主体が市町村であることなどもあり、医療と介護の連携は遅々として進んでいない（詳しくは、島崎・前掲『医療政策を問いなおす――国民皆保険の将来』一八一頁参照）。

地域医療構想にしても医療計画にしても、その策定を担う人材や取組体制の拡充がなされなければ、実態にあわない機械的な病床削減の数値目標となってしまう可能性が高く、人材の確保や体制の整備、そのための自治体予算の確保が不可欠といえる。

6　これからの医療の課題

†国民健康保険の都道府県単位化

前述のように、一連の医療制度改革の最終段階として、二〇一八年度より、国民健康保険の都道府県単位化が実現した。これにより、都道府県が、国民健康保険の財政運営の責任主体となり、保険給付に要する費用の支払い、市町村事務の効率化・広域化等を促進し、市町村が保険料の徴収、資格管理・保険給付の決定、保健事業などを担うこととなった。その意味では、都道府県単位化といっても、都道府県と市町村が共同して国民健康保険を運営する方式といえる。

都道府県単位化により、都道府県が、域内の医療費全体を管理したうえで、市町村ごとの標準保険料率と都道府県全体の標準保険料率を定め、各市町村は、標準保険料率を参考にしながら、納付金を納めるのに必要な保険料率を定め、保険料を徴収して、都道府県に国民健康保険事業費納付金として納付する方式となった。したがって、保険料はこれまでどおり市町村ごとに異なることとなる。そのうえで、市町村は、保険給付等に要する費用のうち市町村負担分を国民健康保険給付費等交付金として都道府県に請求し、都道府県から交付を受ける。交付金の財源は、市町村の納付金のほか、国や都道府県の公費負担で賄われる。

この方式だと、市町村による一般会計（税金）の繰入（法定外繰入）がなされなければ、ほぼ確実に国民健康保険料は引き上げとなる。市町村は、都道府県から割り当てられた国民健康保険事業費納付金を一〇〇％納める必要があり、全国の保険料収納実績は平均で約九〇％のため、納付金を賄えるよう保険料を引き上げることが必要となるか（平均でも一〇％の保険料引き上げが必要）、都道府県に新設される財政安定化基金から納付金の不足分を借り受け、のちに保険料に上乗せして返済することになるからだ。そして、実際に、国民健康保険が都道府県単位化された二〇一八年度以降、各地で国民健康保険料が高騰し、悲鳴があがっている。

そもそも、国民健康保険財政の赤字は、加入者に高齢者や低所得者、無職者が集中していることによる構造的な問題であり、保険規模を大きくしたところで、赤字が解消されるわけではない。実際、政令市などの大規模な自治体ほど国民健康保険財政は苦しく、赤字基調が続いている。

国民健康保険の都道府県単位化の目的は、市町村の法定外繰入のような財政補塡のための税支出を廃止し、都道府県ごとに保険料負担と医療費が直結する仕組み、つまり介護保険や後期高齢者医療制度と同様の仕組みをつくりあげることにある。保険料負担と医療費が直結する仕組みが形成されれば、医療費の上昇が保険料引き上げにストレートに跳ね返る。

かりに、都道府県の税支出による財政補塡が可能になっても、各都道府県は、その域内に医療提供水準などが異なる多くの市町村を抱えているため、支出に対する政治的合意を得ることは難しく、都道府県としては、保険料の高騰を防ぐためには、医療費抑制をはからざるを得なくなる。そして、医療費抑制をはかるため、前述のように、都道府県は地域医療構想を策定することとされ、病床削減などについての都道府県知事の権限を強化し医療供給体制をコントロールする仕組みが組みこまれた。国民健康保険の都道府県単位化は、いわば都道府県間で医療費削減を競わせる仕組みを構築するものといってよい。

†患者負担の増大

また、医療保険改革では「負担の公平化」の名目で、患者負担の増大が加速している。まず、紹介状なしで特定機能病院および五〇〇床以上の病院を受診する場合に、二〇一六年四月から、定額負担を患者から徴収することが義務化された（保険外併用療養費制度の選定療養）。定額負担の額は、初診で五〇〇〇円以上、再診でも二五〇〇円以上となる。選定療養は、前述のように、特別の病室（個室）の提供など、保険がきかず全額自己負担となるアメニティの療養であり、紹介状のない大病院の受診を選定療養とすることは、受診がアメニティの療養、つまりぜいたくということを意味するのだろうか。二〇一八年八月からは、対象病院の範囲が四〇〇床以上の病院に拡大された。今後、これを先駆けとして、大病院でなくても受診する際に定額負担が課される可能性がある。

また、政令改正により、後期高齢者医療保険料の特例軽減措置も段階的に廃止される。当面は、二〇一七年四月から、所得に応じて支払う所得割の軽減が五割から二割に、被扶養者であった高齢者の定額部分の軽減も九割から七割に引き下げられた。特例措置が全廃されれば、高齢者の保険料負担は従来の二～一〇倍となり、深刻な影響が懸念される。

さらに、これも政令改正により、七〇歳以上の高齢者の高額療養費の月額負担上限が段階的に引き上げられる。具体的には、二〇一七年八月より、年収三七〇万円未満の人の外来の負担上限が月額二〇〇〇円上がり一万四〇〇〇円に、入院を含む負担上限も一万三二〇〇円増の五万七六〇〇円に引き上げられ、療養病床に入院中の六五歳以上の高齢者について、居住費（光熱水費など）が、同年一〇月より、日額三七〇円に引き上げられた。

加えて、政府の経済財政諮問会議の「経済・財政再生計画改革工程表」では、湿布やかぜ薬など市販品類似の医薬品の保険給付の見直し、かかりつけ医以外を受診した場合の追加負担の導入、七五歳以上の高齢者の窓口二割負担化などの改革案が提示されている。患者、とくに高齢患者を狙い撃ちにした負担増の改革の方向が鮮明になっているといってよい。

†医療の課題

最後に、日本の医療の課題について整理しておこう。

まず、病床削減を中心とした医療提供体制改革に対しては、地域医療の実態を無視した、病床の機械的な削減をさせないため、自治体レベルで、地域医療構想に医療機関や住民の意見を十分に反映させることが必要である。地域医療構想の具体化を協議する場として、現在、構想区域ごとに、「地域医療構想調整会議」が設けられているが、同会議を形骸化させない取り組み、また医療・介護関係者が中心となって、どのような医療需要があり、どの程度の病床が必要かを具体的に提言していく取り組みが重要となる。そもそも、稼働していない病床が多数存在しているのは、病床自体が過剰というより、必要な医師・看護師が確保されないことに原因があるとの指摘もある。まずは需要にみあうだけの医師・看護師の確保をはかる施策が求められる。

医療保険改革に対しては、公費負担を増やすことで、現在の負担増、給付抑制政策の方向を転換させる必要がある。将来的には、後期高齢者医療制度は廃止し、老人保健制度に戻したうえで、当面は、現在の国民健康保険、被用者保険の並列状態を維持しつつ、老人保健制度や国民健康保険への公費投入を増やしていくべきと考える。

とくに、減らしつづけてきた国民健康保険の国庫負担を増大させることが必要だ。現在の国民健康保険の国庫負担は、保険給付費に対して定率四〇%とされているが、一九八四年九月までは、加入者負担分を含む医療費全体に対する定率負担で、医療費の四〇%であった。窓口負担（一般的には三割だが、七〇歳以上の高齢者については一割もしくは二割なので、平均すると約二七%）から償還される高額療養費分（約九%）を除いた実質的な加入者負担割合は約一八%だから、保険給付費は医療費の八二%となる。保険給付費に対する現行の国庫負担が四〇%なので、医療費で換算すると、国庫負担は三二・八%にとどまる。地方単独の福祉医療制度（条例による重度障害者や小児、ひとり親などに対する一部負担金の現物助成）の実施で補助率が削減されるので、医療費に対する国庫負担は三〇%程度とみられる。かつては医療費の国庫負担が四〇%であったことからすると、国庫負担率は一〇%、額にして一兆円が削減されたこととなる。国民健康保険への国庫負担をもとの医療費四〇%の水準に戻せば、国民健康保険料の大幅引き下げが可能となるはずだ。

後期高齢者医療制度の廃止と老人保健制度への転換については、確かに、老人保健制度にも問題があるが、後期高齢者医療制度のように高齢者医療費と高齢者の保険料が直結する仕組みは組み込まれておらず、高齢者は国民健康保険などに加入することになるため、拠出金の根拠も明確である。また、公費負担を増大させることで、健康保険などの拠出金負担を減らすことができるし、前述の問題の多い特定健診・特定保健指導を廃止し、すべての住民を対象に、市町村が行う基本健診などの老人保健事業を復活できる点でもメリットがある（詳しくは、伊藤・前掲『後期高齢者医療制度』第六章参照）。

一部負担金については、まずは七〇歳以上の高齢者と乳幼児について無料化を国レベルで実現する必要がある。そして、将来的には、政府を保険者とし、すべての国民を被保険者とする医療保険制度を構築し、収入のない人や生活保護基準以下の低所得者については保険料を免除し、公費負担と事業主負担を増大させることで一〇割給付の医療保障（すべての被保険者について医療費負担なし）を実現すべきであろう。

第四章

介護

介護については、これまで家族に頼っていた介護を社会全体で支える「介護の社会化」の実現と称して、介護保険が二〇〇〇年からスタートした。しかし、実施から二〇年近くを経過し、給付抑制と負担増が強化され、きわめて使いにくい（使わせない）制度に変貌している。また、介護を担う人材が大きく不足し、制度の存続すら危ぶまれている。本章では、こうした介護保険の現状と問題点を指摘し、安心できる介護保障に向けての課題を探る。

1　介護保険のあらまし

†介護保険法の目的と基本原則

介護保険は、要介護者等が、自らの尊厳を保持し、その有する能力に応じ自立した日常生活を営むことができるよう、必要な保健医療サービスおよび福祉サービスにかかる給付を行うことを目的としている（介護保険法一条）。給付の内容・水準は、要介護状態になっても可能な限り居宅において自立した生活を営むことができるよう配慮すべきものとされており、居宅での生活が優先される（同二条四項）。同時に、給付は、要介護状態の軽減または悪化の防止に力点を置くこと、被保険者の選択にもとづくことが要求される（同条三項）。

一方で、介護保険法は、自ら要介護状態となることを予防するため、加齢に伴って生ずる心身の変化を自覚したうえでの国民の健康保持増進義務、要介護状態になった場合の能力の維持向上義務を定める（介護保険法四条一項）。しかし、要介護状態になることは、ある意味で、人間の自然の「老い」による必然的結果であり（人間、年を重ねていけば、今までできたこともできなくなる！）、国民に要介護状態にならないための健康増進義務を法律で明記するのは行き過ぎだろう。要介護状態になった人に、憲法二五条一項にいう「健康で文化的な最低限度の生活」を保障するのが、本来の社会保障制度としての介護保険だからである。

同時に、介護保険法では、国民は共同連帯の理念にもとづき、介護保険事業に要する費用を公平に負担するものとされている（介護保険法四条二項）。憲法二五条の生存権の理念ではなく、この「共同連帯の理念」が介護保険法の基本理念とされ、後述のように、所得のない人への介護保険料賦課や保険料滞納者への厳しい制裁措置を正当化する理念とされている点は問題である。

✝介護保険の利用の仕組み

介護保険の被保険者が、介護保険の給付を受けるには、①被保険者として介護保険料を納付し、②保険者である市町村の行う要支援・要介護認定（以下「要介護認定」と総称）を受け、給付資格を認められ、③介護（予防）サービス計画を作成して市町村に提出し、④指定居宅サービス事業者や介護保険施設（指定介護老人福祉施設、介護老人保健施設など）と利用契約を結び、それにもとづいてサービスを利用する必要がある（図表7）。

このうち、①の被保険者は、市町村（東京二三区も含む）の区域内に住所を有する六五歳以上の者（第一号被保険者）と、市町村の区域内に住所を有する四〇歳から六四歳までの医療保険加入者（第二号被保険者）からなる。六五歳以上の生活保護受給者も、住所を有する市町村の第一号被保険者となるが、保険料分が加算して支給されるので、実質的な負担はない。第二号被保険者の場合は、医療保険への加入が被保険者の要件となっているので、国民健康保険に加入していない生活保護受給者は、介護保険の被保険者ではなく、

図表7　介護保険の仕組み（要介護者の場合）

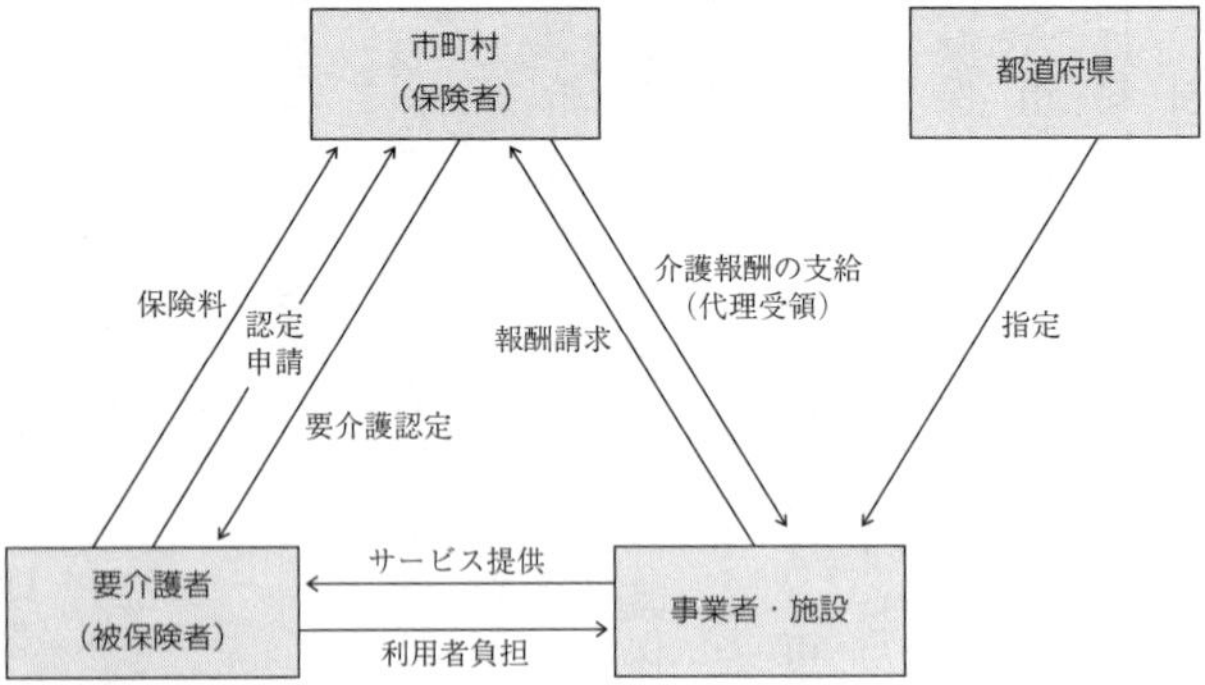

出所：筆者作成

保険料の負担はない。

②の要介護認定は、保険者である市町村が、認定を申請した被保険者が要支援・要介護状態にあるか否か、ある場合にはその程度（介護保険法上は要支援・要介護状態区分。以下「要介護度」という）を判定するもので、要支援は1・2の二段階、要介護は1～5の五段階があり、要支援・要介護度に応じて支給限度額が設定されている（図表8）。

要介護認定で、要支援・要介護状態にあると判定された被保険者は、それぞれ「要支援者」と「要介護者」とされる。第一号被保険者の場合には、要支援・要介護状態になった原因は問われないが、第二号被保険者の場合は、特定疾病（＊）により要支援・要介護状態になった場合にのみ、介護保険の適用がある。この要件に該当し、介護保険の給付を受けている第二号被保険者は約一四万人、被保険者全体（約四二〇〇万人）の約〇・三三％にすぎず（二〇一四年度）、大半の第二号被保険者は介護保険料を払うだけだ。介護保険証も交付されず（第一号被保険者には市町村から各人に交付される）、要介護認定を申請するときは医療保険証を付し、認定された後に介護保険証が交付される。

図表8　居宅サービスにおける支給限度額（2017年4月～）

区分に含まれるサービスの種類	限度額の管理期間	要介護度	支給限度額
訪問介護 訪問入浴介護 訪問看護 訪問リハビリ 通所介護 通所リハビリ 短期入所生活介護 短期入所療養介護 福祉用具貸与 介護予防サービス（訪問介護通所介護は除く）	1カ月（暦月単位）	要支援1	5,003単位
		要支援2	10,473単位
		要介護1	16,692単位
		要介護2	19,616単位
		要介護3	26,931単位
		要介護4	30,806単位
		要介護5	36,065単位

注：1単位は10～11.26円（地域やサービスにより異なる）
出所：厚生労働省資料より筆者作成

③の介護サービス計画（要支援者については介護予防サービス計画。以下「ケアプラン」と総称）のうち、在宅の要介護者のケアプランについては、居宅介護支援事業者に所属する介護支援専門員（以下「ケアマネージャー」という）が計画を作成する。作成費用は、居宅介護サービス計画費として、保険給付の対象となり、一〇割給付で利用者負担はない。要支援者のケアプランについては、地域包括支援センターの保健師などが作成する。施設サービスのケアプランは、介護保険施設に所属するケアマネージャーが作成し、作成費

用は、施設サービス費の給付の中に含まれ、独立の保険給付の対象とされていない。

以上の手続きを経たうえで、要介護者が、指定居宅サービス事業者や介護保険施設（以下、両者を総称し「介護事業者」という）と利用契約を結び、③の計画に基づき介護保険の給付対象となるサービスを利用することで、介護給付（「要介護」判定の場合）を受給することができる（④の要件）。この場合、当該サービスの費用（厚生労働大臣が定める基準により算定する支給額。以下「介護報酬」という）の九割が、要介護者に代わり介護事業者に介護報酬として支給され（代理受領。図表7参照）、残り一割分の費用は利用者が負担する。

＊特定疾病には、現在、以下の一六の疾患が政令で定められている（介護保険法施行令二条）。1　がんの末期、2　関節リウマチ、3　筋萎縮性側索硬化症、4　後縦靭帯骨化症、5　骨粗鬆症（骨折を伴う）、6　認知症（初老期における）、7　パーキンソン病など、8　骨髄小脳変形症、9　脊柱管狭窄症、10　早老症、11　多系統萎縮症、12　糖尿病性神経障害など、13　脳血管疾患、14　閉塞性動脈硬化症、15　慢性閉塞性肺疾患、16　変形性関節症

†介護保険で利用できるサービスと地域支援事業

介護給付の対象となるサービスには、居宅サービスとして、訪問介護（ホームヘルプサービス）や通所介護（デイサービス）などが、地域密着型サービスとして、定期巡回・随

時対応型訪問介護看護、認知症対応型共同生活介護（グループホーム）などが、施設サービスとして、特別養護老人ホーム（介護保険法上は介護老人福祉施設だが、以下「特別養護老人ホーム」で統一）、老人保健施設、介護療養院（後述）でのサービスがある。

同様の手続きで、要支援者は予防給付を受給することができるが、予防給付には、施設サービス費が含まれていないので、施設は利用できない。

一方、第一号被保険者を対象とする市町村の事業として、地域支援事業がある。二〇一一年の介護保険法改正により、一定の予防給付と介護予防事業とを総合的・一体的に行う介護予防・日常生活支援総合事業が地域支援事業の中に盛り込まれた。地域支援事業には、認知症施策の推進などの包括的支援事業（必須事業）のほかに、家族の介護支援などの任意事業も規定されているが、任意のため、実施している自治体は少ない。包括的支援事業の実施機関は、地域包括支援センターで、市町村またはその委託を受けた一定の要件を満たす法人により設置され、介護予防のケアマネジメントも担当する（介護予防支援）。地域包括支援センターには、担当区域における第一号被保険者数に応じて、原則として保健師、社会福祉士、主任ケアマネージャーが配置されている。

2　問題点は何か

†上限のある介護保険給付

介護保険の給付は「居宅介護サービス費」（介護保険法四一条一項）のように、費用支給の形態をとっており、医療保険の「療養の給付」のような現物給付ではなく、サービス費用の給付（現金給付）といえる。ただし、実際は、要介護者が介護事業者から介護保険サービスの提供を受けた場合に、代理受領の方式をとるため、要介護者にとっては、医療保険のような現物給付と同じにみえる（サービス費用の原則一割を負担することでサービスが利用できる）。もっとも、この場合も、介護保険法上は、保険者である市町村が、サービス費用（九割）を要介護者に支給し、本人が自己負担分（一割）と併せて、介護事業者に費用を支払う方式が基本とされており、保険給付それ自体は現金給付である（詳しくは、伊藤周平『介護保険法と権利保障』法律文化社、二〇〇八年、第二章参照）。

医療保険の場合は、被保険者が保険医療機関に被保険者証を提示し、医師が治療の必要性を判断し、医師が行った治療は、療養の給付として現物給付され、その治療については、薬の投与も含めすべて保険がきく。ところが、介護保険では、要介護認定を受けなければならず、医療保険にくらべて使いづらい制度であるうえに、在宅サービスを利用する場合には、要介護ごとの支給限度額があるため、それを超えるサービスは、保険がきかず全額自己負担となる。たとえば、要介護1（支給限度額月額一六万円とする。図表8参照）のAさんが、身体介護の訪問介護を利用する場合、サービス費用が一時間四〇〇〇円とすると、月四〇時間の利用で、支給限度額一六万円に達する（四〇〇〇円×四〇時間＝一六万円）。Aさんには妻のBさんがいるが、高齢で、Aさんの介護が十分できないため、月四〇時間のサービスでは足らず、あと四時間の訪問介護を利用したい場合には、四時間分のサービスは全額自己負担（一万六〇〇〇円）となる。自己負担できない場合には、サービスの利用をあきらめ我慢するか、Bさんが無理して介護するしかない。

一割負担による利用抑制

それどころか、介護保険サービスの利用には、原則一割の自己負担があるため、それが負担できなければ、サービスそのものが利用できない。これは一割負担による利用抑制といえる。

先の例でいえば、Aさんが支給限度額いっぱいのサービスを利用するためには、月一万六〇〇〇円の負担ができなければならない。もし、Aさんが月一万円の負担しかできない場合には、月一〇万円分のサービスしか利用できず、身体介護の訪問介護であれば月二五時間の利用に減らすしかない。ケアマネージャーが立てたケアプランには、本人の同意がいるため、ケアマネージャーとしては、まず、本人（世帯）がどこまで支払えるかを確かめなければならない。本人のニーズを把握するのではなく、支払能力を把握する必要があるわけだ（これでは「ケアマネジメント」ではなく、「マネーマネジメント」ではないか！）。

現場では、多くの高齢者世帯が一カ月に支払うことが可能なのは一万円程度で、「一万円の壁」といわれている。実際に、支給限度額いっぱいにサービスを利用している在宅高齢者はほとんどおらず、支給限度額に対する現実の利用割合は、要介護ごとに異なるが、平均で四割程度にとどまっている。

施設サービスの場合は、在宅サービスと異なり、要介護ごとに設定される支給限度額は施設に支払われる介護報酬額となり、入所者には、要介護度にかかわらず、二四時間三六五日の介護が保障される。この仕組みだと、要介護度の高い人（最重度の要介護5の人の支給限度額は月約三六万円。図表8参照）を多く入所させた方が施設に入る収入は増えるため、施設の側としては重度の人をとりたがる（すでに、後述する介護保険法改正で、原則として要介護3以上の人しか特別養護老人ホームには入所できなくなった）。

また、在宅サービスの給付水準では、重度の人が在宅で暮らすには、家族介護者の負担が大きすぎる。最重度の要介護5の人でも、身体介護の訪問介護を一日三時間、毎日利用すれば支給限度額に届いてしまうからだ（四〇〇〇円×三時間×三〇日＝三六万円）。家族介護者のいない独居の高齢者も増加しており、施設入所の希望者が増えるのも当然である。家族介しかし、特別養護老人ホームなどの施設は不足しており、膨大な待機者が放置されている。老後不安は増すばかりだ。

†混合介護の承認

医療保険では、保険給付部分と自由診療部分を組み合わせる「混合診療」は原則禁止されている（第三章2参照）。これに対して、介護保険では、保険給付の支給限度額を超えた部分のサービス利用は全額自己負担となるものの、介護保険サービスと自費によるサービスとの併用、いわゆる「混合介護」が認められている。上記の例で、Aさんが月四時間分の全額自己負担でのサービス利用を追加した場合がこれにあたる。

ただし、現在は、保険がきくサービスと保険外サービスとの「同時・一体的提供」は認められていない。上記の例でいうと、Aさんが生活援助のサービスも利用し、Aさんの食事を作ってもらっているが、妻のBさんも食事が作れないので、ヘルパーさんに一緒にB

さんの分も作ってもらうこと（この部分は全額自己負担）はできない。不明朗な形で利用料が徴収され、保険外の負担をしないとサービスを受けられなくなるおそれがあるからだ。

二〇一六年には、公正取引委員会が「混合介護の弾力化」として「家族の食事や洗濯などの提供」「ヘルパーの指名（指名料）の導入」などを提言しているが（「介護分野に関する調査報告書」）、厚生労働省は、上記の理由から「混合介護の弾力化」には慎重姿勢を崩していない。この点は評価できるものの、規制緩和を主張する経済界や政権中枢からの圧力はすさまじく、将来的に認められる可能性も否定できない。

†消えた「介護の社会化」の理念、実態は「介護の商品化」

いずれにせよ、介護保険では、保険がきくサービスで不足するサービスについては、自費で購入することが想定されている。しかし、これでは、ある程度のお金の余裕がないと、必要な介護サービスが利用できないことになる（実際に、支給限度額を超えるサービスを利用しているのは、利用者全体の一・五％にとどまる）。

高齢者の所得格差が介護格差に直結する仕組みといってよく、介護保険の導入で大きな恩恵を受けたのは、一割負担が難なく支払える比較的高所得の高齢者であり、住民税非課税の低所得の高齢者は、介護保険導入前は、サービス利用は無料であったのに（訪問介護についていえば、利用者の八三％は住民税非課税者で無料であった）、介護保険になって、新たに保険料が取られるようになったうえに、一割負担が課せられ、それが払えなければ、介護サービスが利用できなくなった。低所得の高齢者は、サービスの利用の幅が広がった高所得者のために介護保険料を払っているようなものだ（介護保険はお金持ちのための保険か！）。

その意味で、介護保険で実現されたのは「介護の社会化」ではなく、「介護の商品化」といったほうが適切だろう。もっとも、介護保険の見直しを検討する国の審議会の場では、いまや「介護の社会化」という声さえ聞こえなくなっている。

†生活保護法・老人福祉法による介護保障

介護保険法施行にともなう生活保護法の改正で、介護扶助が新たに設けられた。介護扶助は医療扶助と同じく介護券を発行する現物給付方式で行われ、居宅介護および施設介護は、指定介護機関に委託して行われる（第八章5参照）。これにより、国民健康保険の被保険者および介護保険の第二号被保険者とされていない四〇歳から六四歳の生活保護受給者に対しても、介護保険と同一のサービスが、利用者負担なしに介護扶助として現物給付され、六五歳以上の要介護・要支援者である生活保護受給者に対しても、利用者負担なしで介護扶助が現物給付される。

介護扶助がカバーするのは、介護保険の給付の範囲で、居宅サービスの場合は、支給限度額の範囲内になるが、介護扶助により利用者負担がないため、生活保護受給者は支給限度額ぎりぎりにまでサービスを利用している場合が多い（平均で限度額の八～九割）。

一方、老人福祉法は「福祉の措置」として、在宅における介護および老人ホームへの入所を市町村の責任で行うことを規定している。市町村によるこの福祉の措置によるサービス提供は、六五歳以上で身体上または精神上の障害があるために日常生活や在宅生活が困難な高齢者が、やむを得ない理由により、介護保険サービスを利用することが著しく困難な場合とされている（老人福祉法一〇条の四、一一条）。

ただし、国（厚生労働省）は、やむを得ない理由を①本人が家族等の虐待・無視をうけている場合、②認知症等の理由で意思能力が乏しく、かつ本人を代理する家族等がいない場合、と限定的に解している。この解釈だと、高齢者が家族と同居している場合には、その家族全員が虐待していないと適用されない。実際、複数の同居家族がいて、そのうちの一人が高齢者を虐待しているケースで、ケアマネージャーが市町村に通報しても、措置にならなかった事例もある。あまりに限定的な解釈といえる。いわゆる「老老介護」で、家族介護者が虚弱であったり、一人暮らしでお金がなく一割の利用者負担ができずに介護保険サービスを利用することができない場合も、やむを得ない理由に含め、市町村による措置を行うべきだろう。

また、介護保険の支給限度額（給付上限）を超える給付が必要な場合にも、介護サービスの提供という現物給付の形で「福祉の措置」による給付の余地がある。すでにホームヘルプ（訪問介護）に関しては、より濃密なサービスが必要であると認められる全身性障害者について、社会生活の継続性を確保する観点から、介護保険では対応できない部分は引き続き障害者施策から必要なサービスを提供することができるとされており（「介護保険制度と障害者施策との適用関係等について」二〇〇七年三月二四日通知）、実際に支給限度額を超えたサービス提供が行われている。福祉の措置の場合は、市町村は介護事業者に措置費を支払い、措置対象者（または扶養義務者）から、その負担能力に応じて費用を徴収することとされており、利用者負担は、応能負担となる。

また、認知症がひどく、成年後見制度の利用が必要な場合には、後見人の選任までに時間がかかるので、サービスの中断なしに、同制度につなげていくためにも、福祉の措置が積極的に活用されるべきである。福祉の措置の拡充は、判断能力が不十分な要介護者や虐待を受けている要介護者の権利擁護の仕組みとしても大きな意義をもつ。

しかし、現実には、老人福祉法による措置の事例はごくわずかで、介護保険がはじまってから措置の予算的裏付けをしていない市町村も多い。何より、介護保険がはじまって、高齢者担当の自治体ソーシャルワーカーが激減、高齢者福祉行政における市町村の能力が低下し、行政が虐待を受けている高齢者を見つけることすらできなくなり（多くは、民間のケアマネージャーからの通報だ）、措置入所に大半の市町村が消極的な現状がある（「措置控え」といわれる）。老人福祉法による介護保障は、現状ではきわめて不十分といわざるをえず、独居の認知症高齢者が増加する中、このままでは、独居の認知症高齢者の孤独死や徘徊による行方不明が増大するおそれがある。その意味でも、市町村責任の強化が課題となる。

3 介護保険財政と介護保険料

†介護保険財政の仕組み

介護保険の費用は、利用者負担部分を除いた給付費（保険給付に必要な費用）と事務費に区分される。給付費については、その五〇％を公費で賄い、残りを保険料で賄う。五〇％の公費負担の内訳は、国が二五％（定率二〇％と調整交付金五％）、都道府県一二・五％、

図表9　介護保険財政の仕組み

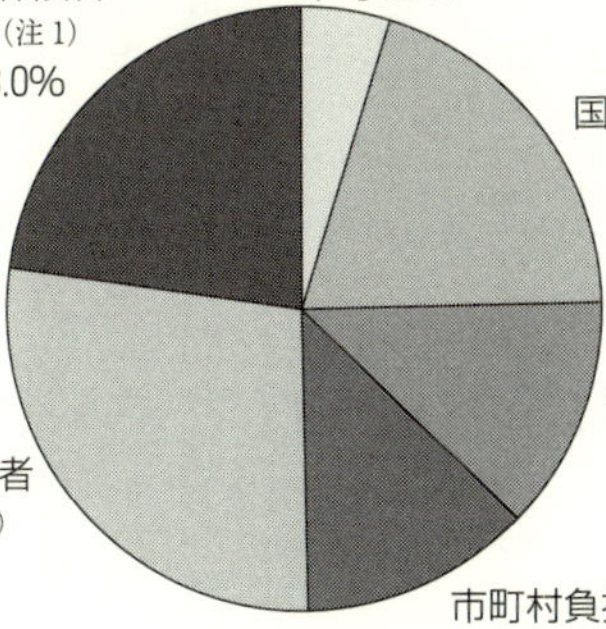

注1：第1号・第2号被保険者の負担割合は、2018年4月以降のもの
注2：居宅サービス等の給付費。介護保険3施設等の給付費は、国庫負担金（国）15%、都道府県17.5%
出所：社会保険研究所編『介護保険の実務・平成27年8月版』一部修正

市町村一二・五％となっている。ただし、介護保険施設および特定施設入居者生活介護にかかる給付費については、国庫負担は定率一五％で、都道府県の負担が一七・五％となっている（図表9）。調整交付金は、七五歳以上の高齢者人口の割合や被保険者の所得格差などに起因する市町村間の財政力格差を調整する仕組みである。たとえば、所得水準の高い高齢者が多い自治体では、調整交付金が二％となり、第一号保険料が二六％の割合になる。

　また、給付費の増加や第一号被保険者の保険料収納率の低下による介護保険財政の悪化に備えて、都道府県ごとに財政安定化基金が設置され、資金の貸付・交付を行っている。交付は災害などの場合に限られ、

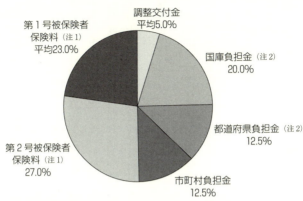

ほとんどが貸付となっている。貸付の場合は、市町村は次期介護保険料に上乗せして返還する。財政安定化基金の財源は、国、都道府県、市町村がそれぞれ三分の一ずつの拠出による。

一方、地域支援事業のうち介護予防事業は、給付費の財源構成と同じ（保険料五〇％、公費五〇％）だが、包括的支援事業は第一号被保険者保険料と公費（国三九・五％、都道府県一九・七五％、市町村一九・七五％）で賄う。ただし、総合事業の事業費には、事業開始の前年度の介護予防訪問介護と介護予防通所介護、介護予防支援の総額をベースとしつつ、後述のように、各市町村の七五歳以上高齢者数の伸び率以下とする上限が設定されている。

†介護保険料

介護給付費の半分は介護保険料で賄い、第一号被保険者と第二号被保険者の保険料負担割合は、それぞれの総人口で按分して算定し、三年ごとに政令で定める。現在の負担割合（二〇一八年度から）は、第一号被保険者が二三％、第二号被保険者が二七％となっている。この負担方式では、六五歳以上の高齢者が増大するにしたがって、高齢者の負担が重くなる仕組みだ。

第一号被保険者の介護保険料は、市町村介護保険事業計画に定めるサービスの見込量にもとづく給付費の予想額などを参考に、三年を通じ財政の均衡を保つことができるよう算定され、政令の定める基準に従って、市町村の条例で定める。施設などのサービス量が増えたり、介護保険サービスの利用者が増えると（高齢者数の増大に伴い、当然増えていくが）、保険料が高くなる仕組みだ。実際、介護保険料の全国平均は、第一期（二〇〇〇〜〇二年度）は月額二九一一円であったが、第七期（二〇一八〜二〇年度）は月額五八六九円となり、一八年間で二倍以上と、上昇し続けている。厚生労働省の試算では、二〇二五年度には月額八〇〇〇円を超えると推計されている。

保険料額の上昇に伴い、二〇一四年の介護保険法の改正で、保険料の所得段階は六段階から九段階に細分化されたものの、基本は定額負担のため、低所得者ほど負担が重く逆進性が強い。しかも、月額一万五〇〇〇円以上の年金受給者の保険料は、年金から天引きされる（特別徴収）。所得がなくても、無年金であっても介護保険料は賦課され、この場合は市町村が個別に徴収する（普通徴収）。普通徴収では、世帯主および配偶者が連帯納付義務を負う。年金からの保険料の天引きは、介護保険料ではじめて導入されたものであり、導入当初は、高齢者から大きな批判があったが（詳しくは、伊藤周平『介護保険を問いなおす』ちくま新書、二〇〇一年、序章参照）、その後、国民健康保険料や後期高齢者医療保険料にも拡大された。

第二号被保険者の介護保険料は、それぞれの医療保険の保険者が医療保険の保険料とあわせて徴収する。社会保険診療報酬支払基金などが医療保険者から介護給付費・地域支援事業支援納付金を徴収し、市町村に介護給付費納付金を交付するという仕組みで収納される。

市町村は、条例で定めるところにより、「特別の理由がある者」について保険料の減免または徴収の猶予を行うことができる。国（厚生労働省）は、減免等の要件となる「特別な理由」は、災害など突発的な事情により著しい損害が生じた場合に限定され、恒常的な生活困窮は含まないとしているが、高齢者の生活実態に配慮して、一定基準以下の収入しかない低所得者について独自の減免措置を実施する市町村が相当数出てきた。これに対して、国（厚生労働省）は、①保険料の全額免除、②収入のみに着目した保険料の一律減免、③一般財源の投入による保険料減免分の補塡は、介護保険の制度趣旨に反し不適当との見解を示し（これらを行わないことが「三原則」といわれる）、全国の担当課長会議の場や都道府県を通じ「三原則」を遵守するよう市町村を指導したため、独自減免を行う市町村は減っている。しかし、介護保険料の減免も含めた介護保険事務は市町村が独自に行う自治事務であり、国（厚生労働省）のこうした指導は、地方自治の趣旨から問題がある。

†厳しい給付制限

被保険者が介護保険料を滞納している場合には、給付制限がなされる。具体的には、第一号被保険者に対して、①一年間滞納の場合は、保険給付が償還払いとなる（いったん、サービス費用を全額立て替え、後で保険者に請求して九割分が戻ってくる支払方法）、②一年六カ月滞納の場合は、保険給付が一時差し止められ、一時差止をしている保険給付額から滞納保険料額が差し引かれる（保険料滞納額が多いと、償還払いすらなくなる）、③二年間滞納し、保険料を徴収する権利が消滅時効となった場合でも、保険給付が六割または七割への減額（サービスの利用者負担が一割から三割または四割になる）と高額介護サービス費用等の不支給（月額の負担上限がなくなる）の措置がとられる。

被保険者が原爆一般疾病医療やそのほか厚生労働省令で定める公費負担医療を受けることができる場合には、①の償還払い化は行われない（②の一時差止については規定がないが、償還払い化が行われないことから、同様に行われないと解される）。また、生活保護の境界層該当者（介護保険料を賦課すると、生活保護基準以下の生活状態になると認定された人）には、③の給付減額等は行われない（公費負担医療の受給者には行われる）。保険料滞納について「特別な事情」がある場合には償還払い化などの給付制限は行われないが、この事情は、災害など突発的事情により一時的に収入が減少した場合に限定され、恒常的な生活困窮（低所得）の場合は含まれない。

第二号被保険者については、医療保険料を滞納している場合に（介護保険料は医療保険料と一体で徴収される）、第一号被保険者と同様の給付制限が行われる。また国民健康保険の加入者に対しては、一年間納付がない場合の国民健康保険の被保険者証の返還が義務的措置とされるなど、給付制限が強化されている（第三章3参照）。

しかし、介護や医療ニーズが高い低所得者ほど、保険料が負担できず、給付制限を受ける可能性が高いことを考えると、こうした厳しい給付制限は問題だ。とくに、介護保険料の場合、年金天引きとなる特別徴収では、保険料滞納はありえないわけだから、保険料滞納者は、原則として、月額一万五〇〇〇円未満のきわめて低年金の被保険者か無年金の人ということになる。保険料滞納者に対する給付制限は、滞納が悪質であるような場合に限って必要最小限にとどめられるべきであるのに、介護保険法の規定する保険料滞納者への給付制限は、保険料徴収権が時効消滅した部分も給付制限の対象としていること、給付制限が解除される特別の理由に恒常的生活困窮が含まれていないことなど、必要最小限の範囲を超えており、給付制限というより、保険料滞納に対する制裁（ペナルティー）と化している。とくに、③の措置は、介護保険料の後納ができないため（すでに時効で消滅している)、設定された一定期間は、サービスの三割または四割負担化と高額介護サービス費の支給停止が続き(給付制限が解除されるのは、災害で突発的に収入が激減した場合などに限定される)、事実上、サービス利用を断念せざるをえない事例が増えている。

†介護保険料をめぐる法的問題と現状

以上のような、低所得者にきわめて厳しい介護保険料をめぐっては、裁判でも争われてきた。

年金以外に収入がなく、生活保護基準以下で住民税非課税の被保険者に対して介護保険料を免除する規定を設けていないことは、憲法一四条および二五条に違反しないかが争われた旭川市介護保険条例事件では、最高裁は「介護保険制度が国民の共同連帯の理念に基づき設けられたものであること(介護保険法一条)にかんがみると、本件条例が、介護保険の第一号被保険者のうち、生活保護法六条二項に規定する要保護者で……市町村民税が非課税とされる者について、一律に保険料を賦課しないものとする旨の規定又は保険料を全額免除しない旨の規定を設けていないとしても、それが著しく合理性を欠くということはできないし、また、経済的弱者について合理的な理由のない差別ということはできない」と判示している(二〇〇六年三月二八日判決)。最高裁は、ほとんど何も説明することなく、合憲性をあっさり認定しているが、確実に「健康で文化的な最低限度の生活」水準を下回るといえる高齢者に対する保険料賦課については違憲（その人に法令が適用される限りで違憲になるという「適用違憲」）となる余地がある（伊藤・前掲『介護保険法と権利保障』第六章参照）。

また、税金や保険料を課すことが禁止されている遺族・障害年金（国民年金法二五条など）からも特別徴収（年金天引き）することに関しても違法の可能性が高い。さらに、介護保険料の設定についても、第二号被保険者の介護保険料率の設定は、その算定過程が行政庁内部の作業に委ねられており、法律の規制をまったく受けない（私たちが知らないうちに、保険料が毎年引き上げられ、二〇一八年度で月額平均が五七二三円となっている。ただし、半分は会社等が負担するので、本人負担はその半分）。租税法律主義（憲法八四条）が直接適用ではなく趣旨適用されるとしても、同主義の趣旨に反すると考えられる。

現在、介護保険料の引き上げが続き、普通徴収の保険料の滞納が増加している。厚生労働省の調査では、介護保険料の滞納を理由に、差し押え処分を受けた高齢者は、過去最多の一万三三七一人にのぼっている（二〇一五年度）。

4　介護保険制度改革の展開Ⅰ
——二〇一四年介護保険改正と二〇一五年介護報酬改定

†要支援者の保険外し

介護保険については、介護保険自体が社会福祉改革の先駆けと位置づけられ、それをモデルとして社会福祉法制の再編が行われてきた経緯がある。また、介護分野では、医療分野での日本医師会のような強力な圧力団体がなく、当事者団体も脆弱なことから、制度見直しのたびに、徹底した給付抑制と負担増が進められ、介護現場の疲弊が進んでいる。

近年の大きな改革では、二〇一四年の介護保険法の改正（以下「二〇一四年改正法」という）がある（二〇一五年四月施行）。二〇一四年改正法では、第一に、要支援者（約一六〇万人）の訪問介護と通所介護を保険給付から外し、市町村の介護予防・日常生活支援総合事業（以下「総合事業」という）に移行する改革が行われた。二〇一七年四月までに、すべての市町村で総合事業への移行が完了したが、総合事業には統一的な運営基準はなく、現行の介護報酬以下の単価で、利用者負担も一割負担を下回らない範囲で市町村が決め、ボランティアや無資格者などを活用して低廉なサービスを提供することが想定されている。

サービスの質の低下は避けられず、無資格者でもできる仕事ということで、ただですら劣悪な介護職員の労働条件の引き下げにもつながる。

しかし、簡単にボランティアが集まるわけもなく、多くの市町村では、従来の事業者を総合事業の指定事業者として利用し続けているのが現状だ（伊藤周平・日下部雅喜『新版・改定介護保険法と自治体の役割』自治体研究社、二〇一六年、第五章参照）。そして、将来にわたって現行の単価設定を維持できなければ、これらの事業者の撤退が懸念される。

また、保険給付の場合は、被保険者に対して受給権が発生するので、市町村（保険者）には給付義務が生じる。市町村に給付義務がある以上、予算が足らなくなったから打ち切りということはなく、利用した分だけ給付される。これに対して、市町村事業は、事業費予算の範囲内で行うもので、市町村には給付義務はなく、予算が足らなくなったら、そこで事業は打ち切りになる。そのため、総合事業は、財政的には、きわめて不安定な仕組みになっているといってよい。

しかも、前述のように、総合事業の事業費には、七五歳以上の高齢者数の伸び以内という上限が設定されている。七五歳以上の高齢者数の伸び率の平均は年間三～四％であるのに対して、従来の予防給付の自然増は年間五～六％の伸びを示しており、この上限設定は、実質的に、要支援者に対する事業費を年間三％ずつ抑制していくことを意味する。二〇一五年度〜二〇一七年度に限って事業費の伸びが上限額を上回った場合には、事業開始前年度費用の一〇％を上乗せした額を上限とする経過措置があったが、それもきれており、このままでは、事業の縮小を余儀なくされる市町村が多数出てくると思われる。少なくとも、事業費の上限は撤廃し、必要な財源を確保すべきであろう。

もともと、総合事業に該当する予防事業などは、国や自治体が責任をもつ保健事業として行われてきたが、二〇〇五年の介護保険法の改正で、これを介護保険に一部取り込み、それ以降も、介護保険に取り込む形で、事業の再編・縮小が行われ、保健事業に対する公的責任が縮小されてきた。本来であれば、保健事業は介護保険とは別枠の公費で、国や自治体の責任で行うべきだ。

†施設利用の制限

第二に、特別養護老人ホームの入所資格が、要介護3以上の認定者に限定された。

厚生労働省の調査結果では、二〇一三年一〇月時点で、特別養護老人ホームの入所待機者（各都道府県が把握している入所申込者数）は五二万一六八八人であり、そのうち要介護1・2の認定者は一七万七五二六人（三四％）にのぼっていた。要介護1・2の人は、二〇一四年改正法の施行で、待機者にすらカウントされなくなったうえに、後述の施設費用の負担増の影響もあり、特別養護老人ホームの入所待機者は、二〇一六年四月時点で、三六万六〇〇〇人に激減している。

重い認知症状がある場合は、要介護1・2の人でも入所できる「特例入所」が認められているが、毎日新聞社の特別養護老人ホーム全国アンケート調査では、二〇一五年四月から二〇一七年一月まで、特例入所を実施していない施設が七二・四％にのぼり、特例入所者数も二四九人と、有効回答施設の定員総数のわずか〇・九三％にすぎない。厚生労働省の調査でも、二〇一六年四月〜九月の新規入所者のうち要介護1・2の人は合計で二・二％にとどまる。特例入所はほとんど機能していないといっても過言ではない。加えて、二〇一五年の介護報酬改定で、特別養護老人ホームが算定できる加算に「要介護4・5の入所率七〇％」という要件が加えられたため、要介護3の人の入所も難しくなっている。

これまで、国は、特別養護老人ホーム建設への国庫補助を廃止して一般財源化し、介護保険の施設給付費への国の負担を減らし自治体の負担を増大させるなど、特別養護老人ホームの増設を抑制し、サービス付き高齢者向け住宅などの有料老人ホームの整備を進めてきた。特別養護老人ホーム抑制の流れを受け、サービス付き高齢者向け住宅は、登録制度発足の二〇一一年一一月時点で、全国に三〇棟・九九四戸だったものが、二〇一七年六月時点で、六六六八棟・二一万八一九五戸に急増している。しかし、同住宅では自己負担は月二〇万円程度に及び、住民税非課税の低所得の高齢者が入所できる負担水準ではない。低年金の高齢者が増える中、特別養護老人ホームの増設を抑制し、入所者を限定する政策では、それらの高齢者が行き場を失うだけである。

†二割負担の導入と補足給付の見直し

第三に、年金収入で年間二八〇万円（年間所得では一六〇万円）以上の第一号被保険者にかかる利用者負担の割合が一割から二割に引き上げられ、同時に、補足給付（特定入所者介護サービス費）の支給要件について見直しが行われた。

このうち、補足給付は、特別養護老人ホームなど介護保険施設入所者や短期入所利用者に対して、食費や居住費を軽減するもので、特別養護老人ホームの入所者の約八割の人（住民税非課税の人）が受給していたが、補足給付の支給要件に資産なども勘案されることとなった（二〇一五年八月より）。補足給付の申請時に、預貯金通帳の写しなどの提出が求められ、市町村は必要に応じて預貯金額を金融機関に照会できることとされたため、プライバシー侵害だとして補足給付の申請を断念する人が続出した。

非課税年金（遺族年金や障害年金）も収入とみなされ（二〇一六年八月より）、世帯分離して施設入所しても、一方の配偶者に所得があり課税されている場合は、補足給付の対象外になるという徹底ぶりである。実際に、この要件に該当し、補足給付が打ち切られたため、入所費用が負担できなくなり、特別養護老人ホームに入所していた妻を自宅に引き取り、先のみえない「老老介護」をはじめた高齢者もいる（二〇一六年一一月一四日の熊本県高齢者大会での当事者発言）。施設入所を継続するため、離婚を余儀なくされた事例も出ている。

補足給付の対象外となれば、月四万円程度の負担が一挙に一〇万円超の負担となり、通常の年金生活の高齢者の負担能力を超える。結果として、「終の棲家」であるはずの特別養護老人ホームからも退所しなければならないという異常な事態が生じている。

†二〇一五年介護報酬改定

さらに、介護保険施設や事業者に支払われる介護報酬も、二〇一五年の改定（以下「二〇一五年改定」という）で、全体二・二七％のマイナス改定となった。介護職員処遇改善加算の拡充分（プラス一・六五％）などを除けば、基本報酬は四・四八％のマイナス改定で、過去最大の引き下げ幅であった（図表10）。

なかでも、小規模通所介護の基本報酬は最大で九・八％も引き下げられ、特別養護老人ホームも全体で約六％の引き下げであった。また、他のサービスについても、要介護1、2の人が要介護3以上の人よりも引き下げ幅が大きく、軽度者と称される要介護1・2の

図表10　介護報酬の改定率と老人福祉事業者の倒産件数

	2000	2001	2002	2003	2004	2005	2006	2007	2008	
改定率				▲2.3%→			▲2.4%→			
年間倒産数	3	3	8	4	11	15	23	35	46	
	2009	2010	2011	2012	2013	2014	2015	2016	2017	2018
改定率	+3.0%→			+1.2%（▲0.8%）→			▲2.27%（▲4.48%）→			+0.54%
年間倒産数	38	27	19	33	54	54	76	108	115	?

注：改定率は、厚生労働省資料、老人福祉事業者の倒産件数は東京商工リサーチ調査より
出所：林泰則「介護保障につなぐ制度改革」岡崎祐司・福祉国家構想研究会編『老後不安社会からの転換―介護保険から高齢者ケア保障へ』（大月書店、2017年）332頁・表1、一部加筆

人の冷遇があからさまである（そのため、露骨に軽度者はお断りという事業者も現れている！）。

厚生労働省の「賃金構造基本統計調査」によると、二〇一六年の介護職員の平均賃金は、二二万八三〇〇円であり、前年比で四八〇〇円増額になったものの、全産業平均の三三万三七〇〇円を一〇万円以上も下回る低い水準となっている。同省は、二〇〇九年度から二〇一五年度までの四回の介護報酬の改定により、合計四万三〇〇〇円（月額）の賃上げ効果があったと説明し、二〇一七年四月には、介護職員の給与を月額平均一万円程度引き上げる処遇改善加算を新たに設ける臨時の報酬改定を行った。

しかし、二〇一五年度の介護報酬実態調査では、手当や一時金を除くと、基本給の増額は月額二九五〇円にとどまり、過去四回の診療報酬改定でも、基本給は合計で月額一万三〇〇〇円増にとどまる。これは、加算を設け

ても、加算を算定できる事業者は限られていること、介護報酬本体が削減されているため、介護職員の基本給の引き上げにまで回っていないためである。介護職員の処遇改善は進んでおらず、介護現場の深刻な人手不足は解消される見込みは立っていない。二〇一五年改定の影響で、二〇一七年の老人福祉事業者の倒産は一一五件と過去最多を記録、中でも従業員数五人未満の小規模事業者の倒産が目立ち全体の六割を占める（東京商工リサーチ調べ）。倒産に至る前に廃業した事業者を含めればさらに大きな数となろう（図表10参照）。

5　介護保険制度改革の展開Ⅱ
——二〇一七年介護保険法改正と二〇一八年介護報酬改定

†二〇一七年介護保険法改正

二〇一七年五月には「地域包括ケアシステムの強化のための介護保険法等の一部を改正する法律」（以下「二〇一七年改正法」という）が成立した。

二〇一七年改正法の内容と問題点をみると、第一に、三割負担の導入という問題がある。介護保険サービスの三割負担の対象となるのは、年金収入等とその他の合計所得金額（給与や事業収入から諸控除や必要経費を差し引いた額）が単身世帯で三四〇万円以上、夫婦世帯で四六三万円以上の場合である。月額の負担上限である高額介護サービス費があるものの、その自己負担限度額も、政令改正により、一般所得の人の自己負担限度額が月額四万四〇〇〇円に引き上げられている（二〇一七年八月より）。また、三割負担の利用者が二年を超えて介護保険料を滞納した場合には、六割給付に減額されることになった（つまり自己負担が四割になる）。

二割負担に引き続く、三割負担の導入は、介護保険の利用者負担を、将来的に、すべての利用者について二割負担（現役並み所得者は三割負担）にするための布石といえる。しかし、すでに、二割負担の導入で、サービスの利用抑制が拡大しているが、その実態調査もなされていない。社会保険における自己負担増が、受診・サービス利用抑制につながることは実証されており、世界的には負担がないか、あってもわずかであり、受診・サービス利用の抑制を目的とした負担増は、生存権侵害の疑いがある。

†介護医療院の創設

第二に、介護療養病床の廃止と介護医療院の創設の問題がある。

長期療養の患者のための介護療養病床（介護保険適用の療養病床。正式名は介護療養医療施設）は、二〇一一年の介護保険法改正で、二〇一八年三月末で廃止されることになっていた。二〇一七年改正法では、この廃止をさらに六年間延長し、二〇二四年末にするとともに、その間に、新施設である介護医療院に転換させるとしている。具体的には、介護療養病床（約五万三〇〇〇床）と医療療養病床のうち、看護師配置基準二五対一の病床（約六万三〇〇〇床）が介護医療院に移行する見込みである。

この新施設の区分として、①介護療養病床相当（利用者四八人に医師一人）のⅠ型、②介護老人保健施設相当以上（利用者一〇〇人に医師一人以上）のⅡ型の二つの人員配置基準が設けられた。現行の介護療養病床では、夜勤や認知症患者に対応するため、看護師や介護職員を国の基準より増員している医療機関が多い。しかし、介護医療院では、医療機関と併設の場合には、宿直医師の兼任や設備の共用が可能となるなどの基準緩和が行われたため、療養病床で受け入れていた医療ケアの必要性が高い中重度の要介護者の行き場がなくなる、看護師や介護職員の負担が重くなるのではないかなどの懸念が残る。また、介護医療院は「生活施設としての機能重視」を掲げるものの、利用者一人あたりの床面積は、老人保健施設（八㎡）相当に過ぎず、特別養護老人ホーム相当（一〇・六五㎡）に引き上げるべきだ。

†共生型サービスの創設

第三に、介護保険と障害者福祉制度に新たに設けられる共生型サービスの問題がある。二〇一七年改正法では、児童福祉法上の指定事業者（居宅サービス等の種類に該当する障害児通所支援にかかるものに限定）、または障害者総合支援法上の指定事業者（居宅サービス等の種類に該当する障害福祉サービスにかかるものに限定）から、介護保険法の訪問介護・通所介護等の居宅サービス事業に申請があった自治体の基準を満たせば、介護事業者の指定を受けられることとなる。指定を受けたこれらの事業者が提供するサービスが「共生型サービス」と呼ばれる。

障害者が六五歳になると、介護保険が優先適用され、サービスの利用に際して、これまで負担がなかった住民税非課税の人でも負担が発生し、しかも要介護認定により給付上限が設定されるため、六五歳以前よりサービスが十分利用できなくなるなどの問題が生じていた。これが障害者の「六五歳問題」といわれるものである（第七章2参照）。この「六五歳問題」への対応として共生型サービスが創設されたと説明されている。しかし、障害者が六五歳以上になっても、これまでと同じ事業所からのサービスが継続できるといっても、負担増によりサービス利用そのものを抑制せざるを得ないのであれば意味がない。共生型サービスの導入のねらいは、介護保険優先適用原則を固定化するものといえ、介護保険法と障害者総合支援法の統合の布石とみるべきであろう。

共生型サービスの土台になっているのが、安倍政権が、二〇一六年七月に打ち出した『我が事・丸ごと』地域共生社会」構想である。これは、障害者・高齢者の介護や子育て、生活困窮といった地域のさまざまな課題（地域生活課題）を住民一人ひとりが「我が事」としてとらえ、地域社会で「丸ごと」対応していく構想である。ここでいう「丸ごと」の本質は、共生型サービスの創設に見られるような、縦割り行政の是正という名目での「公的支援の効率化」と、さらに、本来は公的責任において対応すべきものを住民の支援（互助）に置き換えていく、いわば「公的支援の下請け化」にあるといってよい。

そのほか、二〇一七年改正法では、四〇歳から六四歳までの第二号被保険者が介護保険料として支払う介護給付費納付金（介護保険財政へ拠出する負担金）について、健康保険と同様の総報酬割が導入されることとされた（二〇一七年八月から二分の一で導入し、二〇一九年度から四分の三、二〇二〇年度からは全面総報酬割にする）。厚生労働省の試算によると、全面総報酬割とした場合には、健康保険組合のうち七割を超える一〇三〇組合（九二三万人）の納付金が負担増になり、加入者一人あたりの平均保険料（労使折半。以下同じ）は月額五一二五円から五八五二円となる。これに対して、協会けんぽは負担減となり、保険料月額は二四一円減の四〇四三円になるとされ、この負担減を口実に、協会けんぽへの国庫補助一四五〇億円を削減するというわけだ。後期高齢者支援金の場合と同じ手法による国庫補助の削減であり、国の財政責任を現役世代の保険料負担に押し付ける「肩代わり」にほかならない（第三章4参照）。

†二〇一八年介護報酬改定で介護職員の処遇改善と人材確保は絶望的

ついで、医療保険の診療報酬改定と同時改定となった二〇一八年の介護報酬改定（以下「二〇一八年改定」という）についてみていこう。

二〇一八年改定の最大の課題は、二〇一五年改定により、過去最大の介護事業所の倒産がもたらされるなど、危機的状況にある介護事業者の経営を立て直し、同じく危機的な人材難にある介護職員の処遇改善を図るため、介護報酬本体の大幅引き上げがなされるかにあった。財政規律を重視する財務省は、早くから、二〇一八年改定についてマイナス改定を主張していたが、これに反対する全国老人保健施設協会など介護関係一一団体は、二〇一七年一〇月上旬から約一カ月で、一八一万人分を超える署名を集め、財源確保を求めたことで、マイナス改定は阻止された。

とはいえ、改定率〇・五四％の微々たる引き上げにとどまり、これでは、二〇一五年改定の引き下げ分の回復に到底及ばず、介護職員の処遇改善と人材確保は絶望的といってよい。安倍政権は、二〇一七年一二月に、「人づくり革命」と「生産性革命」を柱とする二兆円規模の「新しい経済政策パッケージ」を閣議決定、二〇一九年一〇月からの消費税増税を財源に一〇〇〇億円を投じ、勤続一〇年以上の介護福祉士に月額平均八万円の処遇改善を行うとした。しかし、これも、消費税率の一〇％への引き上げを前提としているので、それが経済状況等で延期されたような場合には実現しないことになる。

公益財団法人介護労働安定センターの「平成二八年度介護労働実態調査結果」（二〇一七年八月七日発表）によると、介護労働者の離職率（二〇一五年一〇月一日〜二〇一六年九月三〇日までの一年間）は一六・七％と、前年度の一六・五％とほぼ同じ割合であったが、採用率は一九・四％で、前年度の二〇・三％を下回り、二〇％台をきっている。離職率は、ここ数年は一六〜一七％で推移しているが、採用率は減少傾向にあり、人材確保の厳しい現状が見て取れる。また、離職者のうち勤務年数「一年未満の者」が三九・九％、「一年以上三年未満の者」が二七・三％と、離職者のうち実に七割近くが、当該施設・事業所等に就職して三年未満の者である実態が明らかになっており、新規に職員を採用しても、定着する前にほとんどが辞めてしまうのが現状といえる。

介護の仕事は、ある程度の経験と技能の蓄積が必要だが、必要な経験等を積む前に多くの職員が仕事を辞めてしまっており、介護の専門性の劣化が進んでいる。すでに学生が集まらずに廃校に至った介護福祉士養成学校もあり、養成の基盤の毀損も回復困難な程度に達している。

二〇一八年改定では、訪問介護の生活援助に特化した人員育成のため、介護職員初任者研修よりも研修時間を短くした簡易な研修を新設（その場合には、報酬単価はさらに引き下げられることになろう）、また介護施設などで、夜間業務について見守り機器を導入した場合に介護職員の配置基準を緩和するなど、基準の緩和や介護職の専門性を低下させた「安上がり」の人材（つまりは専門性が低く、給料が安い人材）を確保することで介護職の人材難を乗り切ろうとしている。しかし、こうした非現実的な政策では、介護現場の労働強化による離職や人員不足をさらに加速するだけである（ただですら、給与が低く介護職員が集まらないのに、さらに安い給与で人が集まるはずがない！）。

†自立支援介護の強制？

訪問介護では、生活援助の基本報酬が引き下げられる一方で、身体介護は引き上げられ、身体介護重視の傾向が強まった。生活援助の引き下げ幅は二単位（一単位は原則一〇円）減（四五分以上で二二五単位→二二三単位の一・一％減）の微々たるものだが、ケアマネージャー（介護支援専門員）が、生活援助の利用回数が基準（要介護1で二七回、要介護5で三一回など）を超えるケアプランを作成する場合には、市町村への届出が義務付けられ、市町村の地域ケア会議で検証・是正を行うこととされた（二〇一八年一〇月より実施）。市町村は、内容の是正（回数の削減など）を求めることができるため、ケアマネージャーの計画作成段階での自主的抑制（忖度？）による利用制限につながりかねない。訪問介護の生活援助は、要介護者の生活全体を支援し、状態維持や改善をはかり、とくに、独居の認知症高齢者の場合には見守りの役割を担っている。これらの人の利用回数が制限された場合には、深刻な影響が懸念され、要介護者の重度化や認知症状の悪化が進む可能性がある。

通所介護では、二〇一五年改定で、小規模事業所の基本報酬を引き下げたのに続いて、大規模事業所（月利用のべ五七一人以上）の基本報酬を引き下げ、二時間ごとの算定だったサービス提供時間が一時間ごととされた。大規模型Ⅱでみると、改定前七―九時間から七―八時間に移行した場合で、基本報酬が五・二一〜五・三三％減、八―九時間への移行では二・七％減となる。これにより経営が苦しくなり、撤退する通所介護事業所が出てくる可能性がある。通所介護には、社会的孤立感の解消や利用者の家族の身体的・精神的負担の軽減（レスパイケア）の役割もあり、通所介護の切り捨ては、家族介護の負担を増大させることにつながる。

また、高齢者の自立支援を促すと称して、食事、入浴などの日常生活動作を点数化する評価指数を用いて、改善度合いが一定水準を超えた場合に加算するＡＤＬ（日常生活動作）維持等加算が新設された。しかし、評価基準を要介護度の改善に置くと、要介護度が身体的自立度に偏向しているため、手厚い見守りが必要であるのに、要介護度が低くでる傾向のある認知症の高齢者には不利になる。さらに、現在の判定基準・判定方法では、要介護1から3くらいの間では、認定調査に対する答え方次第でぶれてしまうことがあり、最初の認定は要介護度を重くして、一定期間後に軽くするという操作がなされる可能性もある。

そもそも、要介護者が介護保険サービスを利用しなくてすむまでに状態が改善することはまれで、現状維持が精一杯である。介護の目的を改善に一面化することは、改善が見込めない利用者が選別され、制度から排除されることにもなりかねない。要介護度の改善の義務化や「自立支援」の強制（介護保険サービスからの無理やりの離脱）は、高齢者への虐待といっても過言ではなく（同様の指摘に「全国老人施設協議会の意見書」二〇一六年一二月）、高齢者の「尊厳の保持」を定めた介護保険法の理念（一条）にも反するだろう。

施設では、特別養護老人ホーム（介護老人福祉施設）の基本報酬が引き上げられた。たとえばユニット型個室で一・七〜一・八％増になるが、二〇一五年改定の下げ幅を取り戻すには到底足りず、「焼け石に水」といってよく、経営が苦しい状態に変わりはない。

6　誰もが安心して介護を受けられるために

†介護保険の危機的状況

安倍政権は「介護離職ゼロ」を掲げ、「一億総活躍社会」をめざす緊急対策で、介護サービスの整備計画を二〇二〇年までに五〇万人分以上に拡大するとしている。しかし、五〇万人分といっても、すでにある三八万人分の計画に一二万人分を上積みしただけで、そのうち二万人分は、前述の高額の費用がかかるサービス付き高齢者向け住宅であり、入所待機者が多い特別養護老人ホームは、一五万人分の増設にとどまる。

また、いくら施設などの「箱もの」を増やしたとしても、介護職員が集まらないのでは要介護者の受け入れはできない。特別養護老人ホームの中には、職員の不足で受け入れ人数を制限し、待機者が多数いるにもかかわらず、空きベッドが生じている施設も出てきている（特別養護老人ホームの人員配置基準は三対一で、九〇人定員の施設であれば三〇人の介護職員が必要になる。もし介護職員が二〇人しか確保できなければ、六〇人しか受け入れられず三〇床が空く計算だ！）。厚生労働省の委託調査でも、特別養護老人ホームで、職員不足など体制の不十分さを理由にベッドに空きがある施設が全国の施設の一割以上あることが明らかになっている。

現場の人手不足に対応するため、介護保険施設の基準省令が改正され、人員配置基準の緩和がなされたが、介護職員にとっては労働強化となり職員の離職や介護事故の増大、さらには、高齢者(利用者)への虐待の増大をもたらす可能性が高い。実際、厚生労働省の調査(高齢者虐待防止法に基づく対応状況等に関する調査)では、介護施設の職員による虐待(判断件数)は、二〇一六年度中に四五二件、相談通報件数も一七二三件にのぼりいずれも過去最多を更新している。

いま介護現場は、職員の献身的努力に支えられて、なんとか支えられているのが現状である。しかし、それにも限界がある。現場の献身的努力に支えられている制度に「持続可能性」があるとは思われず、介護報酬改定のたびに、加算の付け足しや人員配置基準の緩和など小手先の対応策に終始し、基本報酬は引き下げるといった施策を続けていけば、早晩、担い手不足が深刻化し、介護保険は制度崩壊の危機に直面するだろう(すでに直面しているともいえる)。このままでは、必要なサービスを受けられない人が増え、家族がいれば家族負担が増大し、家族がいない場合には孤独死の危険にさらされ、低所得の高齢者の餓死や孤立死、家族崩壊、介護心中・殺人事件が多発することが懸念される。

いまですら、介護心中・殺人件数は、二〇〇六年以降、毎年四〇～五〇件で推移している（この件数も氷山の一角と推定される）。また、認知症による行方不明者も年間一万人を超え、鉄道事故による認知症の犠牲者も年間二〇人を超える。認知症の高齢者が現在の五〇〇万人から二〇二五年には七〇〇万人に増大するといわれる中、公的責任で、認知症の高齢者もその家族も安心して暮らせる仕組みを整えることは急務だ。

†介護保険の抜本改革を！

以上のように危機的状況にある介護保険については、抜本的改革が不可欠だ。まず、第一号被保険者の介護保険料を所得に応じた定率負担にし、住民税非課税の被保険者については介護保険料を免除とすべきである。また、一割（現在は二割、三割の人も出てきている）の利用者負担は廃止すべきであろう。実際、日本がモデルとしたとされるドイツの介護保険では、保険料は所得の二％程度の定率負担になっているし、一割の利用者負担もない（いったい日本の介護保険のどこがドイツをモデルとしているのか！）。

同時に、現在の要介護認定を廃止し、本人や家族も加わった医師や介護職による判定会議による認定、ケアプランを作成する仕組みが必要である。現在の要介護認定は、一次判定であるコンピューター判定が身体的自立度に偏向しているうえに、前述のように被保険者の答え方しだいで判定結果が大きくぶれるなど問題がある。市町村に設置される介護認定審査会が行う二次判定も、本人の状態をみないまま、一件あたり二〜三分で判定を下し、一次判定を事実上追認する機関に化している。

しかも、コンピューター改修費など要介護認定に年間六〇〇億円もの公費が費やされている。それらは給付費に回した方がよっぽどいい。ドイツでも、要介護認定は、コンピューター判定など行わず、医師と介護職による判定会議が本人の状態をみて判定しており、認知症高齢者の増大を背景に、要介護認定の抜本的見直しを実行している（斎藤義彦『ドイツと日本「介護」の力と危機』ミネルヴァ書房、二〇一二年、第七章参照）。

さらに、人員配置基準を引き上げたうえで、介護報酬とは別枠の公費で、介護職員だけでなく、看護職員や事務職員などにも対象を拡大して処遇改善をはかるべきである。当面は、自治体レベルで交付金を創設し、処遇改善を実現すべきであろう。施設整備についても、施設建設費補助への国庫補助を復活させ、不足している特別養護老人ホームの増設を進めるべきである。

加えて、家族介護者による介護労働を社会的に評価し、介護者に対する現金給付を介護保険の給付とするなどの施策を講じる必要がある。ちなみに、ドイツでは、現金給付が制度化されており、現金給付とサービス給付を選択でき、併用することも可能である（ただし、現金給付を選択した場合の支給額はサービス給付よりも低くなる）。現金給付を選択した場合でも、保険者である介護金庫は、適切な介護がなされているかを審査する。具体的には、定期的に認可介護サービス事業の介護職などが現金給付の受給者宅を訪問し、必要に応じて助言も行う。家族介護者と要介護者との間に就労関係を認め、自治体が労災保険料を全額負担することで、介護者が介護に基づく傷病に遭遇した場合には、労災の給付対象とする仕組みもある。日本では介護者の支援策は皆無に近く、介護休業制度の取得率もわずかである（第五章4節参照）。ドイツのような仕組みを導入すれば、介護心中・殺人や、「老老介護」による共倒れといった悲劇は防げるのではないか。

†介護保険から介護保障へ

もっとも、介護保険そのものが、これまでみてきたような給付抑制と負担増の連続で、介護保険料を払い、給付資格を認定されても、保険給付が受けられないという「保険料あって介護なし」の状態に陥り、「国家的詐欺」（介護保険の生みの親とされる堤修三元社会保険庁長官の言葉。伊藤・日下部前掲『新版・改定介護保険法と自治体の役割』一四〇頁で、日下部氏が紹介。日下部雅喜『介護保険は詐欺である』三一書房、二〇一四年も参照）とまで揶揄され、制度としての信頼を失っている。そうである以上、将来的には、介護保険法は廃止し、訪問看護やリハビリ、施設で提供される医療は医療保険に戻した上で、高齢者や障害者への福祉サービスの提供は、自治体の責任（現物給付）で全額公費負担により行う総合福祉法を制定すべきと考える（総合福祉法の構想について詳しくは、障害者生活支援システム研究会編『権利保障の福祉制度創設をめざして――提言　障害者・高齢者総合福祉法』かもがわ出版、二〇一三年、第三章［伊藤周平執筆］参照）。

もともと、介護保険の導入には、医療の給付から訪問看護や老人保健施設の給付を切り離すことで、医療費（とくに高齢者医療費）の抑制をはかるとともに、医療の安上がり代替という目的があった。同じ医療行為を看護師にやらせるのと、介護福祉士にやらせるのとでは、どちらが安いかは、診療報酬と介護報酬の違いをみれば一目瞭然であろう。こうした目的のもと、たんの吸引や経管栄養など介護福祉士の行う医療行為の範囲が拡大され、同時に、たとえば、老人保健施設で使用する高額な治療薬の費用は、当該施設の持ち出しになるなど、介護保険施設で提供される医療に制限が加えられてきた。そのため、医療行為が必要な要介護者は施設入所を敬遠される事態が生じている。さらに、医療制度改革により、必要な医療やリハビリが受けられなくなった高齢者の受け皿として介護保険の給付を再編していく方向がみられる（いわゆる「地域包括ケアシステム」の構想。第三章3参照）。

こうした方向を転換して、介護保険の給付のうち、訪問看護などは医療の給付に戻すべきである。そうすれば、介護保険施設の入所者への診療の制約もなくなり、福祉サービスと同時に必要な医療を受けることができるようになるし、介護保険による医療の安上がり代替も防げる。ただし、高齢者医療費をはじめ、医療保険の負担が増えることになるので、それは公費負担や事業主負担の増大により対応していくべきだろう（第三章6参照）。

また、給付金方式・直接契約方式を廃止し、市町村と高齢者との契約という形で、市町村が直接的な福祉サービス提供の責任を負う方式にすべきである。市町村委託方式に戻すことで、社会福祉事業は、給付費を代理受領するのではなく、委託費を受けて運営することになり、運営の安定性を確保することができる。委託費の額を増額していけば、職員の労働条件の改善も可能となる。この点は、子ども・子育て支援新制度の導入に際して、保育所については給付金方式・直接契約方式への転換を阻止し、市町村の保育実施義務を残すことに成功した保育運動の経験に学ぶべきである（第六章2参照）。

第五章

労災保険と雇用保険

社会保障というと、これまでみてきた年金・医療・介護がすぐにイメージされがちだが、過労死や過労自殺といった労働災害、失業などに対処するための労働者災害補償保険（労災保険）・雇用保険も社会保障のひとつである。最近では、電通の女性社員の過労自殺の労災認定を契機に、労災問題への関心が高まっている。本章では、労働保険と呼ばれるこれらの制度の内容と今後の課題を探る。

1　労災・失業の現状

†労災保険の沿革と展開

労働災害（以下「労災」という）に対する補償制度は、使用者の故意・過失を問うことなく（無過失責任）、労働者が業務に関して負傷・疾病・傷害・死亡した場合に、それが業務上であることだけを条件に、労働者およびその遺族に一定の補償を行う仕組みである。日本では、一九四七年に、労働基準法（以下「労基法」という）と労働者災害補償保険法（以下「労災保険法」という）が制定されたことで確立した。

日本の労災補償制度は、労基法にもとづく災害補償と労災保険法の二本立てになっており、前者の労基法の災害補償は、使用者に被災者やその遺族に対する補償責任があることを明確にし、労災についての使用者の補償責任の根拠規定となっている。後者の労災保険は、政府を保険者として使用者を加入者とする社会保険制度である。

労災保険法は、一九六〇年代に多くの改正を重ね、適用範囲や保険事故について拡大をはかってきた。一九六五年には、特別加入制度が設けられ、①中小企業とその事業に従事する家族従事者、②個人タクシー運転手や大工などのいわゆる一人親方とその家族従事者、③農作業従事者や家内労働者などの特定作業労働者、④海外派遣者による申請に基づき、政府の承認によりこの制度への加入が認められることとなった。また、一九六九年四月からは、労働者を使用するすべての事業に労災保険が適用されるようになり、同年には、労働保険の保険料の徴収等に関する法律、労働保険徴収法が制定された。保険事故については、一九七二年に、通勤中の災害も対象とする通勤災害が創設され、給付面では、給付の年金化や傷病補償年金の創設、物価スライド制度の採用、給付基礎日額における最低額保障の設定などの改善がはかられてきた。

†雇用保険の沿革と展開

一方、雇用保険は、労働者の失業に伴う賃金の喪失に対応するための社会保険である。日本では、一九四七年に、失業保険法が制定された。同法は改正を重ね、制度の拡充をはかってきたが、第一次石油危機を契機に、抜本的な見直しが行われ、失業者に対する所得保障にとどまらず、完全雇用の達成に向けて積極的な雇用政策を展開するという考え方に立ち、一九七四年に、失業保険法にかわって雇用保険法が制定された。雇用保険は、労働者が失業した場合および雇用の継続が困難となる場合などに必要な給付を行う政府が保険者となる社会保険であり、労災保険とあわせて「労働保険」と総称される。

雇用保険法も、経済社会状況の変化に対応して、ほぼ毎年のように法改正が行われてきた。二〇〇〇年の改正では、バブル崩壊後の経済不況下での失業率の上昇による雇用保険財政の悪化、少子高齢化の進展などを背景に、雇用保険料率の引き上げ、育児休業給付・介護休業給付の給付率の引き上げ（二五％→四〇％）などが行われ、二〇〇七年の改正では、短時間労働被保険者の区分が廃止されたうえで一般被保険者に一本化され、雇用保険事業が二事業（雇用安定事業と能力開発事業）に整理された。さらに、二〇〇九年には、前年秋に起きたリーマン・ショックの影響による失業者の増加に伴い、雇用保険の加入に必要な雇用見込期間が、従来の一年以上から六カ月以上に短縮され、さらに二〇一〇年には、三一日以上に短縮されるなど、適用範囲の拡大が図られた。

†雇用の劣化

一九九五年に、日経連（現在の経団連）が「新しい『日本的経営』」を発表し、正社員を減らし非正規労働者に代替していくことを提唱して以降、財界・経営者団体の経営戦略に沿った形で、一九九〇年代後半から二〇〇〇年代前半にかけて、労働者派遣法の改正など労働法制の規制緩和が進められ、低賃金で不安定な就労形態の非正規労働者が急増した。

期間の定めのない労働契約で直接雇用されているフルタイムの正規労働者（正社員）でない労働者は、通常、非正規労働者といわれる。①期間の定めがある有期契約による労働者（契約社員など）、②フルタイムではないパートタイム労働者（アルバイトも含む）、③企業に直接雇用されていない派遣労働者などが、典型的な非正規労働者である。その数は、二〇一二万人に達し、全労働者の約四割を占め、女性では就業者の半分以上（五三・三％）、若年層では男女を問わず、およそ半分が非正規労働者となっている（二〇一五年一一月現在。総務省「労働力調査」による）。先の日経連の提言があった一九九五年には、その比率は二〇％程度であったことから、二〇年間で非正規労働者の比率は約二倍になり、急速な非正規化が進んだことがわかる。

非正規化に加え、日本の脆弱な最低賃金制度により、給与だけでは、生活保護基準の最低生活基準を保てない低収入世帯（いわゆる「ワーキングプア」世帯）も急増している。年収二〇〇万円以下で働く民間企業の労働者は、一九九五年には七九三万人であったが、二〇〇六年には一〇〇〇万人を突破し、二〇一四年には一一〇〇万人まで増加している（国税庁「民間給与実態調査統計」）。

†労災の現状――増加する過労死・過労自殺の労災認定

一方で、正社員の側は、過密労働・長時間労働にさらされている。その結果が、過労死・過労自殺の増大として現れていることは前述したとおりである（序章参照）。

大手広告会社の電通では、過去にも新入社員が勤務の重圧を原因とするストレスによるうつ病に罹患し自殺した事案があり、使用者（電通側）の安全配慮義務違反を認めた最高裁判決（二〇〇〇年三月二四日、電通事件）が出ていたにもかかわらず、その後も、違法な残業（時間外労働）がまかりとおっていた。二〇一七年には、前々年一二月に自殺した高橋まつりさんの労災認定が認められたことを契機に、東京労働局の強制捜査が行われ、当時の上司などが書類送検され、社長が辞任に追い込まれるに至った。

それでも、いまだに週六〇時間以上働く長時間労働の労働者は六〇〇万人近くにのぼり、減少がみられない（総務省「労働力調査」）。週六〇時間の長時間労働の労働者は、月に約八六時間の時間外労働となり、後述する過労死の労災認定基準の月八〇時間の時間外労働という「過労死ライン」を超えており、いわば過労死予備群といえる。

†失業の現状――有効求人倍率は高く、失業率は低いけれど……

それでは、失業の状況はどうか。二〇一七年一二月の完全失業率は二・八％と、ほぼ横ばいで低い水準で推移している。同月の有効求人倍率（ハローワークで仕事を探す人一人あたりの求人数）も、全国平均で一・五四と、すべての都道府県で一を上回っており、雇用情勢は改善しているかにみえる。安倍首相も、二〇一七年一一月の衆参両院の本会議で行った所信表明演説で、「正社員の有効求人倍率が調査開始以来、初めて一倍を超えた」と誇らしげに語り、安倍政権の経済政策（アベノミクス）の成果と強調した。

しかし、有効求人倍率が高いのは、低賃金や長時間労働の蔓延、長時間労働を強いて残業代を払わないブラック企業の横行など、正社員を含めた労働環境の悪化に原因がある。有効求人倍率が三倍をこえる高水準となっているのは接客などのサービス業、介護職など福祉関係業であり、これらはいずれも離職率が高い業種である（飲食サービス業三〇％、介護職で一五％。第四章3参照）。体力的に厳しい過酷な労働のうえに賃金が低いため、すぐに辞める人が多く、人手不足となり、求人を出し続けなければならない。つまり、大量求人→大量雇用→大量離職→大量求人という悪循環に陥っているわけだ。また、ＩＬＯの集計（二〇一四年）をみると、失業給付などを受けていない失業者の割合は、ドイツが一三％、フランスが一八％、イギリスが四〇％であるのに対し、日本は七八％と、ＯＥＣＤ（経済開発協力機構）加盟国（単純平均四四・八％）の中でも突出して高い。

日本の雇用保険は、後述のように、一週あたりの所定労働時間が二〇時間を下回る短時間労働の場合には、適用がなかったり、転職などの自己都合による退職の場合は、雇用保険に加入していても、基本手当の支給が最大で三カ月間停止されるなど、失業給付の受給要件が他の国にくらべて厳しい。しかも、セクハラやパワハラを受けた結果による退職など、実際は会社都合退職であるにもかかわらず、自己都合退職にさせられている事例が相当数ある（自己都合退職の三割程度との推計もある）。多くの失業者が失業時の保障がなく無収入の状態に置かれているという日本の状況は、どんなに劣悪な労働条件の仕事でも就かざるをえない人を増やし、表面上の失業率の低下と引き換えに、労働条件の悪化と賃金の下落を招き、ワーキングプアを増大させている。

2 労災保険・雇用保険はどのような場合に適用されるのか

†労働保険の適用——学生アルバイトでも労災保険の適用はある！

労災保険・雇用保険ともに、事業主が事業を開始した日、または当該事業が、労働保険の適用事業となった日に、自動的に保険関係が成立する。事業主は、その日から一〇日以内に労働基準監督署長または公共職業安定所長に、保険関係の成立を届け出なければならず、それによって、事業主の労働保険料の納税義務が発生する。事業を廃止または終了したときは、その翌日に保険関係が消滅する。

労災保険は「労働者を使用する事業」を、雇用保険は「労働者が雇用される事業」を適用事業とし、その業種や規模にかかわりなく、労働者を一人でも使用するあらゆる事業を適用事業とする。ここで「事業」とは、反復・継続する意思を持って業として行われるものをいう。ただし、労災保険の場合は、国の直営事業など若干の非適用事業があるほか、零細農林水産業の個人経営事業について、暫定的に任意適用事業としている。また、雇用保険も、労災保険と同様に、零細農林水産業のうちの一部を任意適用事業としている。

労災保険には、他の社会保険と異なり、被保険者という概念は存在せず、被災労働者として給付を受ける。労災保険法における「労働者」とは、基本的に労基法九条にいう労働者と同一と解されている。すなわち、労働者とは「職業の種類を問わず、事業又は事務所に使用される者」で「賃金を支払われる者」をいい、使用従属関係の下で提供した労務の対価として報酬を得ている者をいう。適用事業に使用されている者でもあり、アルバイト・常雇いなどの雇用形態を問わない。したがって、適用事業に使用されている学生アルバイトであっても、当然に労災保険の適用があり、労災にあった場合には補償がなされる。

近年の雇用形態の多様化に伴い、労災保険の対象となる労働者か否かをめぐって（「労働者性」といわれる）、いくつかの紛争が発生し裁判例が蓄積されてきた。たとえば、自己所有のトラックを持ち込みながら運送業務に従事していた運転手について、最高裁は、労働者性を否定している（一九九六年一一月二八日判決）。

これに対して、雇用保険の被保険者は、労働者の年齢や就労形態から、一般被保険者、高年齢継続被保険者、短期雇用特例被保険者（季節的に雇用される者）、日雇労働被保険者の四つの類型がある。一般被保険者の条件は、三一日以上の雇用見込みがあること、一週間の所定労働時間が二〇時間以上であることである。

†労働保険料

労働保険料は保険者である政府が徴収する。労働保険料の種類には、①一般保険料、②特別加入保険料、③印紙保険料の三種類がある。②は、労災保険のひとり親方（一人事業主）などの特別加入者を対象とし、③は、雇用保険の日雇労働被保険者を対象としている。

中心となる①の一般保険料は労災保険と雇用保険の双方に適用され、納付義務者は事業主である。労災保険料は、全額事業主が負担し、労働者の負担はない。また、一定規模の事業において、事業の種類ごとに過去の災害率などを考慮して定められ、事業主の災害防止努力を促すため、メリット制が導入されている。メリット制とは、大きな労働災害が発生したり、労働災害が多発している事業では保険料率が高くなり、逆に、労働災害が少ない事業では低くなる制度で、厚生労働大臣は、災害の発生率に応じて保険料率を一〇〇分の四〇の範囲で上下させることができる。雇用保険料率の場合は、農林水産事業、清酒製造事業、建設事業およびそれ以外の一般事業で、三つの異なる保険料率が設定されている。雇用保険二事業（雇用安定事業と能力開発事業）の費用に充てられる部分は事業主が全額負担し、失業等給付に充てられる部分については労使で折半する。

労災保険の場合、事業主が保険料を納付していなくても、労働災害にかかる保険給付はなされる。ただし、保険給付に要した費用の徴収に関して、事業主が故意または重大な過失により保険関係成立にかかる届出をしていない期間の事故や一般保険料を納付しない期間の事故などについて保険給付を行ったとき、政府（保険者）は保険給付に要した費用に相当する金額の全部または一部を事業主から徴収することができる。

3　労災認定の仕組み

†業務災害の認定の要件――業務遂行性と業務起因性

労災保険は「業務上の事由」による労働者の負傷、疾病、障害または死亡（業務災害）に対して保険給付を行う。もっとも、労災保険法は業務災害について明文の規定を置いておらず、「業務災害」に当たるかは、労災補償制度の趣旨目的に照らした法解釈に委ねられている。一般的には、業務災害とされるためには、労働者の傷病などが、使用者の指揮命令の下に拘束されているときに生じ（業務遂行性）、その傷病等との間に一定の因果関係が存在することが必要とされる（業務起因性）。この因果関係の証明は、一点の疑義も許さないという自然科学上の証明ではなく、事実と結果との間に高度の蓋然性を証明することであり、その判定は通常人が疑いを持たない程度で足りるとされている（最高裁一九七五年一〇月二四日判決）。これを法的には相当因果関係という。

業務遂行性・業務起因性の認定については、具体的事例ごとに違いがある。事業主の支配下、かつ管理下で業務に従事している通常の業務の場合には、特別の理由がない限り業務上と認められる。休憩時間などの場合も、事業主の支配下にいることに起因する災害については、業務上と認められる。事業主の支配下にあるが、管理を離れて業務に従事している出張などの場合は、特別の事情がない限り、全出張過程について業務遂行性が認められる。労働者が、出張途上で飲食などの私的行為中に被災しても、合理的な順路・方法で、それが出張に通常伴う範囲内であれば、業務起因性が認められるわけだ。宴会などの各種行事への参加・出席については、使用者の業務命令がある場合など特別の事情があれば、業務起因性が認められる。

業務遂行性がなければ、業務起因性は成立しないが、業務遂行性があっても直ちに業務起因性が認められるわけではない。業務遂行性が証明される場合には、反証（業務起因性を認める特別な事情）のない限り業務起因性も推定される。特別の事情に関連して、業務遂行中に同僚とけんかして死亡した事例では、業務に随伴または関連する行為といえないとして業務起因性が否定されている（最高裁一九七四年九月二日判決）。

†災害性疾病・非災害性疾病の認定

業務上の疾病は、災害性疾病と非災害性疾病に分類できる。前者は、業務遂行途中での突発的事故（アクシデント）に起因する疾病で、業務起因性の認定は比較的容易である。これに対して、後者は、災害を媒介としない疾病で、心筋梗塞、脳梗塞など、労働者の業務が主因ではないにしても発症過程に何らかの関係を持つと考えられる疾病（労働関連疾病）などである。これらの疾病の業務上認定には著しい困難を伴う。発症の時期を特定することが難しく、じん肺のように業務の退職後に発症する場合もみられるし、業務のみならず労働者個人の私生活にもまたがり、本人の素因や基礎疾患と競合することもあるうえ、有害因子にさらされていても、発症する人と発症しない人があり個人差が著しいからだ。

もっとも、医学的な経験則から、特定の業務との因果関係が明らかな疾病群が存在する。これらの疾病については、業務上疾病ないし職業性疾病（長期間にわたり業務に伴う有害作用が蓄積して発病に至る疾病。いわゆる職業病）として業務起因性が推定される。具体的には、労基法施行規則の別表に業務内容と（業務上）疾病名が規定されている。ここに規定された業務に従事した事実と、規定された疾病が発症した事実の二つがあれば、反証がない限り、業務起因性有りとして労災認定される。たとえば、物理的因子による疾病として、レーザー光線にさらされる業務による網膜火傷等の眼疾患または皮膚疾患が、細菌・ウイルス等の病原体による疾病として、患者の診療もしくは看護・介護の業務で病原体を取り扱う業務による伝染性疾患などが挙げられている。

†過労死・過労自殺の業務上認定

近年、過労死・過労自殺の労災認定が増加している。過重な労働が、さまざまな疾病の原因になることは知られているが、いわゆる「過労死」は、疾病名や医学用語ではなく、過重労働によって引き起こされる脳血管や心臓の疾患により死亡することを意味する社会的用語である。過労死等防止対策推進法では「業務における過重な負荷による脳血管疾患若しくは心臓疾患を原因とする死亡若しくは業務における強い心理的負荷による精神障害を原因とする自殺による死亡」と定義されている（二条）。

過労死の業務上認定には、①日常業務に比較して特に過重な業務に就労したこと（過重負荷）、②過重負荷から発症までの時間的経過が医学上妥当であることの二点が必要である。厚生労働省による認定基準（二〇〇一年一二月一二日通知）によると、①発症前一カ月間に時間外労働時間（いわゆる残業時間）が一〇〇時間を超える、②同二カ月～六カ月の間に残業時間が一カ月あたり八〇時間を超える場合には、業務と発症との関連性が強いとされる。これら以外にも、勤務の不規則性、拘束時間の長さなどが総合的に考慮される。

過重な労働は、いわゆる過労自殺をも引き起こす。過労自殺では、業務による心理的負荷が原因とされる場合に、①精神障害を発病していること、②発病およそ六カ月以内に業務上の強い心理的負荷を受けたこと、③発病が業務以外の要因によらないこと、を要件として、精神障害がまず労災の補償対象として認定される。そのうえで、以上の要件に該当する労働者が自殺を図った場合に、原則として業務起因性が認められる（後述の精神障害の認定基準）。業務上の精神障害により自殺行為を思いとどまる精神的な抑制力が著しく阻害されているとし（過労により、しばしば正常な判断ができなくなる！）、業務起因性を認めるわけだ。

過労自殺の場合には、労働契約上の義務として、使用者が「労働者の生命及び身体等を危険から保護するよう配慮すべき義務」（最高裁一九九九年四月一〇日判決）、いわゆる「安全配慮義務」を果たさなかったことが認められた事例もある（前述の電通事件判決）。

二一世紀に入っても、精神障害についての労災請求は増加の一途を辿り、労災認定の迅速化を図るべく「心理的負荷による精神障害の認定基準について」（二〇一一年一二月二六日）が策定された。この認定基準では、発症直後の連続した二カ月間に一月当たり約一二〇時間以上の時間外労働時間数を強い心理的負荷とするなど心理的負荷の具体例を明示し、職場でのセクハラやパワハラ、いじめなどが六カ月を超える長期間継続する場合も評価の対象としている。

†通勤災害の認定

労災保険法は「労働者の通勤による負傷、疾病、傷害または死亡」を通勤災害として保険給付の対象とする。通勤に通常伴う危険ないし内在する危険が具体化したとみられるような場合、通勤起因性が肯定される。

「通勤」とは、労働者が就業に関し、次の三つの類型の移動を、合理的な経路および方法により行うことをいう。移動の三類型は①住居と就業の場所との間の往復、②厚生労働省令で定める就業の場所から他の就業の場所への移動、③①に掲げる往復に先行し、または後続する住居間の移動である。①では、労働者が本来の業務を行う事務所等の場所以外にも、得意先での営業から直接帰宅する場合の得意先なども就業の場所となる。②は、複数の事業所で働く労働者の事業所間の移動をいい、③は、単身赴任者の赴任先住居と帰省住居との往復をいう。単身赴任者が自宅から事業所近くの寮に戻る途中で被った事故について、通勤災害と認定した裁判例がある（秋田地裁二〇〇〇年一一月一〇日判決）。

通勤は、社会通念からいって一般に労働者が用いると認められる合理的な経路およびその方法によるものでなければならない。逸脱とは通勤の途上において通勤と無関係な目的で合理的な経路をそれることをいい、中断とは通勤の経路上で通勤と関係のない行為を行うことをいう。逸脱・中断があった場合、日常生活上必要な行為であって厚生労働省令で定めるものをやむを得ない事由により行う最小限度のものに該当しない限り、その逸脱・中断中だけでなく、その後の行程についても通勤とは認められない。義父の介護のため義父宅に一時間四〇分程度滞在したのち帰宅する途中での交通事故につき、この介護は日常生活上必要な行為として通勤災害と認定した裁判例がある（大阪高裁二〇〇七年四月一八日判決）。

4　労災保険の給付と社会復帰促進事業

✝労災保険の給付のあらまし

労災保険の給付には、業務災害に関する保険給付（療養補償給付、休業補償給付、障害補償給付、遺族補償給付、葬祭料、傷病補償年金、介護補償給付）、通勤災害に関する保険給付および二次健康診断等給付がある。

労災保険の給付は、被災労働者等の請求に基づいて行われる。この請求にもとづき、所管の労働基準監督署長が支給または不支給の決定（行政処分）を行う。この決定に不服がある場合には、労働者災害補償保険（労災保険）審査官および労働保険審査会に審査請求、再審査請求をすることができる。ただし、不支給決定などの取消訴訟（行政訴訟）は、労災保険審査官に審査請求して裁決を経なければ提起することができない（審査請求前置）。

労災認定をめぐる訴訟では、過労死・過労自殺などの場合、十分な勤務記録が残されておらず（しばしば、残業時間を過少に申告させる例もみうけられる）、被災労働者の遺族の側で、長時間労働の立証に困難をきたすことが多い。とくに、新聞記者など、いわゆる裁量労働制が採用されている場合には、労働時間の管理そのものが本人に委ねられている場合が多く、立証には困難を伴う。労災認定基準の緩和とともに、訴訟における立証責任の会社側への転嫁などが求められる。

†療養補償給付と休業補償給付

業務災害に関する保険給付のうち、療養補償給付は、業務上の傷病に対して診療治療などを行うものである。療養補償給付は現物給付で、被災労働者は一部負担金を払うことなく、必要な治療を受けることができる。療養補償給付および休業補償給付は、その傷病についての療養を必要としなくなるまで、すなわち治癒の状態になるまで行われる。傷病の症状がいったん治癒と判断された後、再び症状が変化し再発と判断された場合にも、療養補償給付が支給される。

休業補償給付は、被災労働者が①業務上の傷病による療養のため、②労働不能により、③賃金を受けることができない場合に支給される。②の労働不能は、労働能力の喪失だけを意味するのではなく、医師の指示により労働することを止められている場合（ドクターストップの場合）も含まれる。③については、被災労働者が休日または懲戒処分を受けたなどの理由で賃金請求権を有しない日についても、休業補償給付は支給される。

労災保険の金銭給付の額の算定に当たっては「給付基礎日額」という概念が用いられる。給付基礎日額は、原則として労基法一二条の「平均賃金に相当する額」とされ、休業補償給付、年金給付および一時金給付の給付基礎日額は、他の労働者の賃金との関係で合理的な水準を維持できるようスライド制を採用しているほか、賃金の実態などに対応するため、年齢階層別の最低限度額と最高限度額が定められている。

休業補償給付は、賃金を受けない日の第四日目から支給され、休業の初日から三日目までを待期期間という。この期間は、休業補償給付は支給されないが、使用者は労基法七六条に規定する休業補償を行わなければならない。支給額は一日につき給付基礎日額の一〇〇分の六〇に相当する額である。休業四日目から給付基礎額日額の一〇〇分の二〇に相当する休業特別支給金が社会復帰促進事業として支払われる。したがって、実際上は給付基礎日額の八割に相当する額の休業補償がなされることになる。支給期間についての制限はないが、傷病補償年金の支給要件に該当するにいたった場合には、休業補償給付は支給されない。

†障害補償給付と遺族補償給付

業務上の傷病が治癒したとき、身体に障害が存在し、それが厚生労働省令に定める障害等級に該当する場合には、障害に応じて障害補償給付が支給される。障害等級一級から七級に該当する場合には障害補償年金が、障害等級八級から一四級に該当する場合には障害補償一時金が支給される。

障害等級表は、一定の序列に従って一級から一四級まで一四等級に分類・格付けされている。著しい外貌醜状につき、男女の性別によって障害補償給付に差を設けるのは合理的理由がなく、憲法一四条に違反するとの判決（京都地裁二〇一〇年五月二七日判決）が出て、障害等級の見直しが行われ、外貌に関する障害等級の男女差は解消されている。

労働者が業務上死亡したとき、その遺族の生活を保障するため、死亡労働者との間に生計維持関係にある一定範囲の遺族がいる場合には遺族補償年金、受給資格者がいない場合には遺族補償一時金が支給される。そのほか、社会復帰促進等事業として遺族特別支給金や遺族特別年金なども支給される。

遺族補償年金の受給資格者は、労働者の死亡当時その労働者の収入によって生計を維持していた（生計維持関係にあった）配偶者、子、父母、孫、祖父母、兄弟姉妹である。妻については、婚姻の届出をしていないが事実上婚姻関係と同様の事情にあった者も含まれる。妻以外の遺族にあっては労働者の死亡当時に一定の年齢にあること、あるいは一定の障害状態にあることが要件となる。これは、遺族補償年金が遺族の生活保障を目的としていることによる。これらの受給資格者のうち、最先順位の者にのみ支給される（配偶者から本文で並べた順に順位が高く、配偶者がいない場合には次の子に支給される）。

この点、地方公務員災害補償法の遺族補償年金にも、労災保険法と同様に、夫にのみ六〇歳以上との年齢要件を定める規定があり、妻を公務災害で亡くした男性が、妻が遺族の場合には年齢制限がないのに、夫が遺族の場合に年齢制限があるのは、法の下の平等を定めた憲法一四条に違反すると訴えていた事案がある。裁判所は、立法府の広い裁量を認め、配偶者のうち夫についてのみ年齢要件を定めることは、憲法一四条に違反しないとしている（大阪高裁二〇一五年六月一九日判決）。同様の年齢要件は、国家公務員災害補償法にもあり、また、厚生年金保険法の遺族厚生年金にも存在する。しかし、男女の共働きが多数になっている現状では、夫のみの年齢要件はなくすなどの見直しが必要だろう（第二章2参照）。

†傷病補償年金と介護補償給付

傷病補償年金は、療養補償給付を受けている労働者の傷病が①療養開始後一年六カ月経ても治らず、②その傷病による障害の程度が厚生労働省令で定める傷病等級に該当する場合に、その傷病等級に応じた額が支給される。療養開始後一年六カ月を経過しても治癒しないとき、あるいは毎年一月分の休業補償給付を請求する際に、傷病の状態に関する届出書を提出させ、それに基づき所管の労働基準監督署長が職権で支給決定を行う。傷病補償年金は、休業補償給付に代えて支給されるため、傷病補償年金を受ける者には休業補償給付は支給されない。ただし、傷病が治癒していないことが要件となっているので（①の要件）、傷病補償給付は引き続き支給される。通常、年金は終身支給で、給付はたとえば治癒するまでとの限定つきだが、①の要件があるため、両者とも同じ終身になっている。なお、業務上の傷病により療養している労働者がその療養開始後三年を経過した日において傷病補償年金を受けている場合、または同日後に傷病補償年金を受け取ることになった場合、使用者は労基法八一条にいう打切補償を支払ったものとみなされ、労基法一九条の解雇制限の規定（労働者が業務上の傷病により療養のために休業する期間およびその後の三〇日間は解雇してはならないという規定）の適用がなくなる。

障害補償年金または傷病補償年金を受ける権利を有する労働者が、厚生労働省令で定める程度の障害により、常時または随時介護を要する状態にあり、かつ介護を受けている間、当該労働者に介護補償給付が支給される。同給付は支給すべき事由が発生した月の翌月から、当該事由が消滅した月までの間、月を単位として支給される。

†通勤災害給付と二次健康診断等給付

通勤災害に対する給付は、療養給付・休業給付・障害給付・遺族給付・葬祭給付・傷病年金・介護給付の七種類がある。これらの給付は、労基法の災害補償責任を基礎としないため、「補償」の文字が使われていないが、業務災害に関する保険給付と基本的に同一内容の給付が行われる。ただし、療養給付の場合には、医療保険と同様に、被災労働者に対して一部負担金の支払いが求められる（休業給付の額から一部負担金額を減額して、一部負担金の徴収に代える取り扱いがなされている）。また、通勤災害に関する休業については、労基法一九条の解雇制限規定の適用はない。

一方、労働安全衛生法に基づく直近の定期健康診断等（一次健康診断）において、脳・

心臓疾患に関連する血圧検査・血中脂質検査などの項目について異常所見が認められた労働者に対して、その労働者の請求により、二次健康診断と特定保健指導が給付される（二次健康診断等給付）。二次健康診断等給付は現物給付であり、受診者の負担はない。

†社会復帰促進等事業と特別支給金

労災保険法は、被災労働者の社会復帰の促進、死亡した労働者の遺族に対する援護など、労働者の福祉の増進に寄与することも目的としている。この目的を実現するため、被災労働者やその遺族の福祉の増進のために、社会復帰促進事業が行われている。

事業の内容としては、①被災労働者の円滑な社会復帰を促進するために必要な事業（労災病院・リハビリ施設の設置、補装具の支給など）、②被災労働者の療養生活の援護、遺族に対する援護（労災就学援護費など）、③業務災害の防止に関する活動に対する援助や労働者の安全・衛生の確保、賃金の支払いの確保などを図るために必要な事業がある。

社会復帰促進事業の一環として、労災保険法特別支給金規則に基づき、被災労働者やその遺族に対し、休業特別支給金や遺族特別支給金などの特別支給金が支払われる。これらの支給金は、療養生活や傷病が治癒後の生活転換に対する援護金あるいは遺族見舞金的性格を有し、労基法上の災害補償に対応するものではないが、保険給付の上積みを行うことを目的にしており、労災の保険給付との同一性が認められる。最高裁も、労災保険給付との同一性から、労災就学援護費の支給打ち切り決定は「一方的に行う公権力の行使」に該当するとし、処分性を認めている（二〇〇三年九月四日判決）。

5 雇用保険の仕組み

†求職者給付

次に、雇用保険の給付の仕組みはどのようなものだろうか。

雇用保険法における保険給付は失業等給付といわれ、求職者給付、就職促進給付および教育訓練給付、雇用継続給付がある（図表11）。

求職者給付は、労働者が失業したときに支給される。一般被保険者が失業した際に、原則として離職の日以前二年間に被保険者期間が通算して一二カ月以上あるときに支給される基本手当が中心である。

ここにいう失業とは「被保険者が離職し、労働の意思及び能力を有するにもかかわらず、職業に就くことができない状態にあること」をいう（雇用保険法四条二項）。「離職」とは

「被保険者について、事業主との雇用関係が終了すること」をいい、解雇、契約期間の満了、任意退職などその理由を問わない。「労働の意思」とは、自己の労働力を提供して就職しようとする積極的な意思をいい、被保険者が家事や学業等に専念するとして離職した場合などには、労働の意思がないと推察される。「職業に就くことができない状態」とは、公共職業安定所が最大の努力をしたが、就職させることができず、また本人の努力によっても就職できない状態をいう。

就職とは、雇用関係に入る場合のほか、請負や自営業の開始を含む。現実に収入・収益の見通しがあるかは問われない。報酬等を得ることを期待しうる継続的な地位にある場合には、雇用保険法上、職業に就いたものとされる。報酬を受けていなくても、代表取締役の地位にあったとして、受領した失業給付の返還命令を適法とした裁判例がある（広島高裁岡山支部一九八八年一〇月一三日判決）。

基本手当を受給するためには、公共職業安定所長の失業の認定を受けなければならない。失業の認定を受けようとする受給資格者は、離職後、公共職業安定所に出向いて、離職票に本人確認書類を添えて提出し、求職の申し込みをしなければならない。失業の認定は、離職後最初に公共職業安定所に出向いた日から起算し四週間に一回ずつ行う。

基本手当は、失業認定日の前二八日分について一括して支給されるが、受給資格者が離

図表11　雇用保険の体系

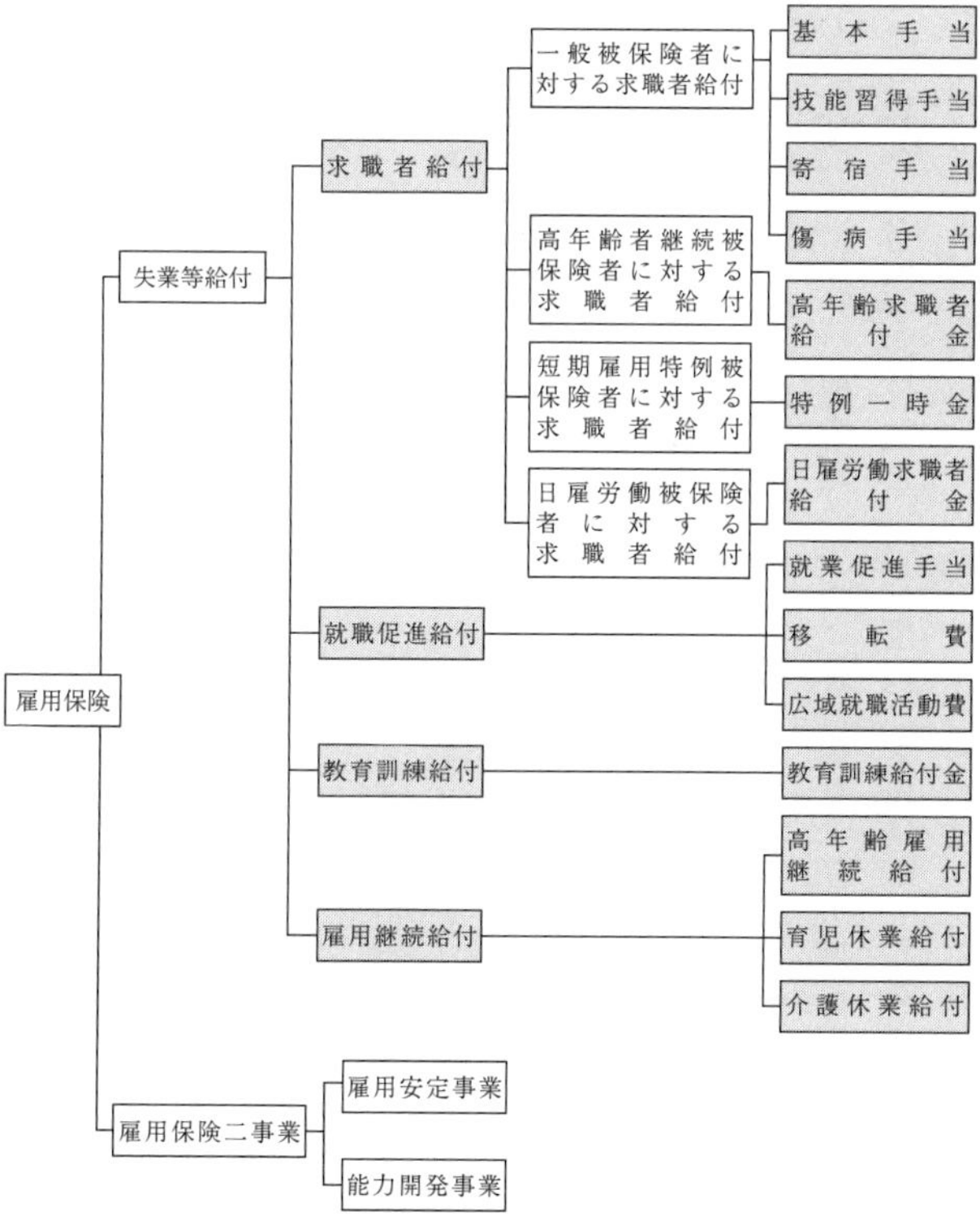

出所：厚生労働省ホームページより

職後最初の求職の申し込みをした日以後において、失業している日が通算して七日に満たない期間は支給されない（待期期間）。また、被保険者が自己の責めに帰すべき重大な理由によって解雇されたり、自己都合によって退職した場合には、待期期間満了後から一定期間（三カ月）、基本手当は支給されない給付制限がある。基本手当の支給を受けられる期間（所定給付日数）は、受給資格者の被保険者期間や離職時の年齢などに応じて異なっており、最大で三六〇日である（図表12）。

このほか、技能取得手当および寄宿手当は、受給資格者が職業安定所長の指示により公共職業訓練等を受講する場合に支給される。傷病手当は、受給資格者が引き続き一五日以上疾病または負傷により職業に就くことができない場合、すでに求職の申し込みをしているなどの要件を満たすことを条件に支給される。

†就職促進給付・教育訓練給付・雇用継続給付

就職促進給付は、被保険者が失業した場合、求職者給付と合わせて、再就職を支援、促進するために支給され、就業促進手当、移転費および広域求職活動費からなる。就職促進手当は、基本手当の支給日数を一定程度残して再就職した場合に、基本手当の支給残日数をそれぞれ所定の要件のもとに支給する。移転費は、受給資格者が公共職業安定所の紹介

図表12　基本手当の所定給付日数

①　②及び③以外の一般の離職者
（定年退職や自己の意思で離職した者）

被保険者であった期間 ＼ 離職時の満年齢	1年以上10年未満	10年以上20年未満	20年以上
全年齢	90日	120日	150日

②　特定受給資格者および特定理由離職者
（正当な理由のある自己都合退職者を含む）

被保険者であった期間 ＼ 離職時の満年齢	1年未満	1年以上5年未満	5年以上10年未満	10年以上20年未満	20年以上
30歳未満	90日	90日	120日	180日	—
30歳以上35歳未満		90日	180日	210日	240日
35歳以上45歳未満		90日	180日	240日	270日
45歳以上60歳未満		180日	240日	270日	330日
60歳以上65歳未満		150日	180日	210日	240日

③　障害者等の就職が困難な者

被保険者であった期間 ＼ 離職時の満年齢	1年未満	1年以上
45歳未満	150日	300日
45歳以上65歳未満		360日

出所：ハローワークのパンフレットより

した職業に就くためなどに、住所等を変更する場合に支給される。広域求職活動費は、受給資格者が公共職業安定所の紹介により広範囲の地域にわたる求職活動をする場合に支給される。一方、教育訓練給付は、被保険者が、厚生労働大臣の指定する教育訓練を受け、これを修了した場合に、支給要件期間が一定期間以上あるときに、その費用の一部が一時金として支給される。

雇用継続給付は、高年齢者や育児休業・介護休業を取得した者の職業生活の円滑な継続を支援・促進するため、雇用の継続が困難となる理由を失業に準じた保険事故として、所得保障を行うもので、高年齢雇用継続給付、育児休業給付および介護休業給付からなる。

高年齢雇用継続基本給付金は、被保険者期間五年以上の六〇歳以上六五歳未満の一般被保険者が、六〇歳到達時点の賃金に比べて法に定める以上に賃金が低下した状態で、雇用を継続している場合に支給される。育児休業基本給付金は、一般被保険者がその一歳（雇用継続のためにとくに必要と認められる場合にあっては一歳六カ月または二歳）に満たない子を養育するため休業した場合に、当該休業を開始した日前二年間に被保険者期間に相当する期間が一二カ月以上あるときに支給される。給付額は、原則として休業開始時賃金月額の四〇%であるが、当分の間五〇%（休業開始後六カ月につき六七%）に引き上げられている。事業主から賃金を得ている場合には、その賃金額に応じて調整が行われる。

介護休業給付金は、一般被保険者が介護休業を取得した場合、介護休業開始日前二年間に被保険者期間が一二カ月以上ある者に支給される。一カ月あたりの介護休業開始前賃金の六七％に相当する額が、休業開始から三カ月を限度に支給される。しかし、介護休業が三カ月と短期に設定されているためか、介護休業の取得率は、二〇一二年で三・二％にすぎない。介護保険サービスなど外部サービスを導入する必要があるかなど、介護に関する長期的方針を定めるまでのいわば「見極め期間」として取得されるものとされているからだが、現在の介護保険では、家族介護者への支援の仕組みはないに等しいことを考えるならば（第四章6参照）、介護休業の期間は、育児休業並みに一年もしくはそれ以上に延長すべきであろう。

†雇用保険二事業

失業後の手当のみならず、雇用保険には失業を防ぐための事業が用意されている。それが、事業主が負担する雇用保険料を原資とした、雇用安定事業と能力開発事業である（雇用保険二事業といわれる。図表11参照）。

このうち、雇用安定事業は、事業主に対する助成金を中核としており、雇用調整助成金や高年齢者雇用安定助成金などがある。中でも、雇用調整助成金は、不況などにより急激な事業活動の縮小を余儀なくされた事業主が一時休業、雇用調整のための出向などを行う場合に、事業主が支払う休業手当や出向労働者の賃金負担額の一部を助成金として支給するもので、企業内での雇用確保を図り、失業の増加を抑えるという意味で、不況時において重要な役割を果たしてきた。二〇〇八年秋に生じたリーマン・ショック時には、雇用調整助成金の助成率は、厳しい雇用情勢に対応して大きく緩和されたが、二〇一三年以降は、大企業は二分の一、中小企業は三分の二という原則的な助成率に戻されている。さらに、安倍政権は、雇用情勢の改善を理由に、雇用調整助成金を大幅に減額している。

また、能力開発事業は、職業生活の全期間を通じて、被保険者の能力の開発・向上を促進することを目的として行われる。内容は多岐にわたり、認定訓練助成費補助金、人材確保等支援助成金などの助成金のほか、職業能力開発のための講習や援助などを行っている。

†求職者支援制度

雇用保険の基本手当の所定給付期間は最大で一年足らずであり、景気変動に伴う短期失業を想定した給付といえるだろう。雇用保険は、短期的な失業給付を行う一方で、失業者が公的職業訓練・職業紹介制度を利用しながら早期に労働市場へ復帰することを想定した制度といってもよい。しかし、前述したような雇用の劣化が進み、低賃金・不安的雇用の非正規労働者が増加するなかで、雇用保険の対象とならない失業者や所定給付日数を経過した（長期）失業者の生活保障が課題となってきた。そして、これに応えるべく、リーマン・ショックに対する緊急雇用対策として導入された事業を改編し、二〇一一年に、職業訓練の実施等による特定求職者の就職の支援に関する法律（求職者支援法）が制定され、求職者支援制度が創設された。

求職者支援制度は、雇用保険の給付を受けられない求職者に対し生活保障を行う一方で、職業訓練などの就労支援を行うもので、失業しても生活保護受給にいたる前に労働市場に復帰できるよう支援する制度という意味で、「第二のセーフティネット」ともいわれる。

同制度では、再就職できないまま雇用保険の給付期間が終了したり、学卒未就職者など、①公共職業安定所に求職の申し込みをしていること、②雇用保険被保険者や雇用保険受給者でないこと、③労働の意思と能力があること、④職業訓練などの支援を行う必要があると公共職業安定所長が認めたこと、の四つの要件をすべて満たす者（特定求職者）を対象に、求職者支援訓練または公共職業訓練を行うほか、訓練期間中に職業訓練受講給付金を支給する。給付金は、本人の収入が月八万円以下で、かつ世帯全体の収入が月二五万円以下であり、すべての訓練実施日に出席するなど一定の条件を満たす者に、月額一〇万円の職業訓練受講手当と通学のための交通費としての通所手当が支給される。

財源は、労使が支払う雇用保険料と国庫の負担で賄われるが、「第二のセーフティネット」としての性格を考えれば、雇用保険料ではなく全額公費で賄う仕組みとすべきである。

6　労災保険と雇用保険のゆくえ

†労災保険の課題

労災保険については、労災認定が増加している過労死・過労自殺の発生を防止するため、日本の長時間労働の是正が早急の課題といえる。

労働時間の規制については、労基法が週四〇時間、一日八時間の労働時間を法定している。使用者が、この法定の労働時間を超え（時間外労働。いわゆる「残業」）、または法定の休日に労働させるためには、当該事業場の労働者の過半数で組織する労働組合、このような労働組合がない場合には、労働者の過半数を代表する者との書面による協定を行い、これを労働基準監督署長に届け出なければならない。労基法三六条に規定されていることから、この協定は「三六協定」と呼ばれる。ただし、時間外労働の延長の限界については法令による制限がなく、労働省告示により、延長の上限を月四五時間、年三六〇時間と定め、これを目安に行政指導が行われてきたものの、違反の場合の罰則もなく、法的拘束力はなかった。

安倍政権は「働き方改革」と称し、二〇一八年に、時間外労働について罰則付きの時間上限を新設した労基法改正法案を国会に提出し成立させた。上限が法律に明記されたことは前進といえるが、繁忙期の時間外労働時間の上限を、過労死ラインを超える月一〇〇時間とするなど、長時間労働の是正には程遠い内容だ。少なくとも、繁忙期であっても月六〇時間を上限とすべきであろう。

†雇用保険と雇用政策の課題

雇用保険については、自己都合退職による給付制限の緩和も含め雇用保険の受給要件を大幅に緩和する必要がある。本来であれば、非正規労働者も含め労働者すべてを雇用保険の適用対象にすることが望ましい。また、失業手当の給付日数(最大で三六〇日)の弾力的な延長が行われる必要がある。

そして、より根本的な解決策として、失業扶助制度の創設が必要と考える。イギリス、ドイツ、フランス、スウェーデンでは、失業給付期間を超えても、減額はされるが一定額の給付が失業者に支給される失業扶助制度が存在する。失業扶助制度は、失業保険の給付期間を超えた失業者だけでなく、失業保険に加入していなかったり、給付の条件を満たさない失業者も、一定の条件を満たせば給付される。日本では、前述の求職者支援制度が創設されているが、要件を緩和した上で、全額公費負担による失業扶助制度に転換すべきである。失業扶助制度をはじめとする失業時の生活保障の拡充は、賃金の上昇と正規雇用の増大など労働条件の改善をもたらし、健全な労働市場の創出につながるはずである。

なお、現在、特別会計の雇用保険勘定には約六兆円の余剰があり、二〇一七年には、雇用保険法が改正され、基本手当の国庫負担率が三年間の時限措置とはいえ一三・七五%から法律本則（二五%）の一割の二・五%にまで大幅に引き下げられた。これについては、引き下げではなく、国庫負担率は法律本則の二五%に戻したうえで、この特別会計の雇用保険勘定の余剰を、当面の措置として、受給要件を緩和し、受給者や給付日数を拡大するための財源に用いるべきである。

第六章　子育て支援・保育と児童福祉

現在、少子化が進む一方で、保育所に入れない「待機児童」の問題が大都市を中心に深刻化しているが、保育士不足などで、待機児童の解消は一向に進まず、児童虐待も増加の一途をたどり、子育ての不安が増している。本章では、子育て支援・保育の現状と児童福祉政策の問題点を指摘し、子どもを安心して育てることのできる制度に向けての課題を探る。なお、本章では、「子ども」は「児童」と同じ意味で用い、一般に用いられている「保育園」は、引用の場合を除き法律上の正式名称の「保育所」で統一する。

1　進む少子化、解消されない待機児童

†少子化の進展と待機児童問題

現在、社会問題となっている待機児童問題は、いつごろから深刻化したのだろうか。

一九六〇年代の高度経済成長期に、既婚女性の就業が進み、子育て世代の女性を中心に「ポストの数ほど保育所」をスローガンに、各地で保育所づくりの運動が広がった。当時、各地で成立した革新自治体が、それを後押ししていった。一九七〇年代には、国も、こうした保育所づくりの運動の拡大におされて、保育所緊急整備計画を策定し、年平均で、保育所八〇〇カ所程度の創設、入所児童約九万人の増大を実現、一九七〇年代末には、保育所二万三〇〇〇カ所弱、在籍児二〇〇万人弱の水準に達し、現在の保育所保育の基礎が築かれた。

しかし、一九八〇年代に入ると、日本経済が低成長期に入り、個人や家族の自助努力を強調する「日本型福祉社会」論のもと、福祉見直しが叫ばれ、福祉関係費の国庫負担割合が大幅に引き下げられるなど（八割→五割）、福祉予算の削減が進んだ。保育所についても、子どもが三歳になるまでは親のもとで育てた方がよいという、いわゆる「三歳神話」の影響のもと、「保育所の役割は終わった」として、保育所抑制策がとられるようになる。保育所数は一転して減少傾向となり、一九九〇年代を通じて減少が続き、二〇〇〇年時点で二万二〇〇〇カ所にまで減少した。その結果、このころから、保育所入所を希望しても、施設不足のため入所できない子どもたち、すなわち「待機児童」が増え、社会問題化していく。

図表13　出生数および合計特殊出生率の年次推移

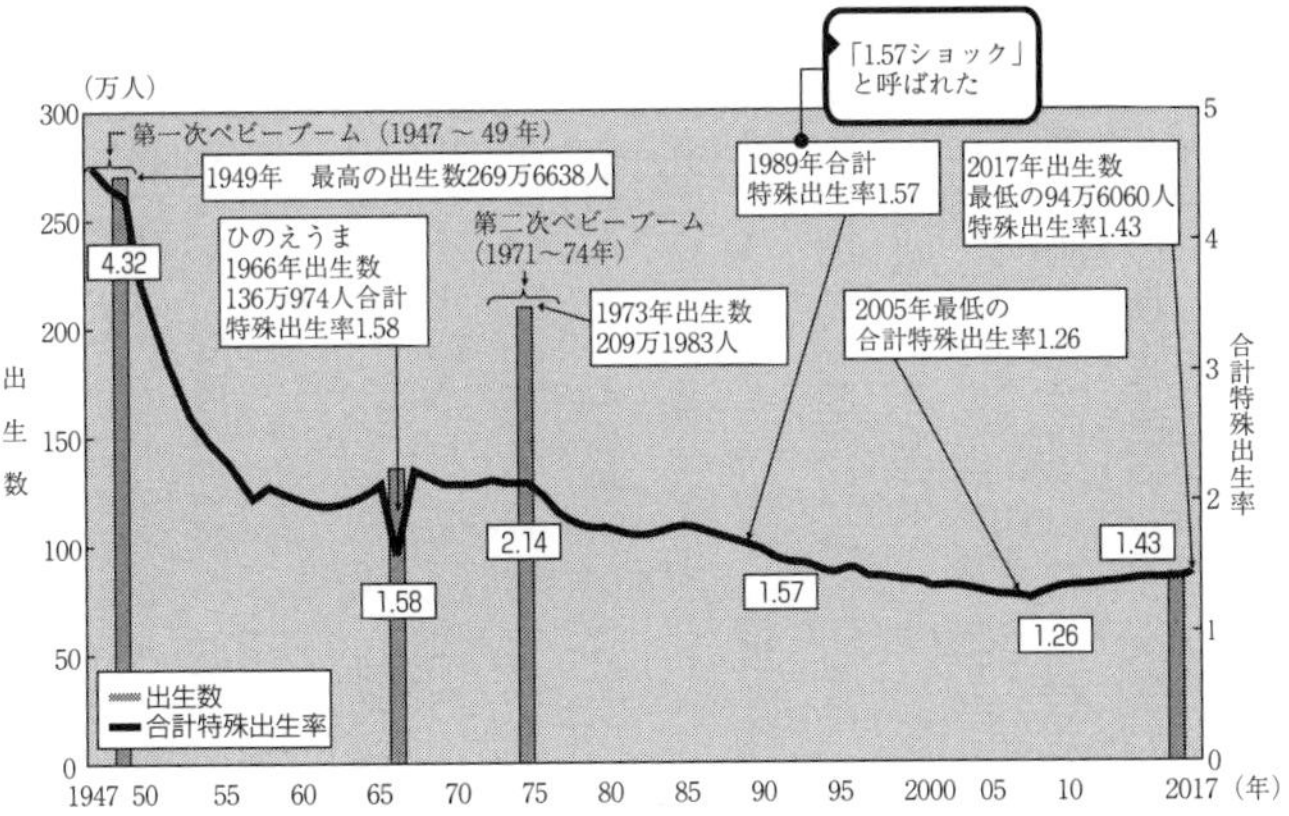

出所：『少子化社会対策白書・平成29年版』一部加筆修正。

一方で、合計特殊出生率（ひとりの女性が産む子どもの数の平均）が、丙午（ひえのうま）であった一九六六年の一・五八を下回り一・五七となった一九八九年を起点に（「一・五七ショック」といわれる）、低下が続き、少子化対策が課題となってきた（図表13）。二〇〇三年に、施策の基本的事項などを定める少子化社会対策基本法が制定され、内閣府に少子化社会対策会議が設置され、少子化担当大臣が置かれるようになった。同年には、地方公共団体および事業主が次世代育成支援のための行動計画を策定して実施することを定める次世代育成支援対策推進法が制定された。同法は一〇年間の時限立法であったが、二〇一四年の改正により、有効期限が二〇二五年三月末までさらに延長された。保育施設の不足により、女性が働き続けるために子どもを産み控える傾向が強まり、少子化対策の一環として、待機児童問題への取り組みがはじまる。

国がはじめて、待機児童数を公表したのは、一九九五年からだが、目標数値を定め、本格的に待機児童解消に乗り出したのは、二〇〇一年の小泉政権のときの「待機児童ゼロ作戦」からであった。「待機児童ゼロ作戦」は、受け入れ児童数を二〇〇二年度中に五万人、二〇〇四年度までにさらに一〇万人、合計一五万人増やすという目標数値を定め、実際に、二〇〇二年には一九六万人だった保育所定員数は二〇〇七年には二一一万人まで増大した。しかし、公費のかかる新規の保育所増設ではなく、規制緩和による既存保育所の定員を超えた詰め込み中心の施策であったため、待機児童の解消には到底至らず、「詰め込み保育」と揶揄されるなど、保育の質が低下した。

待機児童解消は、歴代政権に引き継がれ、安倍政権も「待機児童解消加速化プラン」を打ち出した。同プランでは、二〇一三～一四年度を「緊急集中期間」として約二〇万人分の保育施設を整備したうえで、二〇一五～一七年を「取組加速期間」として、さらに二〇万人分の受け皿を確保し、二〇一七年度末（二〇一八年三月末）までに、待機児童解消を実現するという目標を掲げた。しかし、後述のように、希望者が多い保育所の整備ではなく、小規模保育事業など安上がりな保育施設の整備に偏ったこと、各自治体の整備計画が過小な保育需要を前提としていたことなどから、二〇一八年三月末までの待機児童解消は実現できず、同プランは失敗に終わった。

†進む公立保育所の民営化

一方、一九九〇年代以降、地方行財政改革の一環として、コスト削減を目的として公立保育所の廃止や民営化（社会福祉法人や企業への委託）が各地で進められ、今でも続いている。待機児童の解消といいつつ、公立保育所は減らされ続けてきたのである。公立保育所と私立保育所は、当初は前者が多かったが、とくに、公立保育所の運営費が一般財源化されて、国の補助がなくなった二〇〇四年以降、公立保育所数は激減、二〇一五年一〇月時点で、保育所総数二万三三一二のうち、公立保育所八五七一（総数の約三七％）、私立保育所一万四七四一（同約六三％）となっている。もっとも、私立保育所のうち株式会社が運営しているのは一〇三六（同四・四％）にとどまり、大半（一万二七〇八）は、非営利の社会福祉法人が運営している（厚生労働省「社会福祉施設等調査報告」）。

こうした公立保育所の民営化に伴う保育環境の変化や保育の質の低下に対して、保護者らが、公立保育所を廃止する条例の取消訴訟を提起する事例が各地で相次いだ。訴訟では、廃止条例の制定行為が行政処分に当たるかどうかが問題となった。

最高裁は、横浜市立保育所廃止処分取消訴訟判決において、横浜市が、その設置する市立保育所四園を廃止し、民営化したことについて、条例の制定行為が行政処分に当たるとの判断を下した（二〇〇九年一一月二六日判決）。行政処分とは、国民の権利義務ないし法律上の地位に直接的な影響を与える行政の行為をいい、条例により公立保育所が廃止されれば、公立保育所で保育を受けている子どもの地位に影響を与えることになるという理由からだ。ただし、子どもの保育の実施期間が満了した判決時点においては、訴えの利益は失われたとして上告を棄却している。裁判は時間がかかるため、提訴した保護者の子どもが小学校就学年齢に達してしまうと、最高裁判決のように、訴えの利益がなくなるとして請求が退けられる。

そのため、国家賠償請求を提訴する事案もある。大阪府大東市が、その設置する市立保育所を廃止し民営化したことにつき、市と保護者との関係を公法上の利用契約関係ととらえ、市は、引き継ぎ期間を少なくとも一年程度設定し、民営化の後も数カ月程度、従前の保育士を新保育園に派遣するなどの十分な配慮を怠ったとして義務違反を認定し、慰謝料を認容した事例がある（大阪高裁二〇〇六年四月二〇日判決）。

民営化の波はとどまらず、地方自治法上の指定管理者方式（同法二四四条の二第三項）による公立保育所の民営化も行われてきた。公立の公民館や図書館など「公の施設」の管理運営を、自治体が指定した指定管理者（企業も含む）に委ねる方式で、著名な事例では、カルチュア・コンビニエンス・クラブ株式会社（ＣＣＣ）が指定管理者となって公立図書館の管理運営を行っている佐賀県武雄市の例がある。

神奈川県川崎市が、市立保育所を指定管理者に委託した事案では、川崎市の行った指定管理者の指定処分の取消訴訟が提起され、保育所において保育を受けている児童およびその保護者らについて原告適格を認めた上で、市の指定処分には一応の合理性があり、裁量権の逸脱・濫用はないとして請求が棄却されている（横浜地裁二〇〇九年七月一五日判決）。在籍している園児がいるにもかかわらず、強引な保育所の民営化が行われている自治体もあり、子どもの権利の視点が欠けている。公立保育所を増設し、正規の公務員保育士を増やして待遇を改善していくべきである。それは待機児童解消につながるはずだ。

†解消されない待機児童

二〇一二年八月、社会保障・税一体改革関連法として、①子ども・子育て支援法、②認定こども園法（就学前の子どもに関する教育、保育等の総合的な提供の推進に関する法律）の一部改正法、③児童福祉法の改正など関係法律の整備に関する法律の三法（子ども・子育て関連三法）が成立した。子ども・子育て関連三法は、二〇一五年度より施行され、深刻化している待機児童の解消を掲げて、子ども・子育て支援新制度（以下「新制度」という）がスタートした。新制度の導入に、待機児童解消の期待をかけた保護者も多かっただろう。

もっとも大半の保護者は、保育水準が高く、〇歳から小学校就学まで利用できる保育所での保育を希望しており、待機児童解消のためには、何よりも、保育所の増設が必要だったはずだ。しかし、新制度では、保育の供給量の増大は、保育所ではなく認定こども園や小規模保育事業を増やすことに主眼が置かれたため、都市部を中心に、深刻な保育所不足は変わらず、待機児童は解消に向かうどころか、増加している。直近の二〇一七年四月時点の待機児童は、全国で二万六〇八一人、前年から二五二八人増加している。保育所など全体の施設・事業所数は三万二七九三カ所で、前年から一九三四カ所増えたものの、増えたのは認定こども園や小規模保育事業所などの地域型保育事業で、保育所は二年連続で減少し、二万三四一〇カ所になっている（利用児童は二一一万六三四一人で、前年から二万人も減少。図表14）。しかも、公表数が実態を反映していないとの批判を受けて、二〇一五年から厚生労働省が公表している「隠れ待機児童数」は、二〇一七年四月現在で六万九二二四人にのぼり、待機児童数と合わせると、実に九万人を超える子どもたちが、希望する保育が受けられていない。

図表14　保育所等数と待機児童数等の推移

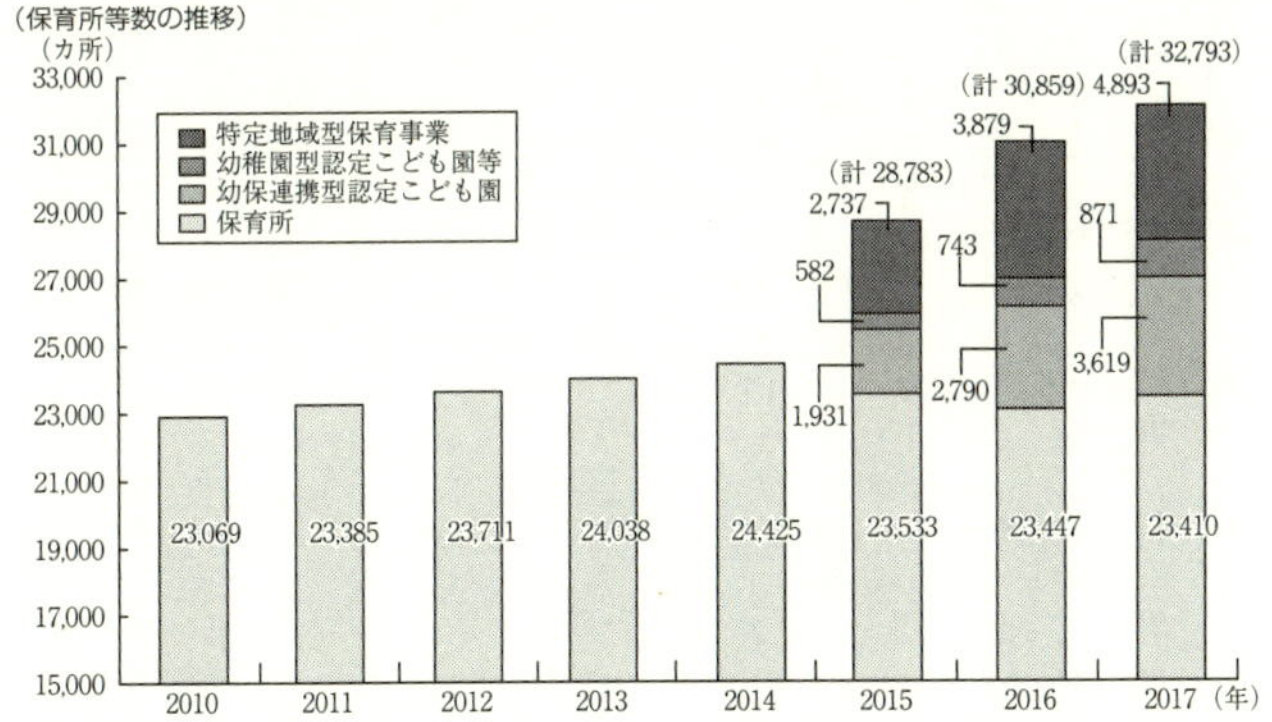

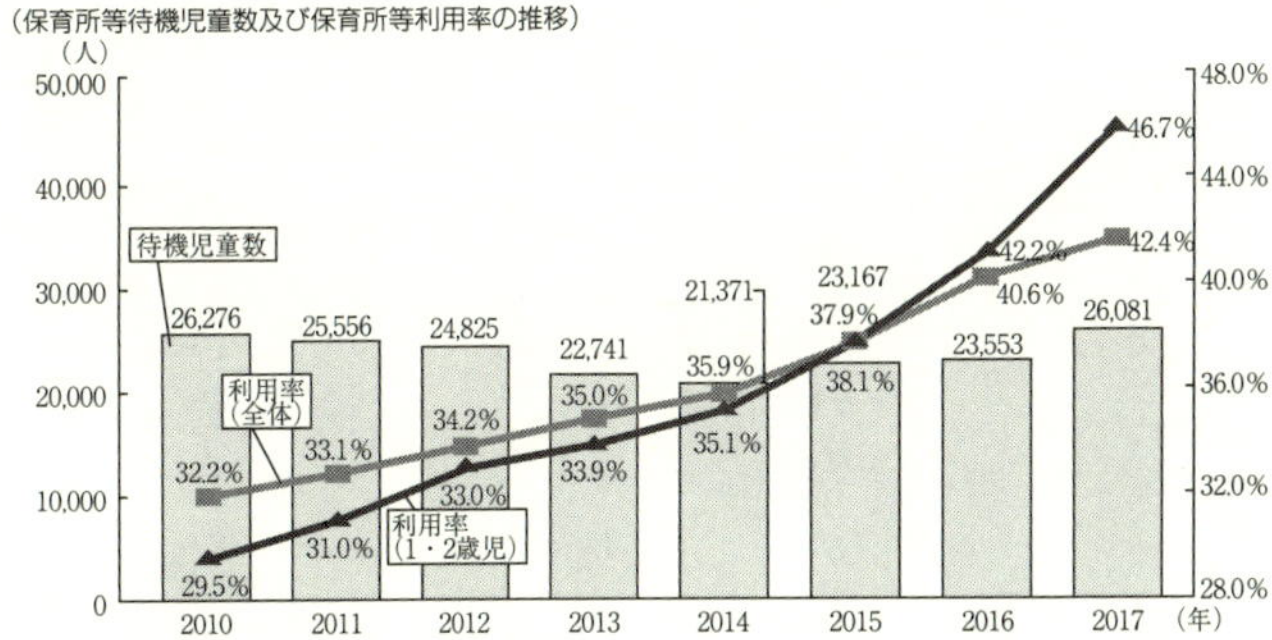

出所：厚生労働省資料

結局、新制度のもとで、待機児童の受け皿として増えているのは、駅前のビルの一室を借りた、保育士資格者は半分しかいないなど、保育所にくらべ保育水準の低い小規模保育事業というのが現状だ。小規模保育事業は事業開始が容易なため、株式会社が多く参入し、保育施設の供給量は確かに増えたものの、保育の質の確保はなおざりにされている。保護者は、どこでもいいから子どもを預かってもらえればよいというのではなく、安心・安全な預け先を望んでいるのだから。

二〇一六年二月には、保育所の入所選考に落ちた母親が政治への怒りをつづった「保育園落ちた日本死ね!!!」と題するブログが国会質問で取り上げられ、これに対して「実際に何が起こっているのか……、確認しようがありませんから……」と無視するような答弁を行った安倍首相や質問した民主党（当時）議員に「本人を出せ！」などのヤジをとばした自民党議員に、同じように保育所の選考にもれた親たちの怒りが爆発、「保育園落ちたのは私だ！」とのプラカードを手に、国会前で抗議活動に立ち上がった。ネット署名もわずか数日で約二万八〇〇〇人分も集まるなど、待機児童問題に真剣に向き合おうとも解決しようともしない安倍政権に対する怒りの声は急速に拡大、マスコミにも大きく取り上げられ、改めて待機児童問題が社会問題化した。あわてた安倍政権は、緊急対策を打ち出したものの、保育所への詰め込みなど規制緩和策が中心で、逆に批判に拍車をかける結果となった。

その後、安倍政権は「待機児童解消加速化プラン」を受けて、新たに「子育て安心プラン」として（加速化プランが失敗したとは言わずに、新たな施策との位置づけだが）、三二万人分の保育の受け皿整備を進め、二〇二〇年度までに待機児童の解消を達成するとした。しかし、二〇二〇年度で、女性就業率の政府目標（二五〜四四歳の女性就業率七七％）を達成するために追加で整備が必要な保育施設は、八八万人分との試算（野村総合研究所）もあり、このままでは、またも「見通しが甘かった」とか、「希望者が想定以上に増えた」との理由（言い訳？）で、二〇二〇年度までに待機児童の解消が実現しないのは目に見えている。

†保育事故の増大――子どもの命が危ない！

待機児童の解消が進まない中、保育所に入れなかった子どもの保護者は仕事を辞めるか、場合によっては、保育最低基準を満たしておらず認可が出ていない認可外保育施設を利用せざるを得ない状況に追い込まれている。認可外施設は自治体の補助がない場合が多く保育料が高く、家計負担が重くなるため、利用をあきらめる保護者も多い。しかも、認可外では保育士資格者は三分の一程度の配置を目安にしており、事故につながりやすい。

実際、認可外保育施設での子どもの死亡事故は、非常に高くなっている。内閣府が毎年公表している「教育・保育施設における事故報告集計」(死亡事故や重篤な事故で、当該年中に報告されたもの)によれば、二〇一六年の保育施設内での死亡事故は一三件、認可保育所(利用児童数二二〇万人)で五件、認可外保育施設(利用児童数一八万人)で七件となっており、利用者数から換算すると、認可外は認可の実に二〇倍近い発生件数となっている。二〇一七年は、死亡事故は八件と減少したものの、やはり認可外施設で多い傾向に変わりはない(認可外施設で四件、病児保育で一件となっている)。保育士資格者の不在、保育の専門性の欠如は、子どもの命を危機にさらすのである。

二〇一四年七月、宇都宮市の二四時間型託児所トイズで生後九カ月の女の子が熱中症で死亡するという事故があった。託児所側が作成した事故報告では、保育内容に落ち度は見られなかったが、子どもの遺体頭部に残された打撲の痕から事件性を疑った遺族が託児所に関する情報提供をブログで呼びかけたところ、トイズに勤務していた元保育者が撮影した画像が遺族に提供された。画像写真では、〇〜一歳までの話せない園児を日中、身動きがとれないよう毛布でくるみ、紐で縛り上げ拘束している様子が映し出されていた。この託児所では、常時、しかも、真夏でも冷房をつけずにこうした拘束を長時間にわたり繰り返したらしい。これでは、園児が熱中症で死亡するのも当然といえる。また、拘束されていた園児らは、その後、様々な発達障害を抱えているとのことだ。

実は、この託児所では、女の子が死亡する二カ月前にも別の男の子の指の爪がはがされる事件も起きていたことが判明している。しかし、関係者からの告発を受けた宇都宮市は、その都度、事前連絡してからの立入調査しかしなかったため、現場を押さえることができず、告発は、誤報扱いとされていたという。この時に、宇都宮市が適切に対応していれば、女の子の死亡は防げたのではなかろうか。女の子の遺族は、施設に対する損害賠償のほかに、宇都宮市に対しても規制権限の不行使による国家賠償を請求している。

保育所増設が抑制された一九八〇年代に、認可外保育施設での死亡事故が相次いだため、児童福祉法に、入所児童の福祉の観点から、認可外保育施設の都道府県知事への届出義務、都道府県知事による立入調査、施設の設備・運営等の改善等の勧告、それに従わない場合のその旨の公表、さらに事業改善命令や施設閉鎖命令を行うことができるという規定が設けられた(同五九条)。

しかし、保育事故に対する自治体の対応は鈍く、保育施設での死亡事故は後を絶たない。厚生労働省・内閣府の公表データでみると、二〇〇五年から二〇一六年の一二年間で、一件から一九件の死亡事故があり、合計で一九〇人の子どもが命を落としている(おおむね一カ月に一人が亡くなっている!)。最も多い年齢は〇歳児であり、ついで一歳児となっており、睡眠中の死亡事故が最も多い（中には虐待死の事例も）。同じような死亡事故が繰り返され、過去の経験に学ぶということがなされていない。たとえば、赤ちゃんのうつ伏せ寝は、窒息の危険があるため避けるべきだが、うつ伏せ寝による事故は依然としてなくなっていない。子どもの命を守るという観点から、公費財源を投入し、人員を増やし自治体の監査体制を強化するとともに、認可保育施設の増設と認可外施設の保育基準の引き上げによる認可化が必要だ。

†保育士の労働条件の悪化と保育士不足の深刻化

一方、保育を担う保育士の労働条件が悪化し、保育士不足が深刻な問題となっている。保育士の給与は、全産業平均（月三三万円）より約一一万円も低く、この二〇年間で、ほとんど上昇していない。最大の原因は、国が公定価格（保育に支払われる費用）に算定される保育士の給与基準額を増やしてこなかったことにある。しかも、国の基準では、保育士の義務となっている保育計画の作成や記録のまとめ、園だよりの作成、打ち合わせ会議などの時間はカウントされていない。そもそも、子どもの保育時間が一日八時間を原則としている保育所において、労働基準法にそって、保育士の労働時間を八時間とすれば、直接的な子どもへの対応ですべて終わってしまう。記録などの労働は、残業代が払われないサービス残業とならざるをえない。国の基準が実態にあっていないのだ。

新制度では、保育士給与基準は公定価格という形で国が決めているが、これらの労働分の給与も含めて基準を大幅に引き上げるべきである。同時に、国の人員配置基準は、〇歳児三人に対して保育士一人の配置（三対一）、一・二歳児六対一、三歳児二〇対一（新制度では、加算がついて一五対一）、四・五歳児は三〇対一と、あまりに低すぎる。この国基準では十分な保育ができず、認可保育所の場合は、平均で基準の約二倍の保育士を配置している。ただし、国基準を超えた保育士の配置部分の財源は自治体の持ち出しとなるため、財政力のある自治体とそうでない自治体との間で格差が生じている。半世紀近くも改善されていない国基準の引き上げが早急に必要だ。

すでに、前述のように、公立保育所の民営化や指定管理者制度の導入で、保育士などの労働条件は悪化の一途を続けてきた。公立保育所では、そこで働く保育士は公務員だが、民営化された場合には、給与の高いベテラン保育士が採用されないなど、保育士の給与を安く抑える傾向にあるからだ。公立保育所の民営化は、その意味で、公務員リストラや非正規雇用化により委託費（公費）を削減しようとする意図のもと行われてきたといえる。公立保育所でも、コスト削減のため、いまでは非正規雇用の保育士が半分以上となり、保育士の労働条件の悪化は顕著である。保育士の待遇悪化は、いわば公費削減を進める国・

自治体によって政策的に生み出されてきたのだ。

2　子ども・子育て支援の新制度で、保育はどう変わったか

†子ども・子育て支援新制度の導入とその本質

前述のように、新制度になっても、待機児童は減少どころか増大し、また、保育の質の改善もほとんどなされず、三歳児の保育士の配置基準が改善されたにとどまる（従来は、子ども二〇人に保育士一人で単価設定されていたが、一五対一に改善した施設に加算がなされる）。さらに、各地で保育料の値上げが続き、保護者の経済的負担が増大している。

こうした現状をみても、新制度が、子育て支援の充実や待機児童解消を目的とした制度ではないことがわかる。新制度導入の目的は、従来の保育制度（市町村委託・施設補助方式、自治体責任による入所・利用の仕組み）を解体し、介護保険のような給付金方式・直接契約方式に転換することにあった。給付金方式にすることで、これまでの補助金を廃止し、使途制限をなくして企業参入（保育の市場化）を促して保育提供の量的拡大を図るとともに、市町村の保育実施義務（保育の公的責任）をなくすことを意図した制度といえる。同時に、

新制度は、保育所以外に認定こども園や地域型保育事業も給付対象とすることで、多様な施設・事業が並存する仕組みとし、これにより、現在の待機児童の九割近くを占める〇～二歳児の受け皿となる小規模保育事業などを増やし、規制緩和と企業参入に依存して、安上がりに供給量を増やし待機児童の解消をはかろうとするものである。いわば、新制度は戦後五〇年以上にわたって続いてきた保育制度の大転換といっていい。

こうした政策意図のもと、児童福祉法二四条一項に定められていた、市町村の保育所保育の実施義務は、当初の児童福祉法改正案では削除されていた。しかし、多くの保育関係者の批判と反対運動の結果、国会の法案審議過程で復活することとなり、市町村の保育実施義務は、少なくとも保育所の利用（入所）児童については、新制度のもとでも維持されることとなったのである（この間の経緯については、伊藤周平『子ども・子育て支援法と社会保障・税一体改革』山吹書店、二〇一二年、第二章参照）。

とはいえ、児童福祉法二四条一項には「子ども・子育て支援法の定めるところにより」との文言が新たに加えられた。子ども・子育て支援法は、認定こども園、幼稚園、保育所を「教育・保育施設」とし、支給認定を受けた子どもが、この教育・保育施設を利用した場合に、施設型給付費（給付金）を支給する仕組みで、給付金方式・直接契約方式を基本としている（給付金は、法律上は、認定を受けた子どもの保護者に支給されるのが基本だが、施設が代理受領する)。保育所入所(利用)の場合のみ、市町村の保育実施義務が維持されたことで、従来どおり、保護者と市町村との契約という形をとり、保育料も市町村が徴収し、私立保育所には委託費が支払われる仕組みが残った(ただし、委託費は、施設型給付費の算定方法で計算された額を支給する)。その結果、新制度は、市町村委託方式と給付金方式という相異なる仕組みを併存させる複雑な制度となっている。

†児童手当

子ども・子育て支援法は、児童手当を子どものための現金給付として位置づけ、子どものための教育・保育給付を創設し、これらを子ども・子育て支援給付と総称している。まず、児童手当からみていこう。

児童手当は、児童一般を対象とする代表的な社会手当であり、家庭等における生活の安定と次代の社会を担う児童の健やかな成長を目的としている(児童手当法一条)。支給対象は〇歳児から中学校終了前(一五歳に達する日以後の最初の三月三一日まで)の児童である。児童は原則として日本国内に住所を有することが求められる。支給額は、三歳未満児に月額一万五〇〇〇円、三歳以上小学校修了前の第一子、第二子に月額一万円、第三子以降には月額一万五〇〇〇円、中学生は月額一万円である。所得制限があり、一定所得以上(夫婦と子ども二人の場合、収入が多い方の年収がおよそ九六〇万円以上）の世帯は受給できない（特例給付として、所得制限世帯にも児童一人につき月額五〇〇〇円が支給されていたが廃止された）。

児童手当の受給資格を有するのは、児童を養育し、かつ生計を同じくする父母等、もしくは未成年後見人、あるいは、日本国内に住所を有しない父母等が生計維持をしている児童と同居し、これを養育し、かつ生計が同一関係にある者で、父母等が指定する父母指定者、または支給対象年齢の児童が入所委託されている里親、施設等の設置者である。従来は、児童手当の受給資格は原則として児童の養育者に限られ、親の遺棄、虐待などにより家庭以外の施設などで生活せざるをえない児童については手当が支給されてこなかったが、現在は、里親、施設等の設置者を介して手当が支給されることとなっている。

児童手当の財源負担は、被用者の三歳未満児にかかる手当の財源は、およそ半分を会社など事業主からの拠出金で賄い、残り半分のうち三分の二を国が、三分の一を地方が担う。被用者以外の三歳未満児および被用者ならびに被用者以外の三歳から中学校修了前の児童にかかる手当は、いずれも国が三分の二を負担し、地方が三分の一を負担する。なお、公務員に関しては、すべて所属庁の負担となる。

†子どものための教育・保育給付

子どものための教育・保育給付には施設型給付費と地域型保育給付費があり、前者は、市町村の行う支給認定を受けた子どもが、認定こども園など特定教育・保育施設を利用した場合に支給され、後者は、小規模保育、家庭的保育、居宅訪問型保育、事業所内保育（以下、総称して「地域型保育事業」という）を利用した場合に支給される。子どものための教育・保育給付は、児童手当と同じ現金給付ではあるが、児童手当のように保護者に支給されるのではなく、子どもが小規模保育事業などを利用した際に、給付費として保育施設・事業者に支給される。保育施設・事業者が代理受領する仕組みで、介護保険と同じ利用方式である（図表7参照）。

支給認定により、小学校就学前の子どもは①満三歳以上の子ども（子ども・子育て支援法一九条一項一号に該当するので「一号認定子ども」という。以下同じ）、②満三歳以上で家庭において必要な保育を受けることが困難である子ども（二号認定子ども）、③満三歳未満の子どもで家庭において必要な保育を受けることが困難である子ども（三号認定子ども）に区分され、地域型保育給付費の支給対象は、③の三号認定子どもに限定される。つまり、小規模保育などの利用は三歳までで、三歳になれば、保育所などを探して移らなければならなくなる。そのため、三歳児の待機児童という新たな問題が顕在化しつつある。

施設型給付費の対象は、保育所と認定こども園であるが、認定こども園は大きく再編され、幼保連携型認定こども園が創設された。同園は、義務教育およびその後の教育の基礎を培うものとして満三歳以上の子どもに対する教育と保育を必要とする子どもに対する保育を一体的に行う施設として位置づけられた。学校であると同時に、児童福祉施設でもあり、設置者は、国や地方自治体、社会福祉法人、学校法人に限定され、国・地方自治体以外の法人が設置する場合には、都道府県知事による認可が必要となる。幼保連携型認定こども園以外の認定こども園の類型については、認定こども園法に規定されているが、各類型名が明示されているわけではなく、基盤となる施設名からの通称で、保育所型、幼稚園型、地方裁量型の三つがある。このうち、保育所型と幼稚園型は、それぞれ、すでに保育所や幼稚園として認可を受けている施設を、認定こども園として認定するものだが、地方裁量型は、認可基準を満たしていない認可外保育施設を自治体が独自に認定するものである。

二〇一六年には、市町村が関与せず、国が直接認可する事業所内保育を機軸とする企業主導型保育事業がスタートした。認可外保育施設の位置づけだが、国の定める面積基準など一定の条件を満たせば、国が整備費や運営費の一部を助成する。助成の財源は、子ども・子育て支援法に定められた事業主拠出金で、急速に広がり、二〇一八年一月末時点で全国二一九〇の施設、定員は五万人に達している。

ただ、事業所内設置の場合は、子どもを事業所につれてこなければならず、満員電車に乗っての通園となったり、利用定員の五〇％以内で従業員の子ども以外の地域の子どもの利用はできるが、居住地周辺の子どもとの交流も十分もてなくなるなど課題が多い。とくに、保育士の配置基準が認可保育所より緩やかなため、保育の質の確保に課題が残る。実際に、二〇一七年の公益法人の立ち入り調査結果では、必要な保育士が確保できていないなどの指導を受けた施設が調査対象施設の七割（三〇三カ所）にのぼった。

†地域子ども・子育て支援事業と学童保育

一方で、子ども・子育て支援法は、市町村事業である地域子ども・子育て支援事業として、①認定時間外保育の費用の全部または一部を助成する事業（延長保育事業）、②学用品購入や行事参加などに要する費用の全部または一部を助成する事業、③企業参入等を促進するための事業、④放課後児童健全育成事業（通称は学童保育。以下「学童保育」で統一）、⑤子育て短期支援事業、⑥乳児家庭全戸訪問事業、⑦養育支援訪問事業、⑧地域子育て支援拠点事業、⑨一時預かり事業、⑩病児保育事業、⑪子育て援助活動支援事業、⑫妊婦健診、⑬利用者支援事業の一三事業を法定している。

このうち、市町村が必ず行う必須事業とされているのが①④である。④の学童保育については、従来は小学三年生までが多かったが、小学六年生まで拡大され、市町村が、最低基準に当たる設備・運営基準を、国の定める基準を参考に条例で定めることとされた。国が定める基準のうち、学童保育に従事する者とその人数については「従うべき基準」とされ、その他の事項（開所日数・時間など）は「参酌基準」とされている。

また、事業者に対する指導・監督権限は、市町村長にある。利用手続きは市町村が定め、利用状況を随時把握し、利用調整も行うこととなる。これまで明確な基準がなかった学童保育の基準が児童福祉法に位置づけられた点は評価できるものの、「従うべき基準」とされたのは、職員の資格、人数のみで、開所日数・時間等の基準は、市町村が独自に設定することができるため、市町村間でばらつきが大きい。

✝新制度のもとでの保育の利用手続き

新制度のもとでの保育所の利用の手続き・流れは次のようになる。①保護者は、まず、市町村に支給認定を申請する。②市町村が、当該申請にかかる保護者の子どもについて給付資格（保育の必要性）と保育必要量（時間区分）を認定し、認定証を交付する。③保護者

図表15　保育所の利用の仕組み（私立保育所の場合）

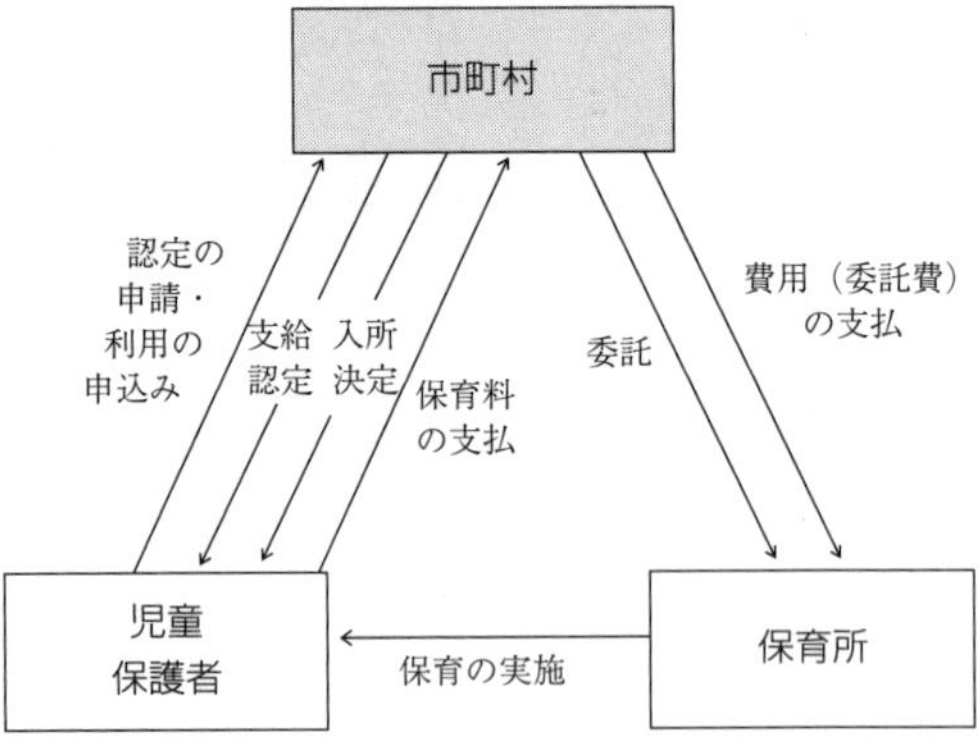

出所：筆者作成

が、保育所利用を希望する場合には、認定証をもって市町村に利用の申込みを行う。④市町村が保育所利用を承諾、利用決定を行う。⑤市町村は、子どもに対して保育所で（もしくは私立の認可保育所に委託し）保育を提供する（図表15）。

新制度では、従来一連の手続きで行われていた利用要件の審査と利用決定の手続きとを分離した。これは、新制度が給付金方式・直接契約方式を基本としているからである。したがって、保護者は、支給認定の申請→保育所の利用の申込みという二段階の手続きを踏まなくてはならなくなった。ただし、実務上は、保護者は、支給認定の申請の際に、希望する保育所名を一緒に記入し利用申込みも同時に市町村にできる形となっている。

これに対して、保育所以外の認定こども園や地域型保育事業（以下、これらの施設・事業を総称して「直接契約施設・事業」という）を利用する場合には、直接契約が基本となるので、利用決定を行う契約当事者は、その認定こども園などとなる。したがって、本来であれば、保護者は、支給認定の申請は市町村に行い、利用の申込みは当該施設・事業者（所）に行わなければならない。しかし、新制度では、保育を必要とする子ども（二号・三号認定子ども）については、支給認定の申請書に「保育の利用」として、希望する施設・事業者名も記載させ、直接契約施設・事業の利用申込みも市町村に行わせ、保育所のみな

図表16　新制度のもとでの保育の利用手続き

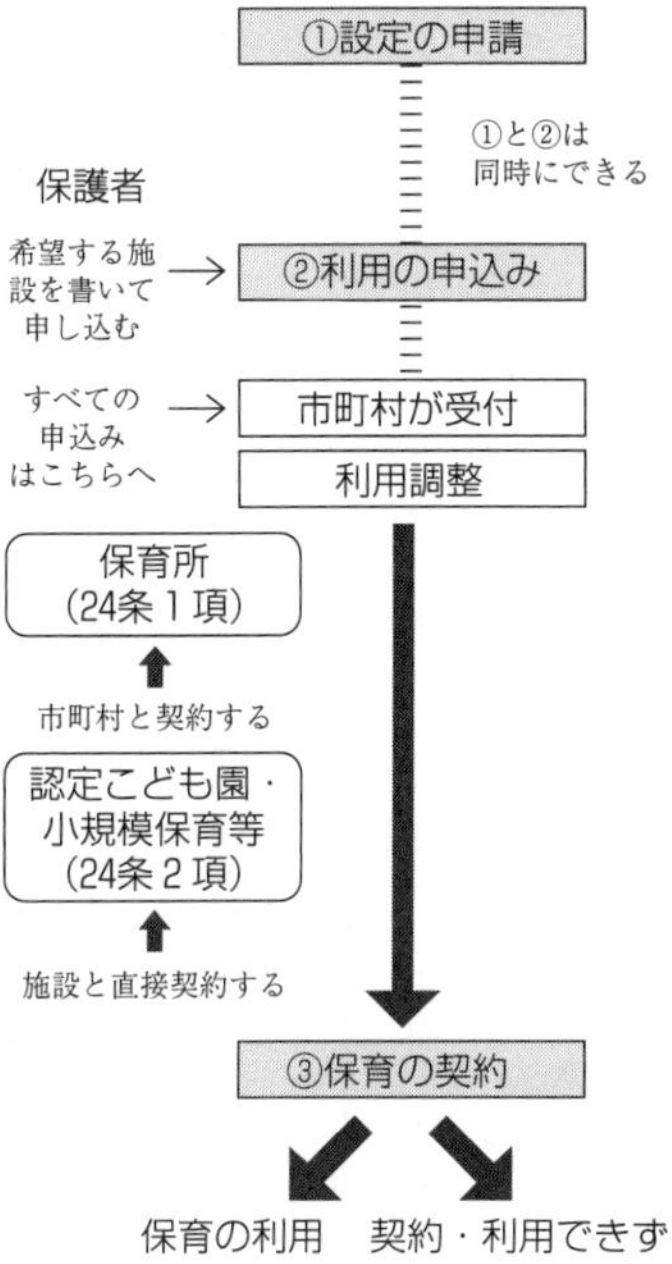

出所：全国保育団体連絡会パンフレット「よりよい保育の実現をめざして――子ども・子育て支援新制度改善の課題」（2014年11月）７頁をもとに作成

らず直接契約施設・事業の利用についても、定員超過の場合は、市町村が選考を行い、利用施設・事業者を決めて保護者に提示する利用調整の仕組みを採用した(図表16)。

†保育所入所を義務付けることも可能だが、保育所が不足すれば入れない!

新制度では、保育所保育を原則とする従来の制度と異なり、認定こども園や家庭的保育事業など、保育所以外の多様な保育施設・事業が並存しており、保護者が、それらの中から希望の施設・事業を選択することができるとされている。

もっとも、現実には、新制度になっても、多くの保護者は、これまで通り、保育条件の整った保育所を選択・希望している。そして、新制度でも、保育所を利用する子どもに対しては、市町村は、保育の実施義務を負う(児童福祉法二四条一項)。

しかし、認定こども園や家庭的保育事業等を利用する子どもについては、児童福祉法二四条二項が適用される。この場合、保育の実施義務を負うのは、市町村ではなく、契約の当事者である認定こども園などの直接契約施設・事業(者)となり、市町村の義務は、直接的な保育実施義務ではなく、「必要な保育を確保するための措置を講じなければならない」という間接的な保育確保義務にとどまる。児童福祉法二四条一項と二項とでは、市町村の義務の内容が異なっており、このことは、保育が必要と認定された子どものうち、保育所を利用する子どもには、市町村が保育実施義務を負うのに対して、他の認定こども園など直接契約施設・事業を利用する（せざるをえなかった）子どもには、市町村は保育の実施義務を負わないということになり、子どもの保育に格差を持ち込むことを意味する。

保育所保育について、市町村が保育実施義務を負う以上、保護者は、保育所に入れなかったことを不服として、行政訴訟に訴えることは、新制度でも可能である。行政訴訟では、市町村による入所不承諾を行政処分と捉え、その取り消しと保育所入所の義務付け訴訟（行政事件訴訟法三条六項二号）および仮の義務付け（同三七条の五）による救済が可能となる。実際に、気管に障害のある子どもの保育所入所の不承諾処分をめぐって、保育所に入所して保育を受ける機会を喪失するという損害は、その性質上、金銭賠償による補塡が不可能な損害であり「償うことのできない損害」に当たり、損害の発生が切迫しており、社会通念上、緊急の必要性もあるとして、保育所入所を仮に承諾することを求める仮の義務付けが認められ（東京地裁二〇〇六年一月二五日決定）、保育所に入所できた事例がある（本案でも、入所を承諾すべき旨を命じる義務付けが認められた。東京地裁二〇〇六年一〇月二五日判決）。とはいえ、入所できる保育所がない場合には、入所義務付けはできず、やはり、希望者全員が入れるだけの保育所を整備することが最優先にすべきことである。

†子ども・子育て支援事業計画と保育士確保策の限界

子ども・子育て支援法では、各市町村に、市町村子ども・子育て支援事業計画の策定が、各都道府県に、都道府県子ども・子育て支援事業支援計画の策定が義務づけられている。これにより区域を設定したうえで、保育所など教育・保育施設の計画的な提供体制の確保、人材確保が進むかにみえるが、市町村や都道府県には支援計画を策定する義務があるだけで、計画どおりに整備が進まなかったとしても何ら責任を問われない。

子ども・子育て支援事業計画を策定する地方版子ども・子育て会議に、積極的に、保護者代表や保育関係者など当事者が参加し、事業計画に現場の意見を反映させていくべきだともいわれる。しかし、新制度の内容が複雑で、十分な理解ができていない会議構成員が多く（国の子ども・子育て会議ですら新制度の内容をよく理解していない委員も散見される）、少なくない市町村では、コンサルタント会社に依頼して、事業計画を策定しており、地方版子ども・子育て会議は、その事務局案を単に追認する機関と化している。

しかも、新制度でも、介護保険の介護保険事業計画と同様に、提供区域において、都道府県支援計画の目標供給量を超えた場合には、都道府県知事の権限において新規の認可や更新を行わない需給調整の仕組みが導入されている。給付費の増大を抑制するため、あらかじめ、公費がかかる施設（とくに保育所）の増設を抑制する仕組みといえる。

また、新制度のもとでは、認定こども園など直接契約施設・事業者は、独立採算制のもと、給付金（施設型給付費や地域型保育給付費）と保護者の保育料だけで運営していかなくてはならず、運営が苦しくなると、コスト削減を迫られる。しかし、保育事業（介護事業も含め福祉事業全般にいえることだが）の大半は人件費のため、コスト削減とは、すなわち、人件費の削減を意味する。

そのため、保育士の賃金を下げ、正規職員を賃金の低い非正規職員に置き換えるなどの方策をとらざるを得なくなり、そこで働く保育士の労働条件が、前述のように急速に悪化している。安倍政権は、二〇一七年に、七年以上の経験がある私立の認可保育所の保育士を対象に、月四万円程度の処遇改善を行う加算制度（キャリアアップ処遇改善等加算Ⅱ）を創設したが、経験の条件を満たす職員の人数にかかわらず、全体の三分の一までしか加算の対象にならないうえに、対象者は二週間の研修を義務付けられるなど、現場への負担が重すぎる。研修期間に代わりの保育士が確保できないため、加算を断念する保育所もでている。保育現場に混乱と分断をもたらす加算制度ではなく、前述のように、公定価格の大幅引き上げによる保育士の賃金の底上げが必要である。

3　児童福祉の仕組み

†児童福祉法の目的と理念

以上の子育て支援や保育の根拠法ともいうべき児童福祉法についてみていこう。児童福祉法は、戦後社会福祉の立法の先駆けとして、一九四八年に、児童一般福祉に関する基本法として制定された。この第一章（総則）の児童福祉法の理念を定めた規定（一条〜三条）は、これまで何回も行われてきた児童福祉法改正において一度も改正されてこなかった。しかし、二〇一六年五月に大きな改正が加えられた。

まず、従来の二項が一項にまとめられ、「全て児童は、児童の権利に関する条約の精神にのつとり、適切に養育されること、その生活を保障されること、愛され、保護されること、その心身の健やかな成長及び発達並びにその自立が図られることその他の福祉を等しく保障される権利を有する」が規定された。児童の権利条約の批准（一九九四年）から二〇年以上経てようやく、「児童の権利に関する条約の精神にのつとり」の文言が入り、児童が権利主体であることが明記された。

ついで、二条では、一項に、児童の権利条約に沿って、児童の意見表明権と児童の最善の利益の尊重が盛り込まれたうえで、二項に「児童の保護者は、児童を心身ともに健やかに育成することについて第一義的責任を負う」という条文が新たに加えられた。保護者が第一義的に児童の健全育成責任を負う者であり、国および地方公共団体は、保護者がこれを果たしえない場合にそれを援助する責任を負うという規定になっている。さらに、新たに第一節として「国及び地方公共団体の責務」が設けられ、国・地方公共団体の責務が細かく規定された。市町村は基礎的な地方公共団体として「保育の実施」その他児童の福祉に関する支援に係る業務を行うが、国の責務は体制の確保など後方的支援に退いている。

児童福祉法三条の規定は改正されておらず、一条、二条に規定する児童福祉の理念は「すべて児童に関する法令の施行にあたつて、常に尊重されなければならない」としている。これは、児童福祉法一条・二条が児童福祉法の上位規定であること、他の児童に関するすべての法令に対する上位規定であることを明らかにしたものである。後者は、児童に関する法律のみならず、政令・省令の制定の場合はもちろん、それらの法令にもとづく処分も含むとされる。そのため、たとえば、児童の健全育成についての国・地方公共団体(自治体)の責任を大幅に縮小するような法改正は、基本的に許されないと解される。

†児童福祉の行政組織と児童福祉施設

児童福祉法は、児童の特殊性に対応した専門機関として、都道府県は児童相談所を設置し、そこに児童福祉司を必置しなければならないことを規定している。児童相談所の業務は、児童に関する家庭等からの相談、児童とその家庭についての調査、医学的・心理学的その他の知見からの判定、これらに基づく指導、および児童の一時保護である。

市町村は、児童の福祉に関し、必要な事情の把握、情報の提供を行うとともに、家庭その他からの相談に応じ、必要な調査・指導を行うなどの業務を担う。また、保健所も、児童の健康相談、療育相談などの業務を行う。児童委員は、民間人に委嘱された民生委員がこれを兼ねている。しかし、民生委員は基本的に無給であり（年間交通費として七万円程度が支給される）、有給・専門職の児童委員を創設すべきであろう。

児童福祉法には、児童福祉施設として、助産施設、乳児院、母子生活支援施設、保育所、児童養護施設、児童家庭支援センターなど一四施設が規定されている。児童福祉施設の設置については、市町村は都道府県に届出を行い、市町村以外の者は、都道府県の認可を得る必要がある。設備・運営に関する基準（最低基準）が都道府県の条例で定められており、都道府県知事は、同基準の遵守に関して報告聴取・質問・立入調査、基準に達しない場合には改善勧告、改善命令および業務停止命令を行い、法令違反のある場合には、認可を取り消す権限を有する。

一般的に「保育園」と呼ばれる保育所も児童福祉施設であり、最低基準を満たし、一定の要件を備えて認可を受けた保育所が認可保育所と呼ばれる。

†要保護児童に対する措置

保護者のいない児童、または保護者に監護させるのが不適当であると認められる児童は「要保護児童」(児童福祉法六条の三第八項)といわれ、児童福祉法にもとづいて、要保護児童を発見した者による通告を受けて、自治体による施設入所措置などがとられる。具体的には、市町村による指導、児童相談所への送致、通知などのほか、児童相談所長または都道府県知事による指導、里親等への委託、児童養護施設など児童福祉施設への入所措置、家庭裁判所の審判に付するための送致等がある。これらの措置をとるに至るまで、児童相談所長は、児童の安全を確保するため、保護者および児童の同意なしに、短期(二カ月。ただし延長あり)の措置として、児童を一時保護することができる。

保護者がその児童を虐待し、著しく監護を怠るなど保護者に監護させることがその児童の福祉を著しく害する場合は、保護者の意に反するときでも、児童福祉法二七条一項三号に基づく児童養護施設への入所措置をとることができる。ただし、保護者が親権を持つものまたは後見人であるときは、家庭裁判所の承認を得る必要がある。児童福祉法二七条の措置をとる場合には、児童と保護者の意向を確認することが前提とされる。その趣旨は、児童の権利条約一二条にいう児童の意見表明権の具体化にある。

入所措置は二年を超えてはならないが、保護者に対する指導措置の結果に照らして、入所措置を継続しなければ保護者がその児童を虐待するなどのおそれがあると認めるときは、都道府県は家庭裁判所の承認を得て入所期間を更新することができる。また、児童相談所長は、家庭裁判所に対する親権喪失および親権停止の請求、親権者のいない児童について未成年後見人選任等の請求、および一時保護中の児童に対する親権代行または監護を行う権限を有する。児童養護施設に入所中の児童については、施設長が親権代行または監護を行う。親権者・未成年後見人は、児童相談所長等の監護措置を不当に妨げてはならない。

また、都道府県知事等が措置を解除する場合は、行政手続法第三章の規定は適用されず（同法一二条の処分基準の定立と一四条の理由の提示は必要）、聴聞等の手続は不要となるが、解除の理由についての説明義務・意見聴取が義務付けられている。ただし、保育の実施の解除については、二〇一二年の児童福祉法の改正で、行政手続法除外規定にあった「保育の実施の解除」の文言が削除されたため、保育所の退園処分などについては行政手続法所定の聴聞手続が必要となった。筆者が意見書を提出した埼玉県所沢市の育児休業退園事件訴訟では、保護者の育児休業の取得を理由とした保育所退園処分が聴聞手続を経ていない違法の余地がある処分として執行停止が認められ、いったん退園となった児童が保育所に通園することが可能となった（さいたま地裁二〇一五年九月二九日決定）。

†児童虐待防止法

虐待を受けた児童をより迅速に保護するため、二〇〇〇年に、児童虐待の防止等に関する法律（児童虐待防止法）が制定された。同法は、児童虐待の定義（身体的虐待、性的虐待、心理的虐待、ネグレクト）についての規定を置くとともに、「児童虐待を受けたと思われる児童」についても通告義務の対象としている。また、都道府県知事は、児童虐待を行った保護者に対し指導を受けるよう勧告でき、保護者がこれに従わない場合は、一時保護や入所措置等をとることができる。さらに、児童の安全確保を図るため、虐待事実を調査するため、児童の住所等への立入調査・質問に加え、保護者への出頭要求等を経て、裁判所の許可状を得て実力による住居への強制立入調査を行う権限や、保護者に対し児童の接近禁止命令を出す権限が都道府県知事に認められている。

児童相談所および市町村の児童虐待相談対応件数（通報があって児童相談所で何らかの対

応をした件数）は、年々増加しており、二〇一六年は一二万二五七五件にのぼっている。相談内容別件数をみると、殴るなどの身体的虐待が三万一九二五件（全体の二六％）、育児放棄といったネグレクトが二万五八四二件（同二一・一％）、性的虐待が一六二二件（同一・三％）、心理的虐待が六万三一八六件（同五一・五％）となっている。最近の特徴として、暴言などに加えて、保護者が子どもの面前で配偶者に暴力を振るう、いわゆる「面前DV」が激増している。

また、全国の警察が、二〇一七年度に、虐待の疑いで児童相談所に通告した一八歳未満の児童は、前年比約二〇％増の六万五四三一人と、警察庁が統計をとりはじめてから一三年連続の増加で過去最悪を更新している。生命の危険があるなどとして警察が緊急に保護した児童も過去最多を更新し三八三八人、殺人や傷害などの摘発件数は前年比五七件増の一一三八件、摘発した保護者らも一一六八人で過去最悪、死亡も五八人にのぼっている（一週間に一人の児童が虐待で亡くなっている！）。

児童虐待の相談件数が右肩上がりに増大しているのに、児童相談所の職員数は微増で、職員の過重労働を招いており、専門性のある正規職員の大幅な増員が必要である。また、児童虐待の増加の背景に、子どもの貧困（つまりは子育て世代の貧困）の拡大があることも見逃せない。児童相談所が行った相談ケースの調査によると、ネグレクトについては、経済的困難が原因のものが四六・七％に達しているという。児童虐待を減らしていくには、まずは貧困の拡大を阻止し、貧困をなくしていくための政策が求められる（第八章1参照）。

4　子育て支援・保育と児童福祉の課題

安倍政権は、二〇一七年一〇月の衆議院選挙の政権公約として、二〇一九年一〇月の消費税率一〇％への引き上げに際して、その使途を変更し、幼児教育・保育を無償化することを打ち出した。しかし、認可保育所に入れず、やむを得ず認可外保育施設を利用している子どもは無償化の対象にならないのは不公平など、唐突な提案と稚拙な制度設計に対して批判が続出した。

その後、二〇一八年六月の政府の「経済財政運営と改革の基本方針（骨太の方針）二〇一八」において、幼児教育・保育の無償化の範囲を認可外保育施設（二〇一六年三月時点で六九二三施設）にも拡大し、二〇一九年一〇月の消費税率一〇％への引き上げと同時に実施することが示された。具体的には、いずれも三～五歳までの子どもを対象に、①幼稚園、保育所、認定こども園を利用する子どもの費用を無償化、②新制度に入っていない幼稚園の利用者については、同制度における利用者負担額を上限として無償化、③認可外保育施設については、保育の必要性があると認められた利用者に対して月三万七〇〇〇円を上限に補助する。対象施設は認可外に対する国の指導監督基準（職員の三分の一以上が保育士か看護師の資格保持者）を満たすことが条件となる。ただし、五年間は、経過措置として基準を満たさない施設の利用も補助の対象となる。そのほか、幼稚園の預かり保育、新制度の小規模保育事業、病児保育事業、企業主導型保育所の利用者も無償化の対象とする。〇～二歳児の利用者については住民税非課税世帯を無償化する。

また、高等教育の授業料無償化・支援についても、年収二七〇万円未満の住民税非課税世帯の大学授業料を免除し（国立大学授業料の全額免除、私立大学の場合は一定額を上乗せし、七〇万円ほど減額）、年収三〇〇万円未満であれば非課税世帯の三分の二、年収三〇〇万～三八〇万円未満なら三分の一の支援額を出すこととされた。給付型奨学金も拡充し、私立大学に通う自宅外生なら総額で年一〇〇万円規模になる（いずれも二〇二〇年度から実施）。

すでに、保育料については、低所得世帯や多子世帯、ひとり親世帯に対して軽減が図られてきており、国の基準に上乗せして、自治体がさらに軽減している例も多い。こうした状況下で幼児教育・保育の無償化を実施すれば、これまで負担能力があるとして一定の負担をしてきた高所得世帯ほど恩恵を受けることになり、逆に、低所得世帯にとっては無償化の恩恵は少ないうえに、消費税増税による家計の負担が増える。また、幼児教育・保育の無償化より、待機児童の解消や保育士の処遇改善に十分な財源がまわらず、政策の推進にブレーキがかかる可能性がある。そもそも、多数の待機児童を放置したままの無償化は、保育所などに入れた人とそうでない人との不公平を必ず生み出す。幼児教育・保育の無償化自体は評価できる施策であるが、やはり待機児童が解消されてから行うのが筋ではないか。

子どもを持つ世帯の負担軽減をいうのであれば、まずは児童手当の拡充をはかるべきである。具体的には、児童手当の所得制限を撤廃し、支給対象を一八歳未満にまで引き上げ、支給額を年齢に応じて減少させず一律二万円程度とすべきである。財源については、公費と事業主拠出金で賄う方式を維持しつつ、公費の増額が必要であろう。

これまでみてきたように、新制度も、その実態は、きわめて複雑で、随所に法的整合性を欠く法制度といえる。新制度の実施主体である市町村も、国（内閣府および厚生労働省）から通知などで示された新制度の形式を具体化する（整える）ことに追われ、法的不整合や違法の疑いがある条例・規則が散見される。いわば法的不整合や違法状態が恒久化しているともいえ、早急な是正が必要である。法的な整合性をとるため、まずは児童福祉法二四条二項を改正し、認定こども園や地域型保育事業などを利用する場合も、保育所利用の場合と同様に、市町村が保育の実施義務をもつ形とすべきだろう。同時に、少なくとも、地域型保育事業について、保育者はすべて資格を有した保育士とするなど、保育所保育に準じた基準を設定すべきである。

将来的には、子ども・子育て支援法を廃止し、児童福祉法に一元化し、同法に、子どもの保育を受ける権利を明記するとともに、子どもの保育や療育（障害をもつ子どもへの医療ケアと保育をあわせた造語として、こういわれる）については、市町村が保育の実施責任をもつ方式に統一させるべきと考える。ドイツでは、一歳以上の子どもが保育を受ける権利が法律（社会法典）に明記されており、保育施設を整備することを自治体が怠り、子どもが保育施設に入れないような事態が生じた場合には、権利侵害として、自治体が損害賠償責任を問われる。実際に、保育施設に入れることができなかった親が自治体を相手に、就労できなかったことによる所得喪失分の損害賠償請求を提起し、認められた事案がある（連邦通常裁判所の二〇一六年一〇月二〇日判決）。

ただし、待機児童解消のための保育所整備は急務だが、整備には時間がかかることを考えれば、当面は、最低基準を保育所保育と同様とすることを前提に、必要に応じて、認定こども園、小規模保育や家庭的保育事業の整備も進めていくべきである。

また、保育士不足を解消するためにも、保育士の待遇改善は待ったなしである。もっとも、その方法はシンプルだ。公費を投入して公定価格を大幅に引き上げ、保育士や保育所職員の数を制度的裏づけによって増やし、保育士の平均給与を全産業平均と同じにするため、月額一〇万円の給与アップを打ち出せばよい。それができないのは、安倍政権が「安上がり保育」を基本としているからだ。財界の要望にそって、「女性活躍社会」と称して、女性を安い労働力として活用し、そのために必要な保育（というより託児）手段を、新制度の導入で、これまた安上がりに整備しようとするのが、安倍政権の待機児童対策を含めた少子化対策の本質といえる。人口減少と人手不足が続く中、女性の労働力を、これまで以上に大規模に（低賃金労働者として）活用・動員したい。そのためには、女性が働けるための子育て支援の仕組みが必要で、保育施設を増やさなければならない。しかし、そこにあまりお金をかけたくないから、規制を緩和し、保育士資格のない低賃金の保育者に担わせよう、というのが安倍政権の政策スタンスだ。

しかし、これでは、待機児童の解消はおろか、ますます少子化が進むだろうし、経済も成長しない（実際、安倍政権のもとでそうなっている）。子どもの成長に公的投資を行うことが、経済成長の可能性を広げるという分析もあり、政策を転換し、確実な財政保障と保育基準の改善により、保育を望む子育て世代すべてに保育を保障し、保育士の処遇改善を実現すべきである。それを要求する保育運動は、国民の大多数の賛同を得られるだろうし、保育運動が切実な保育問題とその解決案を政治的争点化していけば、政策をよりよい方向に転換させることができるはずだ。

第七章　障害者福祉

日本では、障害を持つ人（成人の場合は「障害者」、成人に達しない子どもの場合は「障害児」といわれる。以下、本章でもこれに従う）の介護や支援は、長らくその家族が担ってきた。そして、いまだに家族の負担は大きく、親亡き後の将来を悲観した心中事件や殺人事件が後を絶たない。本章では、障害者福祉の現状を概観し、障害を持っていても人間らしい生活が保障され、障害児も安心して生み育てられる仕組みを構築するための課題を探る。

1　障害者福祉のはじまりと改革の展開

†障害者福祉の沿革と基本理念——社会的障壁と合理的配慮

日本の障害者福祉は、第二次世界大戦後の一九四九年に制定された身体障害者福祉法を先駆けとする。その後、一九六〇年に、精神薄弱者福祉法（一九九八年に知的障害者福祉法に名称変更）と障害者の雇用の促進に関する法律（障害者雇用促進法）が制定された。後者は、障害者の法的雇用率（二〇一八年四月より民間企業二・二%、官公庁二・五%）を定め、事業主に従業員数に応じた障害者の雇用義務を課すもので、対象者は身体・知的障害者のほか精神障害者（二〇一八年四月より）となっている。

一九七〇年、障害者政策を総合的に推進するため、心身障害者対策基本法が成立、一九七五年には、国連総会で「障害者の権利宣言」が決議され、障害者の「完全参加と平等」を掲げ、一九八一年を国際障害者年とするとされた。同年の『厚生白書』では、障害者も社会において等しく権利を享受できるよう保障されるべきというノーマライゼーション（normalization）の思想が紹介され、日本でもしだいに普及することとなった。

一九九三年には、障害者の自立と参加を基本理念とする障害者基本法が制定され、障害者の医療・介護、年金、教育、雇用の促進、住宅の確保、公共施設等の利用におけるバリアフリー化など多岐にわたる施策の基本方針が定められた。二〇〇四年の同法の改正では、障害者に対する差別禁止の理念が明示されたほか、国が障害者基本計画を、地方公共団体が障害者計画を策定することが義務づけられた。また、二〇〇六年には、公共施設や公共交通機関の利用について、高齢者や障害者に配慮するよう求める「高齢者、障害者等の移動等の円滑化の促進に関する法律」（バリアフリー新法）が施行されている。

精神障害者については、一九五〇年制定の精神衛生法以降、精神障害者を長らく公衆衛生・保健医療の対象とし、強制入院による隔離を中心とした施策が行われてきた。しかし、こうした強制入院中心の精神保健の政策は、精神障害者の社会参加を阻害し、閉鎖的な病棟内での虐待を招くなど、多くの問題を抱えていた。一九八四年に、看護職員の暴行により二名の入院患者が死亡した「宇都宮病院事件」の発覚を契機として、ようやく精神保健法制の見直しが行われ、入院中心の医療保護体制からの転換が促進され、一九八七年に、精神衛生法は精神保健法に改められた。その後、精神障害者を同法の「障害者」と明確に位置づけた障害者基本法の成立を受けて、一九九五年に、精神障害者に対する福祉施策を定めた精神保健及び精神障害者福祉に関する法律（以下「精神保健福祉法」という）が制定された。

さらに、国連の障害者の権利に関する条約（障害者権利条約）の採択（二〇〇六年）を受けて、国内法の整備が求められ、障害者基本法の改正（二〇一一年）、障害者虐待防止法（障害者虐待の防止、障害者の養護者に対する支援等に関する法律）の制定（二〇一一年）につづき、障害者雇用促進法の改正（二〇一三年）および障害者差別解消法（障害を理由とする差別の解消の推進に関する法律）が制定され（二〇一三年）、二〇一四年には、障害者権利条約が発効した。

二〇一一年に改正された障害者基本法では、障害者権利条約の「社会的障壁」という考え方に基づき、障害者を、身体障害、知的障害、精神障害（発達障害を含む）その他の心身の機能の障害がある者で、これらの障害と社会的障壁によって、継続的に日常生活または社会生活に相当な制限を受ける状態にある者と定義している（二条一号）。ここで、「社会的障壁」とは「障害がある者にとつて日常生活又は社会生活を営む上で障壁となるような社会における事物、制度、慣行、観念その他一切のもの」（同条二号）をさす。そして、障害者差別解消法は、社会的障壁の除去の実施について、これに伴う負担が過重でないことを前提に、必要かつ合理的な配慮をすることを求めている（たとえば、車いすでも使えるように、公共施設の段差を解消するなど）。

†障害者福祉改革の展開

以上のように、障害者福祉については、立法的に大きな進展がみられるが、入所施設や在宅サービスなどの社会資源は依然として不足しており、障害者の家族の負担は重いままだ。二〇〇四年の障害者基本法の改正で、国、都道府県、市町村に障害者福祉サービスの整備計画を策定することが義務付けられてはいるが、整備はあまり進んでいない。

一方、介護保険の導入で先鞭をつけられた「措置から契約へ」の制度転換は、障害者福祉にも及び、身体障害者福祉法などが改正され、二〇〇三年四月から支援費制度が実施に移された。支援費制度は、従来の措置制度から給付金方式・直接契約方式への転換をはかるものであったが、サービスの利用者負担については、障害者の所得に応じた応能負担となっていた。しかし、制度導入後にサービスの利用が急増し、財源不足で行き詰まりをみせたため、介護保険の被保険者の範囲を拡大し、支援費制度と介護保険との統合が模索されたが実現せず、結局、二〇〇五年、サービスの利用者負担を介護保険と同じ応益負担（サービス費用の一割が利用者の負担となる）とするなどの障害者自立支援法が成立した（二〇〇六年施行）。

障害者自立支援法による応益負担の導入の結果、サービス利用を控える人が続出し、応益負担に対する批判は、応益負担導入を違憲とする訴訟にまで発展したが、二〇一〇年一月には、同訴訟の原告・弁護団と国（厚生労働省）との間で基本合意が結ばれ、和解が成立した。これを受けて、当事者である障害者が多数参加した「障がい者制度改革推進本部」が政府内に設立され、障害者自立支援法に代わる新法の検討を進め、二〇一一年八月に、新法の構想を「障害者総合福祉法の骨格に関する総合福祉部会の提言―新法の制定を目指して」（以下「骨格提言」という）としてまとめ公表した。

その後、二〇一〇年一二月に、障害者自立支援法が改正され、サービスの利用者負担について障害者の家計の負担能力に応じた負担（応能負担）が原則となった。この法改正は、障害福祉サービスなどの利用者負担の月額上限額を、障害者等の家計の負担能力に応じて（政令で）設定するものである。住民税非課税世帯は負担上限額がゼロとされ負担がなくなったため、応能負担のようにみえるが、実際には、利用に応じた負担（応益負担）の仕組みは残ったままである。このことは、サービスの利用量が少なく、政令で定める月額上限額よりも一割相当額の方が低い場合は、一割負担相当額を負担することとなることからも明らかだ。医療保険や介護保険でも負担上限額が設定されているが、応能負担が原則とされていないことを考えると、障害者福祉のそれは応能負担を加味した応益負担の仕組みとする方が正確であろう。

2　障害者を支援する体制

†障害者総合支援法の成立と施行

先の「骨格提言」は、障害福祉サービスの利用者負担の原則無償化や障害支援区分（当時は障害程度区分）の廃止、さらに、後述する介護保険優先適用条項の廃止などを提言していたが、提言の多くは無視され（もしくは骨抜きにされ）、結局、改正障害者自立支援法を一部手直ししただけの「障害者の日常生活及び社会生活を総合的に支援するための法律」（以下「障害者総合支援法」という）が成立した（二〇一三年より施行）。

障害者総合支援法は、その目的条項に、地域生活支援事業その他の必要な支援を総合的に行うことを加え、法にもとづく日常生活・社会生活の支援が、共生社会を実現するため、障害者の社会参加の機会の確保および地域社会における共生、社会的障壁の除去に資するよう総合的かつ計画的に行われることを基本理念に掲げている。また、そのほかに、障害者の範囲に難病等を加えること（児童福祉法における障害児の範囲にも難病の子どもが同様に加えられた）などの改定が加えられた。しかし、障害者自立支援法の仕組みを変えるものではなく、実質的には、障害者自立支援法の廃止ではなく、恒久化であったといえる。

こうした経緯もあり、成立時の障害者総合支援法の附則には、施行三年後（二〇一六年）の見直しの規定が置かれ、それを踏まえ、二〇一六年五月に、障害者総合支援法と児童福祉法の改正が行われたが、微修正にとどまった。

†自立支援給付と地域生活支援事業

障害者総合支援法では、従来は障害者福祉各法で分立して規定されていた給付および事業を一元化し、自立支援給付と地域生活支援事業を設けている。

自立支援給付の対象となるのが、①障害福祉サービス、②地域相談支援・計画相談支援、③自立支援医療、④補装具である。このうち、①の障害福祉サービスは、介護給付費と訓練等給付費の二つに類型化され、前者は介護保険サービスと同じサービスが含まれている。
②の相談支援は、基本相談支援に加えて、主にサービスの利用計画の作成を行う計画相談支援と地域相談支援がある。計画相談支援は、障害福祉サービスなどの利用計画の作成と見直しが含まれ、市町村長の指定を受けた相談支援事業者が計画を作成した場合は、それに要した費用は、計画相談支援費として給付される（一〇割給付で利用者負担はない）。地域相談支援は、障害者が施設・病院から退所・退院して住居の確保をはじめ地域での生活に移行するための準備に関わる地域移行支援、居宅で単身生活する障害者について常時連絡体制を確保し緊急時における相談等を行う地域定着支援を内容とする。
③の自立支援医療は、従来の身体障害者福祉法に基づく更生医療、児童福祉法に基づく障害児への育成医療、精神保健福祉法に基づく精神通院医療を統合したもので、④の補装具に関する給付は、補装具の購入費または修理費の支給である。
地域生活支援事業は、相談・情報提供・助言、虐待の防止など障害者の権利擁護に必要な援助、成年後見制度の利用に要する費用の支給、手話通訳の派遣や日常生活用具の給付

または貸与、移動支援などの事業で、市町村がこれを行う。

†障害者総合支援法における支給決定とサービス利用、利用者負担

自立支援給付を受けるには、障害者がサービスの種類ごとに市町村に申請して、支給決定を受ける必要がある。支給決定に当たっては、市町村職員の面接により調査が行われる（調査は指定一般相談支援事業者に委託することもできる）。自立支援給付のうち介護給付費の申請については、同調査の結果に基づく第一次判定、外部有識者からなる市町村審査会の第二次判定を経て、障害支援区分（六区分）の認定が行われる。

市町村は、障害支援区分だけでなく、その障害者の置かれている環境など総合的な状況を勘案して、支給要否決定を行う（「勘案事項」といわれる）。障害の種類・程度その他の心身の状況、介護を行う者の状況、障害者のサービス利用の状況や利用に関する意向などのほか、障害福祉サービスの提供体制の整備状況などが勘案事項とされている。介護保険の要介護認定では、もっぱら心身の状態に即して要介護状態区分および支給限度額が設定され、認定にあたって市町村の裁量の余地はほとんどない。これに対して、障害者総合支援法では、市町村は、障害者の特性に応じた支給決定を判断することが求められ、市町村に裁量の余地がある点に特徴がある。

図表17　障害福祉サービスの利用の仕組み

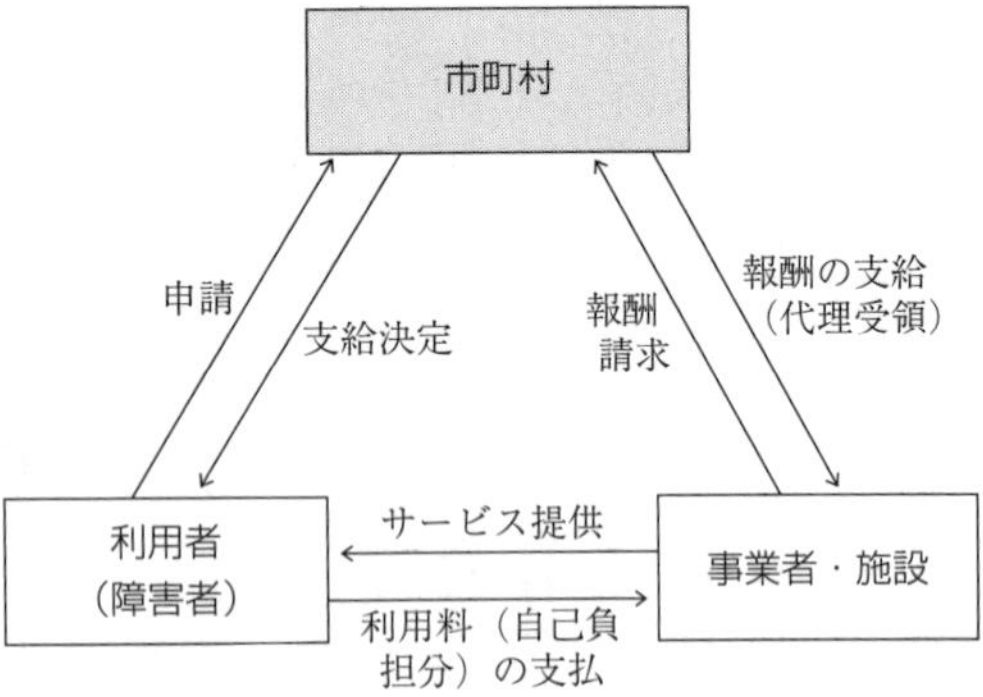

出所：筆者作成

また、市町村は、申請者に対して、サービス等利用計画案の提出を求め、これも勘案して支給要否決定を行う。支給決定では、障害福祉サービスの種類ごとに介護給付費が支給される同サービスの量（支給量）が月単位で決められる。支給決定を受けた障害者は、指定事業者・施設に提示して、これらと契約を結ぶことで、サービスを利用する（図表17）。

支給決定に関して、一日二四時間の重度訪問介護を求める申請の一部拒否決定について、市町村が障害者の心身の状況を適切に勘案せず裁量権の範囲を逸脱濫用したとして、これを取り消し、重度訪問介護の支給量一カ月五七八時間を下回らない介護給付費支給決定を義務付けた判決（大阪高裁二〇一一年一二月一四日判決）、同じく重度訪問介護の支給量一カ月五四二・五時間を下回らない支給決定を義務付けた判決（和歌山地裁二〇一二年四月二五日判決）がある。

介護給付費、地域相談支援給付費、自立支援医療費、補装具の支給費については、市町村が支払った費用のうち、国が二分の一、都道府県が四分の一を負担する。

また、最低生活を維持するためには、介護ニーズが支給限度額を超える生活保護受給者の場合には、厚生労働大臣が設定する介護扶助の特別基準により、支給限度額を超えたサービスの提供を介護扶助として行う余地がある。さらにサービスが必要であれば、生活保護の障害者加算の一つである他人介護費を利用することもできる。これは、障害者が家族以外の人を介護者として雇用した場合の費用が支給される仕組みだが、実務では、他人介護費の特別基準には、あらかじめ厚生労働大臣が上限を設定しているので、一日二四時間の介護が保障されるわけではない。この他人介護費特別基準が、重度障害者である原告に必要な介護を保障するものではないと争った事例について、他人介護費特別基準の設定に厚生大臣（当時）の裁量を認めたうえで、施設保護が可能であることなどを理由に、特別基準の水準や上限額の設定を違法とまではいえないとした裁判例がある（名古屋高裁金沢支部二〇〇〇年九月一一日判決）。在宅の重度障害者の介護をどこまで公費で保障すべきかという難しい課題であるが、この判決の論理では、家族に頼らず、在宅生活をしたいという重度障害者の希望（自己決定）は、ボランティアなどによる無償の介護を前提としないかぎり、かなえられないこととなる（在宅生活が無理なら施設に入ればよいという論理か）。

†障害福祉計画と事業・施設

障害者総合支援法は、障害者福祉計画と調和を保ちつつ、市町村が障害福祉計画を、三年を一期として策定することを義務付けている。

市町村障害福祉計画では、厚生労働大臣の定める基本指針に即して、障害福祉サービス、相談支援および地域生活支援事業の提供体制の確保の目標、種類ごとの必要な量の見込み、地域生活支援事業の種類ごとの実施に関する事項を定め、必要な見込量の確保のための方策などを定めるよう努めなければならない。都道府県障害福祉計画では、そのほかに、広域的な見地から、従事者の確保または資質の向上のために講ずる事項のほか、各年度の指定障害者支援施設の必要入所定員総数が定められる。計画の策定と変更に際しては、都道府県および市町村に設置される協議会の意見を聴く努力義務がある。この協議会（自立支援協議会と称される）の設置は努力義務であるが、関係機関・団体のほかに、障害者とその家族も構成員となり、当事者参加が定められている。

障害者総合支援法に基づく事業としては、障害福祉サービス事業、一般相談支援事業および特定相談事業、移動支援事業、地域活動支援センターを経営する事業、福祉ホームを経営する事業を法定し、国・都道府県以外の者が、これらの事業を開始・休廃止する場合には届出義務を課している。また、施設を必要とする障害福祉サービス事業、地域活動支援センター、福祉ホームの設備・運営については、都道府県が条例で基準を定める。

障害者総合支援法に基づく施設は、障害者支援施設と包括的に規定され、その設備・運営についての基準は、都道府県の条例で定められる。これらの事業者・施設が、自立支援給付の対象となるサービスを行うには、さらに都道府県知事による指定を受ける必要があり、指定の取り消しなどを含む規制監督を受けることとなる。

†介護保険優先適用原則と「六五歳問題」

一方、障害者総合支援法には、障害者自立支援法にあった介護保険優先適用条項（七条）がそのまま残されている。そのため、障害者が六五歳（介護保険法令で定める特定疾病による障害の場合には四〇歳）になると、介護保険のサービスと重なる障害福祉サービスの利用に際して、要介護認定を受けなければならなくなる。そして、要介護認定により要介護度ごとに支給限度額（給付上限）が設定されることでサービスの利用が制約され、また、利用者負担も応益負担となり、それまで負担がなかった住民税非課税世帯にも負担が発生することとなる。これが、いわゆる「六五歳問題」である（第四章5参照）。

介護保険サービスと障害福祉サービスの利用関係については、二〇〇七年三月の「障害者の日常生活及び社会生活を総合的に支援するための法律に基づく自立支援給付と介護保険制度との適用関係について」と題する厚生労働省の通知で、一律に介護保険法に基づくサービスを優先するのではなく、市町村は、個別に障害福祉のサービスの種類や利用者の状況に応じて判断することとされている。しかし、実際には、障害者の個別事情を考慮することなく機械的に対応する自治体も多く、自治体による対応のばらつきも大きい。

障害者の高齢化にともない、「六五歳問題」に直面する障害者が増大しており、六五歳に達した障害者が介護保険の要介護認定の申請をしなかったことを理由に、岡山市が重度訪問介護を打ち切ったことを違法として取消訴訟（浅田訴訟）が提起されるなど裁判にまで発展している。浅田訴訟では、浅田さんが介助（障害者福祉では「介護」と同じ意味で「介助」の言葉が使われることが多い）がなければ日常生活を送ることが不可能な状況であったことを認め、重度訪問介護の打ち切りを違法として取り消し、精神的損害（慰謝料）を含む損害賠償請求も認めた（岡山地裁二〇一八年三月一四日判決。ただし、岡山市は控訴している）。

3 身体障害者と知的障害者のための法制度

ついで、身体障害者、知的障害者のための個別の福祉法についてみていこう。

身体障害者福祉法は、同法にいう身体障害者を、別表に掲げる身体上の障害がある一八歳以上の者で、都道府県知事から身体障害者手帳の交付を受けたものと規定している（四条）。都道府県知事は、申請に基づき別表に掲げる障害に該当すると認定したとき身体障害者手帳を交付する。しかし、身体障害者手帳については、生活上の制約や困難さに重点を置くものではなく、あくまでも身体機能の喪失・低下が基準となっており、手帳交付決定とサービスが結びついている、今の手帳制度は見直しが必要だろう。

知的障害者福祉法には、知的障害者について明確な定義規定がないが、児童相談所等で知的障害があると判定された者に対して療育手帳を交付する制度がある。療育手帳の交付は法令に根拠規定がなく、通知や要綱に基づいて行われている。

身体障害者福祉法と知的障害者福祉法は、市町村の責任において、市町村が入所などの措置を行う規定を残している（身体障害者福祉法一八条など）。すなわち、障害者総合支援法の障害福祉サービスおよび障害者支援施設への入所を必要とする障害者が、やむを得ない理由により、介護給付費などの支給を受けることが著しく困難であると認めるときは、市町村は、その障害者につき、政令で定める基準に従い、障害福祉サービスを提供し、障害者支援施設などに入所・入院させ、またはこれを委託することができる。とくに、判断能力が不十分な知的障害者の場合は、施設などへの入所契約を結ぶことに困難を伴うため、老人福祉法による福祉の措置と同様に、サービスの中断なしに、成年後見制度などにつなげていくためにも、市町村の措置が積極的に活用されるべきだろう（第四章2参照）。市町村責任による措置の拡充は、虐待を受けている障害者の権利擁護の仕組みとしても大きな意義をもつ。

4　障害児のための療育

一方、児童福祉法は、障害を持つ子どもを「障害児」（身体に障害のある児童、知的障害のある児童、精神に障害のある児童、一定の難病に伴う障害のある児童）と定義し（四条二項）、障害児に対する給付を規定している。前述のように、障害児に対する給付は「療育」という言葉が使われる（第六章4参照）。

二〇一〇年の児童福祉法改正で、障害種別に分かれていた施設が一元化され、障害児通所支援と障害児入所支援に再編されるとともに、新たに障害児相談支援が設けられた（二〇一二年四月より施行）。

障害児通所支援は、児童発達支援、医療型児童発達支援、就学している障害児に対する放課後等デイサービス、および保育所などに通う障害児に対する保育所等訪問支援をいう。障害児通所支援については市町村に、障害児入所支援については都道府県に申請し、給付決定を得たうえで（ただし、障害支援区分認定は行われない）、指定事業者・施設と契約を締結し、支援を受けた場合に、それに要した費用が障害児通所給付費、障害児入所給付費などとして支給される。障害者総合支援法と同じ給付金方式・直接契約方式である。自己負担分も、障害者総合支援法と同様に、費用の一割を上限とし、保護者の負担能力に応じた応能負担となっている。

なお、やむを得ない理由により、障害児通所給付費および介護給付費の支給を受けることが著しく困難であると認めるときは、市町村は障害児通所支援もしくは障害福祉サービスを提供し、またはそれを委託（措置委託）することができる。

5　精神障害者の保健福祉

†精神保健福祉法のあらまし

精神保健福祉法は、精神障害者を、統合失調症、精神作用物質による急性中毒またはその他の依存症、知的障害、精神病質その他の精神疾患を有する者と定義している（五条）。精神障害者の申請に基づき、都道府県知事が精神障害者保健福祉手帳を交付する。

精神保健福祉法は、精神障害者の福祉の増進および国民の保健福祉の向上を目的とし、都道府県は精神保健福祉センターと精神医療審査会を置く。精神保健福祉センターは、精神保健および精神障害者の福祉に関する知識の普及、調査研究、複雑・困難な相談・指導等を行うほか、精神医療審査会の事務局となる。精神障害者やその家族の相談に応じ指導等を行うため、一定の資格を備えた精神保健福祉相談員をおくことができる。

精神保健福祉法は、精神障害者に対する「医療及び保護」（同法第五章）としての入院形態として、本人の同意に基づく入院で、本人が退院を希望する場合には、退院させなければならない任意入院を定める。これに対して、二人以上の指定医の診察の結果、医療保護のために入院させなければ、その精神障害のために自身を傷つけまたは他人に害を及ぼす（自傷・他害）のおそれがあると認められた者を、指定の精神科病院に強制的に入院させる措置入院、指定医の診察の結果、医療保護のために入院させる必要のある精神障害者を、家族等のうちいずれかの者の同意に基づいて、本人の同意がない場合に指定の精神科病院に入院させる医療保護入院、急迫の状態にあり家族等の同意を得ることができない場合において、指定医の診察の結果、直ちに入院させなければ医療保護をはかる上で著しく支障がある場合、七二時間以内に限り入院させる応急入院も認めている。措置入院も医療保護入院も、本人の意思に反した強制入院であるため、法律で厳格な手続きが定められている。

二〇一三年には、精神保健福祉法が改正され（二〇一四年施行）、従来の医療保護入院における保護者制度が廃止され、家族等の同意に切り替えられた。また、厚生労働大臣が、精神障害者の医療の提供を確保するための指針を定めることとされた。さらに、精神科病院の管理者に対し、医療保護入院者の退院後の生活環境に関する相談および指導を行う者の設置、退院促進のための体制整備を義務付けるなど、退院による地域生活移行の促進をはかるための措置が講じられた。しかし、精神障害者の地域生活を支える受け皿づくりは進んでいない。

†精神障害者保健福祉をめぐる現状

こうした中、二〇一六年七月、神奈川県相模原市の津久井やまゆり園で、重度の障害者一九人が元施設職員の男に殺害されるという凄惨な事件が起きた（重軽傷者も二六人）。犯人は「ヒトラーの思想が降りてきた」と供述している。アドルフ・ヒトラー率いるナチス党は、ユダヤ人の大量虐殺を実行に移す前に、独自の優生思想に基づいて、「安楽死計画」と称し（当時の計画司令室があった番地の名称をとって「T4計画」ともいわれる）、回復の見込みがないとされた知的障害者・精神障害者、重症疾患患者など二〇万人以上もの人を「生きるに値しない命」として、ガス室に送り込み殺害した。今回の犯人の直接の殺害動機や事件の根底に、劣等な子孫の誕生を抑制し、優秀な子孫を増やすべきとする「優生思想」があることは明らかである。

そのナチス・ドイツは、当時の世界で最も民主的といわれたワイマール憲法のもと、選挙によって合法的に誕生した政権であった。いま九条と二五条という世界でも画期的な条文をもつ日本国憲法の下で、安倍政権は、防衛費（軍備費）を増やし、社会保障費を削減している。社会保障費の削減により、介護・障害者福祉の現場では、低賃金・過重労働にさらされ多くの職員が離職し、心を病んでいる。

介護職員の疲弊は、事故や虐待の増加にもつながり、職員による虐待件数は過去最多を記録、要介護者や障害のある人がいる家族の心中事件もあとを絶たない（第四章5参照）。妊婦の血液検査だけで障害の有無がわかる新型出生前診断が普及し、診断の結果、障害が判明した命の九割は、苦渋の選択とはいえ、産まれる前に奪われている。貧弱な障害者福祉のもと、障害のある子どもたちを安心して産み育てる社会には程遠いのが日本の現状である。そして、七万人余りの精神障害者が社会的入院という名目で自由を奪われ、約一二万人の知的障害者が入所施設での生活を余儀なくされ、重い障害者の八〇％以上が相対的貧困線以下の生活を送っている。

加えて、市場万能主義や競争主義が幅をきかせ、生産性や効率が優先される現代の日本社会において、障害をもち生産労働に携われない人は、人間の価値までもが劣るかのような風潮がまかり通っている。人々が余裕をなくし寛容さを失い、差別意識を拡大するヘイトスピーチやヘイトデモが公然化している日本社会にあって、障害者は社会の重荷でしかなく抹殺すべきと考える犯人のような人物が出てきても（殺傷の実行行為に及ぶまでは予想できなかったものの）不思議ではなかったともいえる。

安倍政権は、そうした優生思想に対峙することなく、事件への対応も鈍い。厚生労働省の「相模原市の障害者支援施設における事件の検証及び再発防止策検証チーム」の報告書

（二〇一六年一二月）も、事件の本質にせまることなく、犯人の措置入院歴に関わり、再発防止のためと称した措置入院者・退院者の管理強化策に終始している。

†旧優生保護法のもとでの強制不妊手術

一方、戦後まもなくの一九四八年に制定された旧優生保護法のもとで、障害などを理由に、本人の同意なしに、もしくは欺罔等により不妊手術を強制された実態があった。こうした不妊手術の被害者が、二〇一八年一月に、宮城県で国に対して国家賠償を求める訴えを起こし、現在、同様の訴訟が全国に拡大している。

当時は、知的障害や精神障害が遺伝するという誤った偏見のもと、一九六〇年代半ばには、障害を持つ子どもを「不幸な子ども」とし、「不幸な子どもの生まれない運動」が兵庫県からはじまって各地にひろがり、自治体間で不妊手術の数を競い合うことまでなされていた。不妊手術数は一九五五年に、全国で一三六二件とピークに達した。一九七〇年代から、批判が高まり、手術数は減少していったが、実に一九九二年まで続いていた。ようやく一九九六年に、母体保護法の改正で強制手術にかかわる条項が削除されたものの、優生思想は日本社会の底流に根強く残り続けている。

6　障害者福祉の課題

障害者福祉の財政をみると、二〇一八年の報酬改定では、障害福祉サービスの報酬はプラス〇・四七％の改定となった。障害福祉サービス関係費の予算額は、二〇一八年度は一兆三八〇億円で、対前年度一一五四億円、九・一％増と、ここ一〇年間で二倍以上に増加している。そして、前述の基本合意や「骨格提言」が歯止めになって、いまのところ介護保険のような厳しい給付抑制策はとられていない。ただし、障害児の放課後等デイサービス（全国約一万の事業所、約一七万人が利用）の報酬は二〇一八年四月から、障害の重い子を受け入れる割合に応じて二区分され、重度の子が半数未満の「区分二」では一〇～一二％程度の減額となった。その結果、大幅減収となる事業所が続出し、問題となっている。

一方で、障害者総合支援法の仕組みは、給付金方式と直接契約方式という点で、介護保険の利用の仕組みと共通している。少なくとも、自立支援給付の介護給付費の部分については、介護保険の介護給付との統合が可能な仕組みになっている。そして、従来の障害者福祉措置制度から給付金方式への転換の結果、高齢者福祉分野と同様、市町村が障害福祉サービスの提供に責任を負わなくなり（公的責任が後退し）、市町村の障害者福祉行政における責任主体としての能力が低下した。相談支援事業も民間の相談支援事業者に丸投げされる例が多く、自治体では高齢者・障害者担当の専門ワーカーが姿を消しているのが現状である。

こうした公的責任の後退の中、厚生労働省は、介護保険料の高騰や介護保険の徹底した給付抑制（利用者負担の増大、要支援者の切り捨てなど）に、多くの高齢者が悲鳴を上げ、被保険者の範囲の拡大を求める声がわき起こるのを待ち、障害者総合支援法と介護保険法の統合へと舵をとろうともくろんでいると推察される。その意味で、障害者総合支援法の介護保険優先原則は残しておく必要があったといえる。障害者福祉の介護保険化が実現すれば、もはや障害者福祉は解体されたといってよい。少なくとも、重度の障害者が、施設にも入所せず、家族にも頼らず、在宅で生活することは、まず不可能になろう。

私見では、訪問看護や老人保健施設などの給付は医療保険に戻したうえで、介護保険法と障害者総合支援法は廃止し、施設補助（現物給付）方式、自治体責任による入所・利用、税方式の総合福祉法を制定し、年齢に関係なく（六五歳で区切ることなく）、必要な障害福祉サービスを利用できる仕組みに再編すべきと考える（第四章6参照）。

障害を持つ当事者を中心とした障害者運動は、当面は、介護保険優先適用の廃止など、基本合意や「骨格提言」の完全実現をめざしていくべきだが、着々と外堀は埋められつつあることを忘れてはならないだろう。すでに、厚生労働省内に設置されている「新たな福祉サービスのシステム等のあり方検討」プロジェクトチームの見直しの議論では、介護保険制度は「普遍的な」制度ゆえに、介護保険優先原則は妥当であり、両制度を一体的に考えていく必要が論じられ、利用者負担も、障害者福祉制度だけが多くの障害者において無料になっていることは「国民の納得が得がたい」という意見が出されているという。社会保障審議会障害者部会が、障害関係団体のヒアリングを行った際にも、一部の委員から、こうした批判が、ほとんど詰問ともいえるような形で、障害関係団体の障害当事者に投げかけられたという。応益負担化と介護保険との統合の議論が再び台頭しつつある。

これまで障害者運動は、障害者総合支援法への改変による応能負担の実現、障害者権利条約の批准・発効など、大きな成果を生みだしてきたものの、今後は、介護保険制度改革にも関心を向け、その改善を訴えるとともに、中長期的には、障害者総合支援法のみならず介護保険法の廃止を打ち出し、総合福祉法の制定運動に踏み出すべきである。深刻化している「六五歳問題」を根本的に解決し、障害者権利条約を生かすには、介護保険法の廃止と総合福祉法の制定しかないと考える。

第八章

貧困問題と生活保護

これまでみてきたようなさまざまな社会保障の仕組みを利用しても、なお最低生活を維持できない人に対して、その不足分に応じて、国家が公費（税金）から給付を行うのが公的扶助である。日本では生活保護がこれに当たり、生活保護はしばしば「最後のセーフティネット」といわれる。そして、いま日本では貧困が拡大し、生活保護を利用する高齢者や母子世帯が増大している。本章では、とくに政策的対応が急がれる子どもの貧困を中心に深刻化する貧困の現状を指摘したうえで、生活保護の課題を探る。

1 深刻化する子どもの貧困と対応策

†高い貧困率と深刻化する子どもの貧困

まず、日本の貧困の現状を、子どもの貧困についてみていこう。

二〇一七年六月に、厚生労働省が発表した二〇一六年の国民生活基礎調査（二〇一五年の所得）によれば、日本の相対的貧困率は、前回調査（二〇一二年の所得）の一六・一％から一五・六％に低下したものの、依然として高い水準にあり、国民のおよそ六人に一人が貧困状態にあることになる（図表18）。相対的貧困率（以下、単に「貧困率」という）とは、所得のない人から、最高所得者まで並べて、そのちょうど真ん中の人（その人の所得を中央値という）の二分の一未満の所得しかない人の割合をいう。これは世界各国の貧困率を比較する際の物差しになっている。貧困率をＯＥＣＤ（経済協力開発機構）三〇カ国で比較すると（二〇〇〇年代半ばの比較）、日本より高い貧困率を示しているのはアメリカ、トルコ、メキシコの三国だけであり、しかも、日本の場合、一九八五年（当時の貧困率は一二％）以降、若干の減少はあったが上昇を続けている。中央値の二分の一の所得（貧困線）も、一九九七年の一四九万円（月額一二万四〇〇〇円）から、調査のたびに下がり続け、今回は一二二万円（同一〇万二〇〇〇円）となった。貧困線が下降しているにもかかわらず、貧困率が上昇していることは、貧困線未満層の人々が増大していることを意味する。

子どもの貧困率は、前回調査の一六・三％から一三・九％と低下したものの（図表18参照）、就学援助（小中学生の学用品費、学校給食費、修学旅行費などを支給）を受けている子どもの数は、過去最多とはいえ一五七万人、生活保護受給世帯の子どもは二五万人（一八

図表18　相対的貧困率と子どもの貧困率の推移

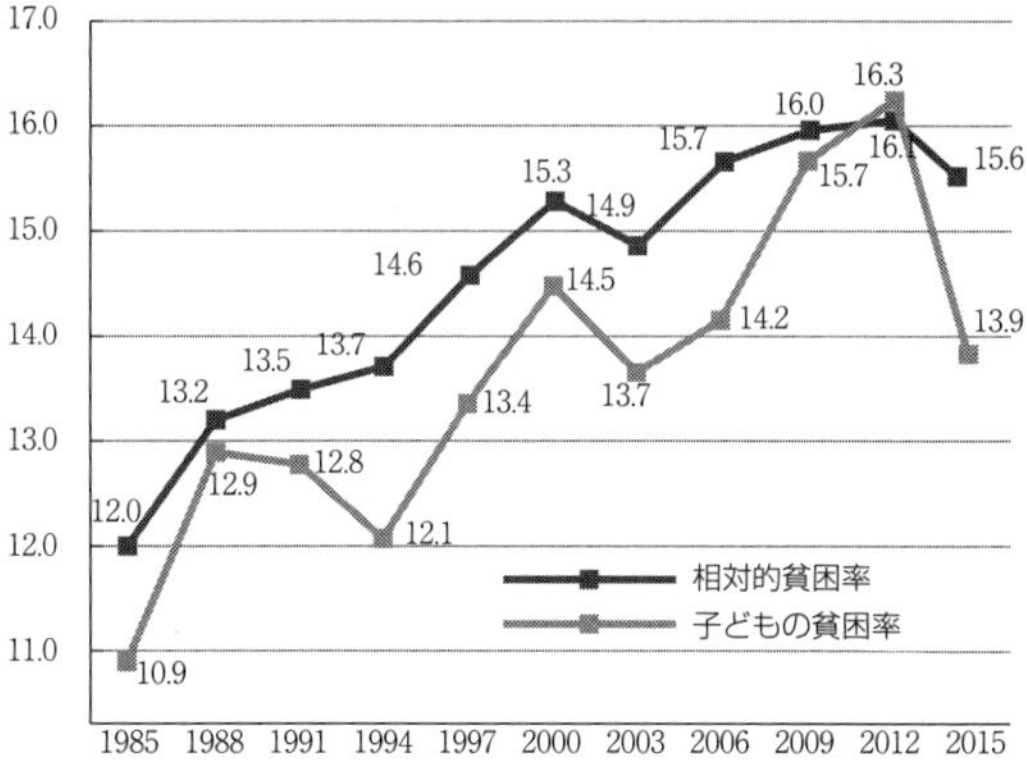

出所：厚生労働省（2011、2014、2017）「平成22年、平成25年、平成28年国民生活基礎調査　結果の概要」

歳以下）にすぎない（二〇一七年の数値）。日本では、貧困状態に置かれている多くの子どもたちが、必要な支援を受けられないまま、放置されている。ちなみに、研究者の推計では、都道府県別でみると、子どもの貧困率ワースト3は、沖縄県、大阪府、鹿児島県の順になっている。

ひとり親世帯の貧困率も、前回調査の五四・六％から五〇・六％に低下したが、OECD諸国の中で最悪水準であることは変わりがない。日本のひとり親世帯は約一四〇万世帯、うち約九割にあたる一二三万世帯が母子世帯であるが、母子世帯の平均年間所得は、社会保障給付を含め二四三万円と、子どものいる全世帯の平均の三六％にとどまる（厚生労働省「ひとり親調査」二〇一六年）。しかも、母子世帯の母親の就労率は八割以上で、こちらはOECD諸国の中でもトップレベルである。つまり、大半の母親たちが就労しているにもかかわらず、低賃金労働にしか就けず、給与だけでは生活費が十分賄えない典型的なワーキングプアということだ。また、親の学歴が中卒の場合は、世帯の貧困率が一挙に高くなり、親の所得と子どもの学力には比例の関係があることが実証されている。生活保護世帯の子どもの高校進学率も九〇・八%で、全体の九八・六%と比べ依然として低い（二〇一三年。厚生労働省・文部科学省調べ）。データをみると貧困の世代間連鎖が顕著である。

†子どもの貧困対策法とその限界

こうした深刻化する子どもの貧困に対応すべく、二〇一三年六月に、議員立法により「子どもの貧困対策の推進に関する法律」（二〇一四年一月より施行。以下「子どもの貧困対策法」という）が制定された。同法は、貧困の世代間連鎖の防止を含め、子どもの貧困対策を推進する国と地方公共団体の責務を明記した。

この子どもの貧困対策法を実施するため、内閣府に、子どもの貧困対策会議が設置され、二〇一四年八月には「子どもの貧困対策に関する大綱」が閣議決定された。同大綱では、子どもの貧困対策を進めるに当たり、指標を設定（子どもの貧困率、生活保護世帯またはひとり親世帯に属する子どもの高校進学率など）、その動向を確認し、これにもとづいて施策の実施状況や対策の効果などを検証・評価して、これらの見直しや改善に努めるとしている。そのうえで、これらの指標の改善に向けた当面の重点施策として、教育支援、生活支援、保護者に対する就労支援、経済的支援という四つが挙げられている。

しかし、これらの支援の内容は、生活保護法や生活困窮者自立支援法、母子及び父子並びに寡婦福祉法、児童福祉法などによる、いまある事業・給付の利用にとどまり、子どもの貧困対策に焦点を合わせた抜本的な措置が講じられているわけではない。また、都道府県は、子どもの貧困対策計画を策定し、子どもの貧困対策の実施状況などを公表するとされているが、努力義務にとどまり、実効性の点で疑問が残る。何よりも、子どもの貧困率の削減目標が記されていない（同法の野党案では、貧困率の削減目標が明記されていた）。

†ひとり親世帯への支援

子どもの貧困とは子育て世代の貧困であり、とくに日本のひとり親世帯の貧困率がOECD諸国で最悪水準であることを考えれば、ひとり親世帯に対する支援の拡充が急務だ。ひとり親世帯などに支給される社会手当として児童扶養手当がある。一九五九年制定の国民年金法により、死別母子世帯に対する母子福祉年金が設けられたが、経済的、社会的に多くの困難をかかえているという点では、死別、生別を問わず同じであることから、離婚等による生別母子世帯にも、一九六一年に児童扶養手当法が制定され、児童扶養手当が支給されるようになった。その後、一九八五年の基礎年金導入に伴い、母子福祉年金が廃止されたことから、生別死別を問わない手当へ変更され、二〇一〇年には、母子世帯だけでなく父子世帯にも支給対象が拡大された。

児童扶養手当の支給額は、二人世帯（受給資格者一人、児童一人）の場合、年収が一三〇万円未満で満額月四万二二九〇円、そこから一〇円刻みで年収三六五万円未満まで収入額に応じて減額される（最低額九九八〇円。二〇一七年度）。二〇一六年度から、第二子についての加算額が全部支給月額九九九〇円、第三子以降一人について同五九九〇円に引き上げられている（実に、第二子加算は三六年ぶり、第三子加算は二二年ぶりの引き上げ！）。

また、二〇一八年八月分（一二月支給）から、満額支給の所得制限の限度額は年収一六〇万円に引き上げられ、二〇一九年八月分（一一月支給）から支給回数は四カ月に一回から二カ月に一回とされる。しかし、支給額は低く、支給額の大幅増とともに、煩雑な所得制限の撤廃、少なくとも緩和が不可欠である。

なお、二〇〇二年の法改正により、受給者の自立の促進と称して、支給期間が五年を超える者について、一部支給停止規定が置かれ、二〇〇八年度より、手当額が二分の一減額となる政令改正が行われている。これらの規定については批判が強く、就業、求職活動など自立をはかるための活動をしていれば減額されない扱いとなり、事実上凍結されている。しかし、あくまで凍結であって制度自体は存続しているため、これらの規定を削除する法令改正が必要である。

さらに、日本では、離婚して母親が子どもを引き取り母子世帯となり貧困に陥るパターンが最も多いが、離婚は協議離婚が約九割をしめ、養育費の取り決めをしなくても離婚が可能で、支払わせる制度も未整備である。その結果、離婚した母子世帯の四人に一人しか養育費を受けていない（支払いがあるのは二四・三％。厚生労働省「ひとり親調査」二〇一六年度）。欧米諸国では、日本でいう協議離婚の場合も、裁判所が関与し、養育費の取り決めをしなければ離婚ができない。弁護士が関与し、離婚協議書を作成し、裁判所に提出して審査を受ける仕組みである（その意味で、日本は世界的にみても離婚しやすい国といえる）。養育費の支払いについても、アメリカやイギリスでは専門の取立機関があり、北欧諸国やドイツでは、国がいったん子どもの面倒を見ている親に立替払いをし、その親が養育費請求権を国に譲渡し、国がもう一方の親から回収する仕組みがある。これに対して、日本では、養育費の支払いは当事者の問題とされ、国が関与せず、ほぼほったらかしだ。欧米諸国のような養育費支払制度を設ければ、少なくとも、母子世帯が離婚後、貧困に陥る事態は減るのではないか。

2　生活保護のいま

†増大する生活保護世帯

一方、日本の生活保護の現状をみると、生活保護受給世帯は、一九九五年に約六〇万世帯で最少を記録したのを底に、その後、右肩上がりに増大、二〇一一年七月には、受給者数も二〇五万人を突破し、制度開始以来最多の受給者数となった。最新の二〇一七年一二月でみても、生活保護受給世帯（各月の平均、確定値）は一六三万七四〇五世帯と過去最多を更新し続けている（厚生労働省調べ。図表19）。

保護世帯のうち稼働世帯（仕事について働いている世帯）は一割強で、高齢者世帯や傷病者・障害者世帯が多く、経済的自立が難しいため保護期間が長期化している。中でも、年金水準が低いため、生活保護を利用せざるを得ない高齢者が増大しており（序章参照。年金だけでは暮らしていけない！）、高齢者世帯が八三万七〇二九世帯と、保護世帯全体の五一・四％を占め、このうち約九割は単身者世帯である。これらの高齢者世帯の経済的自立

図表19　生活保護の被保護世帯数、被保護人員、保護率の推移

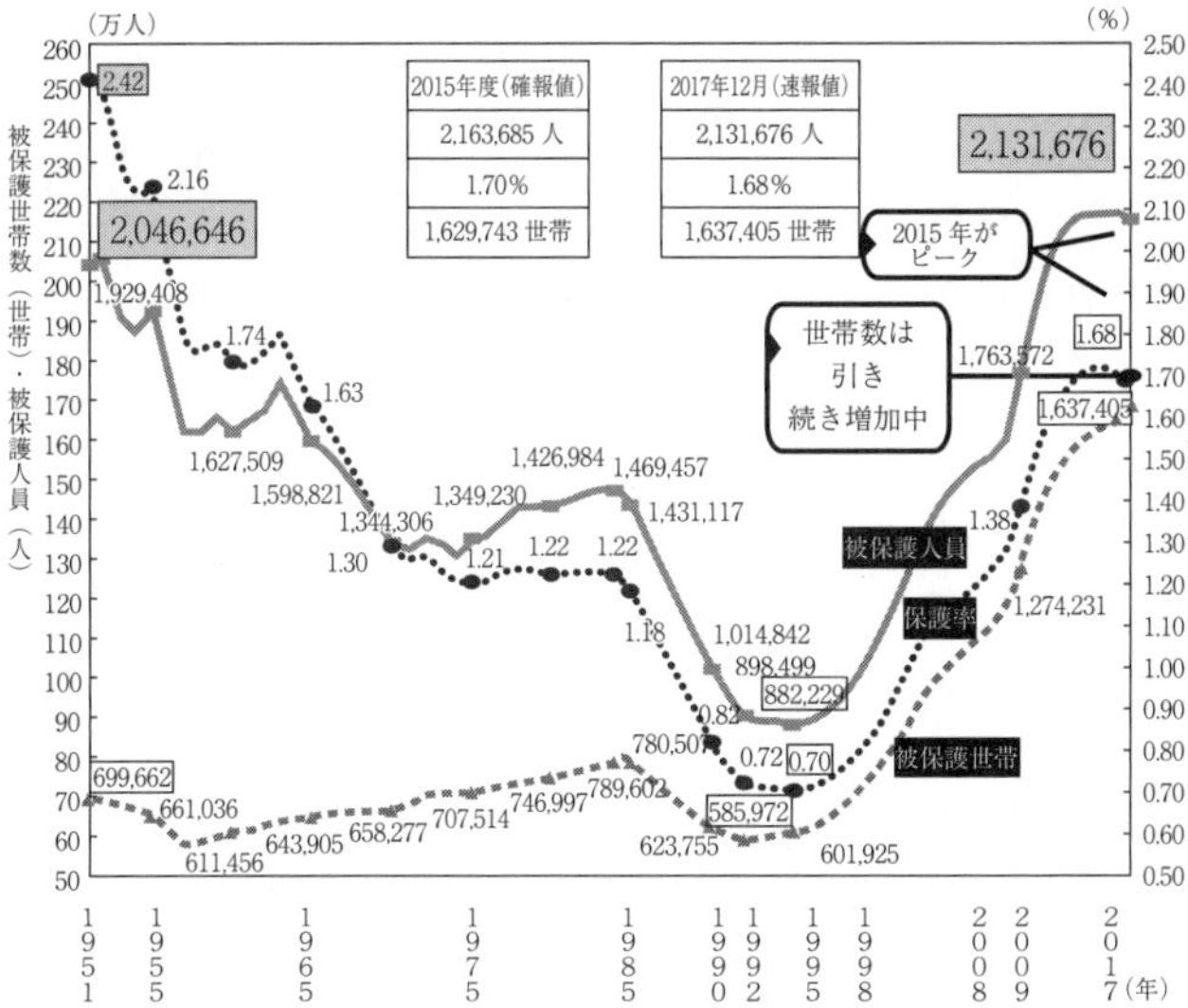

出所：『平成29年版・厚生労働白書』一部加筆

はほとんど不可能に近く、結局、亡くなるまで生活保護を受給し続けることになる。

厳しい受給要件のもと、日本の捕捉率（生活保護基準以下の生活状態の人のうち実際に生活保護を受給している人の割合）は二割以下といわれ、諸外国にくらべ極端に低く、それでも、受給世帯の増加をみている、いまの深刻な貧困の拡大が問題とされるべきだろう。

†生活保護バッシングの拡大と生活保護法改正

貧困が拡大しているにもかかわらず（だからこそかもしれないが）、生

活保護受給者への一般国民のまなざしは厳しい。二〇一二年四月には、人気お笑いタレントの母親が生活保護を受給していることを女性週刊誌が報じ、一部の自民党国会議員が、この問題を「不正受給疑惑」としてブログなどで取り上げ、生活保護受給者に対する異常なバッシングが巻き起こった。当事者であるタレントは「お詫び会見」を開き、一部の受給額を返還することを明らかにしたが、親族に高額所得者がいる者が生活保護を受けるのはモラルハザードと主張する自民党議員も出る始末だった。

しかし、つぎにみるように、生活保護法上、資産・能力（稼動能力）の活用は保護開始要件だが（四条一項）、扶養義務者による扶養は、保護に優先して行われるべきとされているものの、保護開始要件とはされておらず、現実に扶養義務者から具体的な扶養がなされた場合に、その範囲内で、生活保護の給付額を減額する仕組みとなっている（同条二項）。そのため、タレントの母親の事例は不正受給には該当しないことは、少しでも生活保護制度についての知識のある人であれば、すぐわかることである。にもかかわらず、不正確な制度理解や誤解にもとづく報道やインターネットによるバッシングが繰り返され、一部の国会議員までもが、それに同調するという事態は異常というほかない。

不正受給の増大という報道にしても、確かに件数は増えているが、それは生活保護受給世帯が増えていることに伴うもので、件数ベースでは約二％弱、金額ベースでは約〇・五

%前後で推移しており（厚生労働省の集計）、近年になって大きく増加しているわけではない。また、不正受給事例といわれるものの中には、福祉事務所の説明不足などで、世帯の高校生のアルバイト収入などを申告しなかった事例などもあり、そもそも意図的な「不正」といえるのかどうか疑問とされる事例も多く含まれている。

生活保護受給者には少なくない割合での不正受給者がいる、もしくは、生活保護費をパチンコなどのギャンブルやお酒に費消しているといった、一部の人の行為を受給者全体に一般化するレッテル貼りが繰り返しなされ、こうしたマスコミによる一連の報道や生活保護バッシングが、生活保護受給者への偏見を助長し、もともと強かった生活保護受給のスティグマ（恥の意識）をいっそう強化したことは間違いない。これらは、つぎにみる生活保護基準の引き下げや生活保護法の改正に世論を誘導するために、意図的にしくまれたキャンペーンではなかったかと推測される。実際、二〇一三年一二月には、就労による自立の促進、不正受給対策の強化、医療扶助の適正化を主な目的とする改正生活保護法が成立し（以下「二〇一三年改正法」という）、翌年から施行されている。

†なぜ、生活保護バッシングが拡大したのか

生活保護受給者の中には、精神的疾患を抱えた人も多く、受給者の人口一〇万人あたりの自殺者数は、全国平均の二・一倍から二・四倍にのぼる。生活保護バッシング二〇一二年六月に行われた支援団体による「生活保護緊急ダイヤル」には、「マスコミ報道がひどくテレビがみられなくなった」「夜も眠れなくなった」「外出するのがこわい」など深刻な報道被害の声が寄せられたという（稲葉剛『生活保護から考える』岩波新書、二〇一三年、七六―七七頁）。他の先進諸国では、誤解や偏見に満ちたこうしたマスコミ報道こそが、人権侵害として糾弾されるのに、日本において糾弾されたのは、生活保護受給者の方だった。

兵庫県小野市では、生活保護や児童扶養手当など福祉給付・手当の受給者が、給付された金銭を「パチンコ、競輪、競馬その他の遊戯、遊興、賭博等」に使っているのをみつけた場合には、「市民及び地域社会の構成員」に対して市に情報を提供することを責務として定める条例（「小野市福祉給付制度適正化条例」）が二〇一三年四月から施行されている。さらに、二〇一四年三月には、さいたま市が「生活ホットライン」と称して、市民に対して、生活保護受給者の不正受給情報を求める事業をはじめ、同年四月には、福岡市も同様のホットラインを開設した。こうした条例や自治体の取り組みは、市民の密告を奨励するもので、人権侵害の疑いがある。二〇一七年一月には、神奈川県小田原市の生活保護ケースワーカーが「保護なめんなよ」などと読めるアルファベットの文字をプリントしたジャンパーと「生活保護悪撲滅チーム」を意味する「ＳＨＡＴ」とプリントしたポロシャツを作成し、一〇年にもわたり着用していたことが明らかとなった。

なぜ、他の先進諸国では考えられないような生活保護バッシングが、日本ではこれだけ拡大するのか。確かに、生活保護を受給すれば、課税もされず社会保険料負担もなく、医療費も無料となり、生活は格段に楽になる。しかし、生活保護を受給していない（できていない）生活困窮の人たちには、これらの負担が強いられ、生活は苦しいままだ。つまり、生活保護受給者の周辺には、膨大な生活困窮層が存在していることが、生活保護受給者は「恵まれている」という感情につながっているのだ（インターネットなどで生活保護バッシングをしている人が、実は生活保護受給予備群という皮肉な現象！）。日本の社会保障がそれだけ貧弱なわけで、かりに、それらの生活困窮者についても、税金や社会保険料が免除され、医療費も無料であれば（それが本来の社会保障の姿と考えるが）、生活保護受給者が「恵まれている」などの感情は抱きようがないだろう。また、社会保障削減を進める安倍政権のもと、貧困問題を政治問題化させないために、自己責任論を徹底させ、生活保護バッシングを広げ、「助けを求めにくい」風潮が意図的に作り出されていることも背景にある。

3　生活保護の基本原則と仕組み

では、そもそも、生活保護はどのような仕組みなのか。

†生活保護法の目的

生活保護法は「日本国憲法第二十五条に規定する理念に基き、国が生活に困窮するすべての国民に対し、その困窮の程度に応じ、必要な保護を行い、その最低限度の生活を保障する」ことを目的としている（一条）。生活保護法の目的は、まずは、国民の「最低限度の生活」の保障にあり、ここで保障されるべき「最低限度の生活」は、生存ぎりぎりの最低生活（つまり生命体としてのヒトの最低必要カロリーだけが満たされている状態）ではなく、「健康で文化的な」生活水準を維持することができるものでなければならず、このことは同法三条で明文化されている。つまり、国民が生活保護を受けることは、憲法二五条一項にいう「健康で文化的な最低限度の生活を営む権利」を具体化した権利なのである（同様の解釈に、朝日訴訟に関する最高裁大法廷一九六七年五月二四日判決）。したがって、生活保護制度を代替的措置なく廃止したり、最低生活を営むことが不可能なレベルにまで生活保護水準を切り下げる立法は、憲法違反（違憲）となる。

最低生活保障と並んで、生活保護法の目的とされているのが自立の助長である。ここで言われている「自立」については、二つの考え方がある。ひとつは、生活保護を受けずに生活するという意味での自助、とりわけ就労による経済的自立を意味するとの考え方である。もうひとつは、生活保護を含む社会保障の給付や他の援助を受けながらも、日常生活の中で主体的に自らの生活を営むことを自立（「自律」の字を充てる方が適切かもしれない）と捉える、障害者運動の中から生まれてきた考え方である。従来の、そしていまの生活保護の運用は、就労支援という言葉に象徴されるよう、前者の考え方に基づいているが、高齢者・障害者が受給者の大半を占めるようになっている現状では、後者の考え方に基づく生活保護の運用が求められる。

†無差別平等原則

生活保護法の基本原則としては、まず無差別平等原則がある。この原則は、保護を受ける権利が平等であること、生活保護を必要とする人（以下「要保護者」という）に対して保護が平等に行われなければならないことを意味する。同時に、無差別平等原則は、困窮の原因を問わずに保護を実施するという意味でもある。これに従い、戦前の救護法にみられた働ける生活困窮者を扶助の対象から除外する制限扶助主義は排され、生活保護法では、働ける人も対象とする一般扶助主義がとられている。また、かつては、住居のない路上生活者、いわゆるホームレスに対して生活保護を支給しないという運用が行われていた自治体もあったが、無差別平等原則に違反する運用であり、現在ではそうした運用はほぼなくなってきている。なお、ホームレスの自立の支援等に関する特別措置法では、路上生活者などに対して住所がないだけで保護を拒否すべきでないとしており、生活保護受給者の居住実態の不明を理由とする生活保護の廃止決定が違法とされた事例もある（京都地裁一九九三年一〇月二五日判決）。

行政実務では、生活保護法上明文の規定はないものの、日本国民であることが保護の要件となると解されている（国籍要件）。同時に、厚生労働省の通知により、生活に困窮する外国人には国民に対する生活保護の決定・実施の扱いに準じて保護を実施してきたが、生活保護の給付を受ける外国人の法的地位がどのようなものであるかが問題となる。

日本が、難民の地位に関する条約（難民条約）を批准していることを考えれば、永住在留資格を有する外国人への生活保護の適用は認められるべきだが、最高裁は、現行の生活保護一条・二条にいう「国民」は日本国民を意味するという解釈を前提に、在留の状況を問わず外国人一般が、生活保護の受給権を有しないとし、外国人に対する給付は、通知にもとづく「事実上の保護を行う行政措置」であるとして、法の準用を否定している（二〇一四年七月一八日判決）。ただし、行政実務上は、外国人への保護費の支給（これが実務では「生活保護法の準用」と呼ばれている）は否定されておらず、現に行われている。

†資産の活用

また、生活保護法には、補足性原則がある。これは、自己の所有する資産・能力を活用して得られた金銭（資産・能力の活用）、扶養義務者その他から行われた援助、受給しうる年金など法律に定める扶助を、要保護者の最低生活費維持のために活用し（親族による扶養の優先と他法による扶助の優先）、なお不足がある場合に保護が実施されるという原則だ。

収入以外の狭義の資産については、最低限度の生活維持のために所有・利用が必要な場合には保有が認められるが、その限度を超える場合は、処分して生活費に充てることが求められる。対象別にみると、土地・家屋については、たとえば居住用母屋およびこれに付属した土地は保有が認められるが、処分価値が利用価値に比して著しく大きいと認められる場合は、その例外とされる。なお、居住用不動産を担保に要保護者に対して生活資金の貸付を行う制度（リバースモーゲージ制度）が、厚生労働省の通知にもとづき導入されている。これは、各都道府県の社会福祉協議会が運営する生活福祉資金貸付の一種である。行政解釈は、この貸付制度の利用を拒む場合には、資産活用の要件を充たさないという理由で、申請を却下ないし保護を廃止するとされているが、最低生活保障原則に反するおそれがあり、妥当な解釈とはいえない。

家電製品等の生活用品は、世帯人員や構成から判断して利用でき、かつ保有を認めても当該地域の一般世帯との均衡を失することにならないと認められるものについて保有が認められている。具体的には、当該地域で七割程度の普及率が目安とされている。ただし、高齢者や身体障害者等のいる世帯で、エアコンなど、その身体状況や病状から保有が社会的に適当であると認められる場合には、普及率が低くても保有が認められる。

自動車の保有は、障害者（児）および公共交通機関の利用が著しく困難な地域の居住者が、通勤、通院、通学に利用するための保有に限定され、自動車の処分価値が小さい、維持費が援助や他施策の活用等により確実に賄える見通しがあるなど、厚生労働省の通知に定める基準に適合する場合に認められている。障害者が保有する自動車を処分しなかったことを理由に生活保護を廃止された後、再度、生活保護を申請したが却下された事案で、却下処分の違法性を認め取り消した確定判決がある（大阪地裁二〇一三年四月一九日判決）。

預貯金は、原則として保有が認められず、収入認定される扱いであったが、月々の最低生活費を切り詰め、これを原資として蓄積した預貯金の保有の可否が争われた事案で、その保有が認められる要件として、貯蓄目的が生活保護の支給目的に反しないこと、国民感情に照らして、違和感を覚えるほど高額でないことを示したうえで、保有を認め預貯金の一部を収入認定した保護減額処分等を違法とした裁判例がある（秋田地裁一九九三年四月二三日判決）。現在の運用では、保護費のやりくりによって生じた預貯金等は、この判決に沿って、保有が容認されている。

貯蓄性の高い保険については、原則として解約が指導され、その払戻金の活用が求められる。学資保険の満期保険金（約五〇万円）の保有が争点となった事例（中嶋訴訟）で、最高裁は、生活保護受給世帯において最低限度の生活を維持しつつ、子どもの高校就学費用を蓄える努力をすることは、生活保護法の趣旨目的（とくに自立の助長）に反するものではなく、本件払戻金は、収入認定すべき資産には当たらないとして、その一部を収入認定した保護費減額処分は違法であると判示した（二〇〇四年三月一六日判決）。

†能力の活用

生活保護法は、能力の活用も保護の実施要件としているが、ここでの能力は働ける能力、すなわち稼働能力の活用を意味する。実務では、①稼働能力の有無について、客観的かつ総合的に勘案して評価すること、②稼働能力を活用する意思の有無、③稼働能力を活用する就労の場を得ることができるか否か、を踏まえて評価するという指針が示されている。裁判所は、③の就労の場について、申請者の個別的事情を考慮しつつ、具体的な就労の場が現実に存在するかによって判断する傾向にある。②の稼働能力を活用する意思は、判断基準として明確性を欠くが、近年の裁判例は、本人の資質や困窮の程度などを総合的に考慮することで稼働能力活用の意思を比較的容易に認めている。しかし、要保護者に対しては困窮原因を問わずに、無差別平等に保護を実施するという生活保護法二条の趣旨からすれば、就労意思の存在を判断基準として重視することは妥当とはいえない。

能力活用の要件は、資産活用の要件とは異なり、これを充たさないとして保護が否定されることで、要保護者が最低生活水準を下回る状態のまま放置される可能性が高い。申請があれば原則として一四日以内に保護の可否を審査しなければならず、この間に、保護の実施機関が、能力活用要件を認定するのは実際には困難を伴う。能力活用は、保護の実施要件とはせず、要保護者が最低生活水準を下回った生活状態にある場合には、まずは保護を開始し、その後の就労支援等を行う場面での判断基準とすべきであろう。裁判例でも、若年失業者が稼働能力を有し、稼働能力を活用する意思も有していたものの、稼働能力を活用する就労の場を得られる状況になかったため就労していなかったと認められるから、稼働能力活用の要件を満たしていたと認めるべきであるとした事例がある（大阪地裁二〇一三年一〇月三一日判決。岸和田生活保護訴訟)。この判例では、生活保護の開始申請の却下処分を取り消すとともに、却下処分は、生活保護法の解釈を誤ったものであり、被告職員の相談時の対応は原告の申請権を侵害するもので、国家賠償法上違法であるとして国賠請求も認めた。

急迫した緊急の理由(以下「急迫事由」という)のある場合は、資産の活用など保護の実施要件を満たさなくても保護が実施されるが、実務では、急迫事由は、要保護者の生命の危機がある場合など限定的に解されている。恩給担保貸付により借り入れをし、受給中の恩給から返済していたことを理由に申請却下処分を受けた者について、その当時、困窮の程度は差し迫ったものであり、生命・身体の維持のために必要不可欠な医療行為すら受けることが困難であったとして、急迫事由を認め、同処分を取り消した裁判例がある(大阪高裁二〇一三年六月一一日判決)。要保護者に対する迅速な保護の実施が求められること、急迫保護が実施された場合でも事後に費用の返還を求められることから、急迫事由は、利用しうる資産を活用して生活費に充当する時間的余裕のない場合なども含め広く解すべきである。

†扶養の優先と費用徴収

先ほども述べたように、生活保護法は、扶養義務者による援助（扶養義務の履行）は、保護の実施要件ではなく、扶養義務者から現実に援助が行われた場合、その限度で保護を実施しないという、扶養の優先原則をとっている。

民法では、扶養義務に関して、①夫婦、②直系血族および兄弟姉妹、③三親等内の親族の三つの類型がある。このうち、①の夫婦と②の直系血族および兄弟姉妹は「絶対的扶養義務者」であり、③の三親等内の親族は「相対的扶養義務者」とされ、家庭裁判所の「特別の事情がある」との審判を受けた者だけが、扶養義務者とされる（民法八七七条二項）。また、扶養義務の内容についても、夫婦間、および成人に達する前の子どもに対する親の扶養は、扶養義務者が要扶養者の生活を自己の生活として保持する義務（「生活保持義務」）であるのに対して、その他の親族扶養は、扶養義務者に余力のある限りで（自己の地位と生活とを犠牲にすることがない程度に）援助する義務（「生活扶助義務」）として区分されている。

生活保護の実務では、保護の実施機関が、要保護者からの申告を基本に、必要に応じて戸籍謄本等によって、扶養義務者の存否を確認し、確定した扶養義務者について要保護者などからの聞き取りなどの方法により扶養の可能性の調査を行う。調査の結果、扶養義務者に扶養履行義務が期待できる場合は、扶養照会を行うこととなる。

しかし、扶養照会は、どうも機械的に出されているふしがある。かつて筆者のゼミ生のところに、父親が生活保護を申請しているが扶養できるかという扶養照会がきたことがあるからだ。そもそも、働いていない学生が親を扶養できるわけがない（ゼミ生の母親は働いているが、離婚しており、もはや扶養義務者ではないので扶養照会はこない！）。欧米諸国では、扶養義務の範囲は、未成年の子どもに対する親の扶養義務だけで、日本の扶養義務の範囲は広すぎる。親の扶養義務を子どもが負わされるのでは、貧困家庭に生まれた人は、自身の生活が苦しければ断ることは可能とはいえ、親を扶養すること求められ続ける（公務員になった先のゼミ生のところには、再度、扶養照会が来て、彼女は、いま父親に仕送りしているのだろうか？）。一方で、裕福な家庭に生まれた人は親を扶養することを求められない。あまりに不公平ではないか。

また、生活保護の現場では、扶養義務者の扶養は保護の要件ではないにもかかわらず、保護の要件であるかのように窓口で説明し、保護の申請を断念させることが、しばしば行われ、いわゆる「水際作戦」の「常套手段」となってきた。厚生労働省は「扶養義務者と相談してからでないと申請を受け付けない」などの対応や相談者に対して扶養が保護の要件であるかのごとく説明を行い、その結果、保護の申請を諦めさせるような対応は、申請権の侵害に当たるとの通知を発出しているが、現場ではなかなか改善には至っておらず、早急の改善と要保護者への周知が必要であろう。

なお、生活保護法七七条では、保護の実施後に、扶養義務者からの費用徴収を定めているが（扶養義務者の負担額は協議が基本だが、それが調わないときなどは、保護実施機関の審判申し立てにより家庭裁判所が決定する）、この規定は、現場ではほとんど適用されたことがない。そもそも、扶養義務者も貧困状態にあることが多いからだ。ただし、二〇一三年改正法により、従来行われてきた扶養義務者に対する扶養照会に加えて、明らかに扶養が可能であると認められる扶養義務者に対する通知および報告徴収の規定が設けられ、運用しだいでは扶養の強制になる可能性があり問題が残る。

4　保護の基準

†一般基準・特別基準と生活扶助費の算定方式

生活保護の基準額は、厚生労働大臣が定め、「最低限度の生活の需要を満たすに十分なもの」とされている（生活保護法八条）。この保護基準には、一般基準と特別基準がある。

一般基準（通常は、これが保護基準といわれる）は、厚生労働大臣が、生活保護法八条に基づき告示の形式で定めるものをいう（「生活保護法による保護の基準」）。保護基準は憲法二五条の「健康で文化的な最低限度の生活」を具体化するものであり、拘束力をもつにもかかわらず、告示の形式で、こう決まったと厚生労働大臣が官報に掲載するだけでよく、国会の審議もないままに、実質的には、厚生労働省の官僚が決めている。官僚による恣意的な保護基準の改定を抑制するためにも、国民の代表である国会の審議を経て、民主的なコントロールを及ぼすべきで、告示の形式ではなく、法律別表の形式で制定すべきであろう。なお、一般基準は、生活保護法の定める八種類の扶助についてそれぞれ定められ、同時に、消費者物価等の地域差を反映させるため、基準額が最も高い東京二三区などの一級地一から、三級地三まで六段階の格差をつけた級地制が採用されている。

要保護者に特別の理由があって、最低限度の生活の需要に当たるが一般基準ではカバーされない特別の需要については、厚生労働大臣が特別基準を定める。個々の特別基準は、告示形式で定められず、当該事例限りの保護実施機関に対する個別の通知として定められている。行政実務では、厚生労働省の通知の範囲内（支給事由・品目・上限額があらかじめ定められている）で特別基準の設定があったものとして、保護実施機関が一般基準に定められていない需要を認定して保護決定を行うことが認められている。住宅扶助の特別基準について、保護の実施機関が通知の定める限度額を超える敷金の支給申請を却下した事案で、身体障害による低層階への転居は最低限度の生活の維持に必要であることなどを理由に、住宅扶助基準を超える家賃の住宅への転居であっても、敷金の支給対象とならないとは解されないとし、同処分を取り消した裁判例がある（福岡地裁二〇一四年三月一一日判決）。

食費など日常生活費に当たる生活扶助費の算定方式は、一九四八年に、マーケット・バスケット方式（最低生活水準を維持するために必要な生活用品を購入したとしてこれらを足し合わせる方式）が導入されてから、エンゲル方式（最低生活水準を維持するために必要な食料費を計算した上でこれをエンゲル係数で除して生活費を計算する方式）、格差縮小方式（一般世帯と生活保護受給世帯の生活水準格差を縮小させるように額を算定する方式）と変遷を重ねてきた。一九八四年に導入された現行の消費水準均衡方式は、当該年度の一般国民の消費動向を踏まえ、前年度までの一般国民の消費実態との調整をはかるもので、おおむね一般世帯の消費支出の七割前後の水準で生活扶助基準が設定されている。しかし、同方式の理論的根拠は十分でなく、算定過程も透明性を欠くなど課題が多い。

†断行された生活保護基準の引き下げ

近年、生活保護バッシングにあわせて、この生活保護基準が問題視されることが増えている。二〇一三年には、生活扶助基準（以下「生活保護基準」という）を、同年から三年かけて段階的に引き下げ、六七〇億円（約六・五％）減額する過去最大の削減が断行された。受給世帯の九六％で支給額が減額され、子どもがいる世帯では一〇％減額されたが、この引き下げの大半（生活扶助本体分五一〇億円と加算分七〇億円）は、生活保護基準の見直しを審議していた社会保障審議会生活保護基準部会では検討もされていなかった物価下落（デフレ）を理由にして引き下げられた。しかも、その物価の下落は、通常使われている総務省が作成し公表する消費者物価指数（CPI：Consumer Price Index）よりも物価下落が過剰に大きく算出される。厚生労働省が独自に創作した「生活扶助相当ＣＰＩ」に基づき偽造されたものであることが、中日新聞の白井康彦記者によって明らかにされている（白井康彦『生活保護削減のための物価偽装を糾《ただ》す！――ここまでするのか！厚生労働省』あけび書房、二〇一四年参照）。

結局、生活保護基準の一〇％引き下げを二〇一二年の衆議院選挙の公約としていた自民党に忖度する形で、偽造したデータに基づき生活保護基準が引き下げられたといえる。二〇一八年二月には、厚生労働省は、裁量労働制を採用している労働者の労働時間が一般労働者のそれより低いとし、政府答弁の裏付けとしていたが、そのデータの誤りが指摘され、安倍首相が国会答弁の撤回に追い込まれたうえ、裁量労働制拡大に関する部分は削除して、法案が国会に提出され成立した（第五章6参照）。同じことが、すでに生活保護基準の引き下げでも行われていたわけだ。

†さらなる生活保護基準の引き下げ

さらに、安倍政権は、二〇一八年一〇月から三年かけて、生活保護基準を平均一・八％、最大五％引き下げ、総額二一〇億円（国費分一六〇億円）の生活保護費を削減する方針を打ち出した。七割の受給世帯が減額となり、三歳未満の児童等（第三子の小学校修了前まで含む）の児童養育加算は一万五〇〇〇円から一万円に減額、母子加算も平均二万一〇〇〇円から一万七〇〇〇円へ減額される。これにより不利益を受ける子どもの数は三五万人にも及ぶと推計されており、前述の子どもの貧困対策に逆行し、子どもの貧困率を上昇させることとなろう。

なかでも、児童養育加算の三歳未満児等についての減額の意味は大きい。児童手当は、児童一般を対象とする社会手当であるから（第六章2参照）、児童のいる生活保護世帯にも支給されるが、生活保護世帯の場合、補足性の原則により、児童手当支給分が収入認定され生活保護費が減額される。そこで、生活保護世帯も一般世帯も区別なく、児童手当相当分が支給されるべきとの趣旨で、一九七二年の児童手当制度発足以来、児童手当と同額の児童養育加算が支給されてきた（民主党政権のときの子ども手当も同様）。しかし、今回の減額で、児童養育加算は、三歳未満児について児童手当（月一万五〇〇〇円）より減額され連動が断ち切られたこととなる。収入認定される児童手当と同額の加算措置がなされなければ、生活保護世帯に児童手当を支給していない（もしくは減額して支給する）ことと同じになり、明らかに、すべての児童の健全育成という児童手当法の趣旨に反する。

高齢者への影響も深刻だ。老齢加算の廃止から続く保護基準引き下げで、東京二三区など一級地一の地域に住む七〇歳以上の単身世帯の生活扶助費は、老齢加算廃止前の二〇〇三年度の月額九万三八五〇円が、今回の引き下げ後の二〇二〇年度には月額七万一〇〇〇円となり、実に二割近く減少する（読者自身の給与や年金が二割減らされた生活を想像してみてほしい！）。

今回の引き下げの考え方は、第一・一〇分位層（全世帯を所得の低い方から高い方に並べてそれぞれの世帯数が等しくなるように一〇等分したもののうち、最も所得の低い階層）の消費水準にあわせるというものだ。しかし、前述のように、日本の生活保護の捕捉率は二割程度と極端に低く、第一・一〇分位には、生活保護基準以下の生活水準でありながら、生活保護を利用していない人が多数含まれている。医療費や介護保険料などが免除されていないそれらの人の消費水準は、低賃金化や保険料負担増などにより、ここ数年で大きく落ち込んでいる。生活保護基準を、それらの人の消費水準にあわせて引き下げることは、引き下げに歯止めがなくなる「貧困のスパイラル」に陥ることを意味する。

†他制度に波及する生活保護基準の引き下げ

同時に、保護基準の引き下げは、個別の受給者に対する影響にとどまらず、他制度にも影響が及び、賃金や社会保障給付全体の水準を低下させる。

まず、現在の地域別の最低賃金は「生活保護に係る施策との整合性に配慮」して決めることが最低賃金法に明文化されている。そのため、生活保護基準が引き下げられると、最低賃金の引き上げは抑制され、連動して下げられる可能性すらある。

最低賃金のほかにも、生活保護基準は、社会保障制度や関連制度の中で転用されている。たとえば、国民年金保険料の免除（法定免除）、保育料、児童福祉施設一部負担金の免除などは、生活保護受給と連動しており、生活保護基準の引き下げにより生活保護受給ができなくなれば、これらの免除も受けられなくなる。また、国民健康保険料の減免、同一部負担金の減免基準、介護保険利用料の減額基準、就学援助対象の選定基準などは、生活保護基準額の一・〇〜一・三倍以下（就学援助の場合）などの所得者（準要保護者。要保護者に準じる生活状態にある人の意味）とされていることが多く、生活保護基準が下がれば、保険料の減免や就学援助が受けられなくなる人がでてくる。とくに就学援助は、現在、利用児童が過去最高の一五七万人にのぼり、打ち切られた場合の影響は甚大だ。

生活保護基準は、住民税も課税基準の設定にも連動しており、生活保護基準の引き下げで、非課税基準が下がり、現在、住民税が課税されていない人（約三一〇〇万人。総務省の「市町村民税状況等調べ」等から推計）が新たに課税されたうえに、税制転用方式が採用されている各種費用負担（保育料や障害者福祉サービスの利用料など）も増大する。保育料についてみると、三歳未満児の国基準で、住民税非課税世帯（第二階層区分）は月額九〇〇〇円だが、住民税課税世帯（第三階層区分）になると月額一万九五〇〇円に跳ね上がる。多くの自治体では独自補助により保育料を軽減しているものの、生活保護基準の引き下げによって、住民税が新たに課税されたうえに、保育料まで高くなるという子育て世帯が多数でてくることになる。

こうした影響の甚大さのゆえに、今のところ最低賃金は引き下げられず、住民税の非課税基準も据え置きとなっている。しかし、就学援助については、準要保護者約一四一万人に対する就学援助への国庫負担金は廃止されている（全額が自治体の負担となっている）ため、少なからぬ自治体では、財政難を理由に就学援助の対象者を縮小する動きが出てきている。

5　生活保護の種類と方法

†生活扶助と教育扶助

生活保護というと、生活費にあたる生活扶助のみをイメージしてしまいがちだが、それ以外にも、教育扶助、生業扶助、住宅扶助、医療扶助、介護扶助、出産扶助、葬祭扶助の八つの扶助が法定されている（生活保護法一一条）。

生活扶助は、衣食その他日常生活の需要を満たすために必要なもの、つまり生活費の給付である。生活扶助には、居宅保護費のほか、保護施設入所者に対する入所保護の基準額、入院患者の日用品費および介護施設入所者基本生活費がある（基準生活費）。

教育扶助は、義務教育に伴う必要な教科書その他の学用品、通学用品、学校給食その他に対する給付である。高等学校への進学率が九八％を超す状況で、義務教育のみに限定されていることに批判が強かったが、前述の中嶋訴訟最高裁判決を契機に、高等学校等就学費（教材代、授業料、入学料、通学交通費、学習支援費など）が生業扶助として支給されるようになった。

†住宅扶助

住宅扶助は、住居およびその補修など住宅の維持のために必要な給付である。実務では、家賃・地代、家屋の補修費などのほか、転居に対して必要な敷金等も支給されるようになっている（この場合は特別基準の設定があったものとして取り扱われる）。しかし、家賃にかかる住宅扶助基準（特別基準を含む）は、とくに都市部の家賃水準を反映しておらず、多くの生活保護受給者が、国（国土交通省）が「健康で文化的な住生活」と定めた水準の住宅に入居できていない現状がある。たとえば、単身世帯の場合、国の定める最低居住面積は二五㎡だが、この基準に達していない住居に居住している生活保護受給の単身世帯は五割を超える。

住宅扶助費については、二〇一五年度から二〇一八年度にかけて総額一九〇億円が削減され、一級地一の二人世帯で、月額六〇〇〇円の減額となっている。こうした減額で、これまでは適正な家賃とみなされ全額が支給されていた家賃が、住宅扶助基準額を超える

「高額家賃」とされてしまい、受給者は転居指導の対象とされることとなる。しかし、無理な転居や転居の事実上の強制により、高齢者や障害者が必要な支援が受けられなくなる可能性も考えられる。とくに、高齢者の場合、転居による環境の変化は認知症の発症や健康の悪化につながりやすい。子どものいる世帯では、子どもが転校を余儀なくされることがありうる。

結局、保護世帯の側で、基準額を超える金額を共益費などにふりかえ、名目上家賃を基準額以内に納め、自らの生活費を切り詰めて転居の不安をクリアする自己犠牲的選択をとるおそれがある。この点について、厚生労働省は、経過措置にあたる旧基準を適用してよい場合として、①転居によって通院、通所に支障をきたす場合、②転居によって通勤または通学に支障をきたす場合、③高齢者、身体障害者等であって、親族や地域の支援を受けていて、転居によって自立を阻害する場合を挙げている。当面は経過措置の最大限の活用が求められよう。

もともと、基本的人権としての住居という考え方が薄い日本では、公営住宅の少なさは先進諸国でも突出している。公営住宅の応募倍率は、全国平均で五・八倍、東京都では二三倍に達する（二〇一四年時点。国土交通省住宅局調べ）。しかも、民間住宅では、現在、高家賃の住宅が増加する一方で、低家賃の住宅は老朽化などで減少傾向が続いている。とくに、一人暮らしの高齢者の場合、孤立死すれば「事故物件」になることを業者がおそれ、入居を拒まれるケースが多い。結局、低所得の高齢者や生活保護受給者が行き場をなくし、劣悪な居住環境に追いやられている。二〇一五年五月には、川崎市の簡易宿泊所二棟が全焼、一一人が犠牲になったが、犠牲者の大半は生活保護受給者であった。また、二〇〇九年三月に、群馬県の無届有料老人ホーム「静養ホームたまゆら」で火災があり、入居者一〇人が犠牲になった事件があったが、その犠牲者も多くが東京都から生活保護を受けている高齢者であった。こうした悲劇を繰り返さないためにも、公営住宅の増設、実態に即した住宅扶助基準の引き上げが不可欠である。

†医療扶助と介護扶助

生活保護受給者は、国民健康保険および後期高齢者医療の被保険者とならず、医療を要する場合には医療扶助を受けることになる。医療扶助は、原則として現物給付であり、医療券を発行して行う。その診療方針および診療報酬は、国民健康保険の例によるから、基本的には社会保険医療と同水準である（第三章2参照）。医療の給付は、指定された医療機関に委託して行うのが大半で、指定医療機関に対する診療報酬の支払事務は、社会保険診療報酬支払基金に委託できる。

介護扶助は、介護保険法七条にいう要介護者・要支援者であることが受給要件となる。その内容は、介護保険の給付対象となるサービスとほぼ同じである。医療扶助と同様、現物給付を原則とし、指定介護機関に委託して行う。六五歳未満の生活保護受給者は、国民健康保険に加入していないため、介護保険の被保険者とならず、介護保険相当サービスが介護扶助として提供される。六五歳以上の被保護者は、介護保険の第一号被保険者となり、その保険料は介護保険料加算として生活扶助に加算され、サービス費用の一割の本人負担分が介護扶助として支給される（第四章2参照）。

†出産扶助、生業扶助など

出産扶助は、分娩の介助などを対象とし、葬祭扶助は、火葬その他葬祭のために必要な費用を支給する。

生業扶助は、要保護者のみならず、困窮のために最低限度の生活を維持することができないおそれのある者についても行われる。生業扶助のうち、生業費は、もっぱら生計の維持を目的として営まれる小規模の事業、たとえば飲食店や大工などの自由業を営むために必要な資金・器具等の費用を支給する。また、技能修得費は、公的資格の取得など、生業に就くために必要な技能の修得にかかる費用（授業料、教材費等）が支給される。そのほかに、就職支度費として、就職の確定した者に就職のために直接必要となる洋服や履物等を購入する費用が支給される。

これら八種類の扶助は、被保護者の必要に応じて併給だけでなく単給でも行われる。これらの扶助以外にも、勝訴確定判決を受けた原告（生活保護受給者）が訴訟に要した訴訟費用や弁護士費用を扶助として請求した事案では、それらは生活保護の扶助の対象とならないとした裁判例がある（東京地裁一九七九年四月一一日判決）。

†保護の方法と加算制度

生活扶助は、在宅で保護を受ける居宅保護が原則であるが、適切な賃貸アパートが近くになかったり、持病があり規則正しい生活を営む必要があるときや、さらに、生活保護受給者本人がこれを希望したときは、保護施設に入所させて保護を行うことができる。ただし、本人の意に反して入所を強制することはできない。この点について、居宅保護を求めた路上生活者に対して、現に住居を有しない場合は、居宅保護ができないとして、賃貸アパートを手配することもせず、本人が希望していないのに入所保護を強制した入所保護決定は違法として、取り消した裁判例（大阪地裁二〇〇二年三月二二日判決）がある。

保護施設には、救護施設、更生施設、医療保護施設、授産施設および宿泊提供施設がある。設置主体は、地方公共団体および地方独立行政法人のほか、社会福祉法人、日本赤十字社に限定されている。しかし、近年、法的な位置づけのない施設、さらには建築基準法違反の疑いのある建築物など、劣悪な居住環境に生活保護受給者を住まわせ、保護費から高額の居住費などを徴収する、いわゆる貧困ビジネスが拡大し問題となっている。施設に対する規制監督の強化や、適切な居住場所への転居を促す支援が求められる。

一方、生活保護法の必要即応の原則（九条）は、要保護者の個別の事情を考慮した柔軟な運用を要求する原則といえる。この原則に基づいて、特別の需要（加齢や障害に伴う需要など）を有する生活保護受給者の実質的な最低生活を確保するため、特別の需要を定型化した加算がある。具体的には、妊産婦加算、母子加算（二〇〇六年にいったん廃止されたが、二〇〇九年に復活している）、障害者加算などがある。

6　生活保護裁判の動向と生活保護法の課題

✝権利救済と行政訴訟

生活保護の申請拒否や保護の不利益変更など保護実施機関の保護の決定・実施に関する

処分に不服がある場合は、行政不服審査法に基づき、都道府県知事等に審査請求を行うことができる。生活保護法六五条一項は、審査請求があった場合の裁決期間を規定している（行政不服審査法四三条一項の規定による諮問をする場合は七〇日、それ以外の場合は五〇日）。裁決期間を経過した時は、同条二項により審査請求は棄却されたものとみなすことができる（いわゆる「みなし裁決」）。都道府県知事の裁決に不服がある場合には、厚生労働大臣に対する再審査請求をすることができる。

保護実施機関の決定・処分に対しては、処分の取り消しなどの行政訴訟を提起することができる。二〇〇四年の行政事件訴訟法の改正により、義務付け訴訟と仮の義務付けが法定化され（行政事件訴訟法三条六項）、生活保護の申請が拒否されたような場合には、拒否処分の取消訴訟とともに保護開始の義務付け訴訟（同三七条の三）を提起することができるようになった。また、裁判には時間がかかるため、生活保護を受給できなければ命や健康にかかわるような緊急の必要がある場合には、裁判の途中でも、保護開始の仮の義務付け（同三七条の五）を申し立て、迅速な生活保護の開始と保護費の支給を保護実施機関に義務付けることもできる。近年、これらを認容する裁判例が相次いでいる（那覇地裁二〇〇九年一二月二二日決定など）。さらに、保護の廃止などの不利益処分に対しては執行停止の申し立て（同二五条一項）により救済を得ることができる。

生活保護法では審査請求前置主義がとられており、処分の取消訴訟など行政訴訟を提訴する場合のほか仮の義務付けを申し立てる場合も、原則としてまず審査請求を行い、これに対する裁決を得る必要がある。もっとも、仮の義務付けが認められるような場合は、行政事件訴訟法八条二項二号（処分、処分の執行または手続の続行により生じる著しい損害を避けるため緊急の必要があるとき）または三号（正当な理由があるとき）に該当し、裁決を経ないで取消訴訟を提起できる場合が多いと考えられる。

†生存権裁判から「命のとりで裁判」へ

生活保護をめぐる裁判は、当時の生活保護基準（月額六〇〇円の生活扶助）が、生活保護法の規定する「健康で文化的な最低限度の生活水準」（三条）を維持するに足りない違法なものであると争った朝日訴訟を嚆矢とする。第一審判決（東京地裁一九六〇年一〇月一九日判決）は、国の財政事情といった予算抗弁を認めず、当時の生活保護基準を違法とした。国の財政事情が苦しいからといって、健康で文化的な最低限度の生活水準を確保するため必要な予算を確保できないという言い訳はできず、必要な予算を確保するのが政府の仕事だというわけだ。しかし、上告審判決（最高裁一九六七年五月二四日判決）は、厚生大臣（当時）が、現実の生活条件を無視して著しく低い水準を設定するなど、裁量を逸脱・濫用した場合のみ違法になるとし、その広い裁量を認めた上で、保護基準の設定にあたって、①当時の国民所得ないしその反映である国の財政状態、②国民の一般的生活水準、都市と農村における生活の格差、③低所得者の生活程度とこの層に属する者の全人口に占める割合、④一般の国民感情および予算配分の事情といった生活外要素を考慮できるとした。しかし、国の財政事情を考慮することは、財政悪化を理由に、少なくとも、最高裁がいう「著しく低い水準」に届く手前まで生活保護基準を引き下げることを許容することになるし、④の一般の国民感情のような客観的データで測りえない主観的要素を考慮に入れるのは適切でない。

その後、七〇歳以上の高齢者に支給されていた老齢加算の廃止の違憲性を争う一連の訴訟が提訴され、生存権裁判と呼ばれた。最高裁判決(二〇一四年四月二日)は、老齢加算廃止の違憲性を否定したが、一級地で、月額一万七九三〇円もの老齢加算分の減額は、高齢者の生活に深刻な影響を及ぼしたことは間違いなく、その適法性をあっさりと認定した最高裁の判断には疑問が残る。なお、老齢加算廃止訴訟において、生活保護における不利益変更の禁止(生活保護法五六条)のみならず、日本の批准している社会権規約の規定する制度後退禁止原則が、法および憲法の解釈に適用されるとした判断枠組みを示す判決(大阪高裁二〇一五年一二月二五日判決)が出ており、注目される。

現在は、二〇一三年からの史上最大の生活保護基準引き下げに対して、これまた史上最大の生活保護受給者が立ち上がり、全国二九都道府県で、約一〇〇〇人の原告が違憲訴訟を提訴している（作家の雨宮処凛さんの発案で「いのちのとりで裁判」と呼ばれている）。今後、裁判の場において、国（厚生労働省）側に基準引き下げの算定方法や判断過程の合理性についての説明が求められることとなろう。老齢加算と異なり、生活保護基準本体の引き下げが争われているだけに、裁判所の判断が待たれるところだ。

†さらなる生活保護法の改正

二〇一八年六月には、さらなる生活保護法の改正を含む「生活困窮者の自立を促進するための生活困窮者自立支援法等の一部を改正する法律案」が成立した。生活保護法の主な改正内容は、①生活保護世帯の子どもが大学等に進学した際に、新生活の立ち上げ費用として進学準備給付金を一時金として支給（自宅通学で一〇万円、自宅外通学で三〇万円）、②医療扶助における後発（ジェネリック）医薬品の使用を原則化、③資力がある場合の返還金の保護費との調整、④無料低額宿泊所の規制強化などである。

このうち、①では、あわせて、大学進学中も引き続き、出身の生活保護世帯と同居して通学している場合には、住宅扶助を減額しない措置がとられることとなった。しかし、生活保護制度では、高校を卒業後に働いて自立することを原則にしており、学生は生活保護の対象外となり、生活扶助が減額される（世帯分離）。世帯分離を見直し、生活扶助の減額を行わない措置が必要であろう。②は、医師などが医学的知見から問題ないと判断するものについては、後発医薬品で行うことを原則化するものだが、生活保護受給者本人の意思による先発品の選択を認めず、医療の平等原則の観点から問題がある。今後、医薬品以外の治療行為についても、生活保護受給者の差別的取り扱いが拡大される可能性があり、平等原則（憲法一四条）に違反するおそれがある。また、③は、生活保護費から過払いの生活保護費の返還金を強制的に天引きするもので、事実上、生活保護費の手取り額が最低生活費を下回ってしまうことになり、最低生活保障の趣旨に反する。④では、あわせて、単独での居住が困難な人への日常生活支援を無料低額宿泊所において実施することとされており、無料低額宿泊所を実質的に生活保護の受け皿に転換しようとするもので問題がある。

†生活保護法と生活困窮者自立支援法の課題

日本の生活保護法の課題としては、まず、運用面で、稼動能力を有する者に対して、稼働能力を活用しようにも、働く場が得られなければ、生活保護を利用することができること、就労していても、資産がなく、給与が最低生活費に満たない場合にも、やはり生活保護を利用することができることを周知し、生活保護の活用を積極的に助言していく必要がある。また、生活保護の申請方法を簡略化し、郵便局などに申請用紙を備え付け、それに記入し、投函すれば申請できるような仕組みを設けるべきである。申請の意思を明確にすれば口頭でも申請ができること、特定の申請用紙でなくても便箋等に必要事項を記入しても適法な申請となることなどを周知させると同時に、申請権を侵害する水際作戦や保護の辞退を強制するような運用は違法であり、早急に改められるべきだろう。

さらに、生活保護法の全面改正が不可欠である。生活保護受給の権利性を明確にしたうえで、「生活保護法」という名称を「生活保障法」に変更し、関連する文言の変更を行い、申請権を侵害してはならず、申請があれば必ず受け付けなければならないことを法律に明記すべきである。もともと、現行の生活保護法の制定時におけるGHQ（連合国軍総司令部）折衝での厚生省案の英文は「Daily Life Security Law」で、直訳すれば「生活保障法」となるはずだった。それが、権利が強調されすぎるとして、和文では「生活保護法」と使い分けられた経緯がある（副田義也『生活保護制度の社会史〔増補版〕』東京大学出版会、二〇一四年、一二頁参照）。「生活保障法」に名称変更することに何の支障もないはずだ。

同時に、個人の申請権とともに、必要な助言や支援を請求する権利、それに対する行政の情報提供義務も明記すべきである。加えて、保護基準の設定を法的に統制するため、最低生活費の算定過程の透明性を高めるとともに、最低生活費の算定方法に関する理論的根拠を改めて検討する必要がある（前述の「いのちのとりで裁判」においても、基準引き下げの判断過程の不透明性、恣意性が問題となっている）。その上で、前述のように、生活保護受給者の意見を反映させる仕組みを設け、保護基準を国会の審議を経て改定できる仕組みに改めるべきである。財政的理由による保護基準の引き下げが歯止めなく断行されることを防ぐ意味でも、保護基準改定への民主的コントロールは不可欠といえる。そのほか、廃止された老齢加算の復活、補足性の原則（四条）の「資産等」について、行政の裁量を統制するため、生活保護法に原則規定を置くとともに、医療扶助や住宅扶助などを個別に利用する場合には、収入・資産要件を緩和するなどの改正が必要だ。

なお、生活保護法の改正とともに制定された生活困窮者自立支援法については、同法を改正し、各事業に対する国・自治体の責任と利用者の権利性を明確にするとともに、必要な予算を投入し、全国共通の各事業の基準を定め、当事者の主体性を認めた制度運用を行っていく必要がある。具体的には、相談事業の窓口での生活保護申請への助言義務を明記すること、住宅確保給付金の引き上げ、就労訓練事業への最低賃金の適用などが必要である。

終章

岐路に立つ社会保障

社会保障のそれぞれの分野のこれまでの考察を踏まえ、最終章の本章では、社会保障の財源問題を中心に、社会保障全般にわたる充実に向けての課題を展望する。

†社会保障財源としての消費税

日本の社会保障は、国際化・高齢化・少子化など社会経済状況の変化にさらされ、さまざまな課題を抱えているが、最大の課題はやはり財源問題であろう。社会保障の充実を提言すると、必ずといっていいほど社会保障の財源をどうするのかという問いが戻ってくるからだ(もっとも、防衛費や公共事業費を増やすときには、財源をどうするのかという声は聞かれないが)。二〇一八年度予算でみると、一般会計歳入歳出の総額は九七兆七一二八億円(対前年度予算比二五八一億円、〇・三%増)で過去最大を更新、政府全体の社会保障関係費は三二兆九七三二億円(同四九九七億円、一・五%増)を占めており、増え続けている。この増大する社会保障費用をどう賄うのか、その財源をどこに求めるかという問題である。

日本では、消費税が、その導入当初から、社会保障の主要な財源と位置づけられ、社会保障の充実のためと称して、税率の引き上げが行われてきた（三％→五％→八％）。そして、この間、財務省を中心に、御用学者やマスコミを動員して、増え続ける社会保障費を賄う税財源は消費税しかないという宣伝が執拗に繰り返されてきた。そのため、多くの国民が「社会保障財源＝消費税」という呪縛にとらわれ、そう思い込まされてきたし、今でもそうである。

もっとも、消費税の社会保障目的税化が「社会保障・税一体改革」と称して、明確に打ち出されたのは、二〇一二年で、当時の民主党政権のもとであった。同年二月に閣議決定された「社会保障・税一体改革大綱」では「消費税収（国分）は法律上、全額社会保障四経費（制度として確立された年金、医療及び介護の社会保障給付並びに少子化に対処するための施策に要する費用）に充てることを明確にし、社会保障目的税化するとともに、会計上も予算等において使途を明確化することで社会保障財源化する」と明記された。これを受け、同年三月に、消費税率の引き上げなどを内容とする消費税法等改正二法案（社会保障の安定財源の確保等を図る税制の抜本的な改革を行うための消費税法の一部を改正する等の法律案、社会保障の安定財源の確保等を図る税制の抜本的な改革を行うための地方税法及び地方交付税法の一部を改正する法律案）が国会に提出された。六月には、民主党と自民党・公明党の三党による協議が行われて法案の修正（以下「三党修正」という）がなされ、八月に成立した。しかし、成立した改正消費税法では、消費税税収について社会保障四経費の費用に充てるとされたものの、社会保障目的税化についてはあいまいな規定にとどまった。

この改正消費税法とともに成立したのが社会保障制度改革推進法である。日本弁護士連合会（日弁連）は、社会保障制度改革推進法案が国会に提出された段階で、「社会保障制度改革推進法案に反対する日本弁護士連合会会長声明」（二〇一二年六月二五日）を公表し、同法案は「安定した財源の確保」「受益と負担の均衡」「持続可能な社会保障制度」の名のもと、国の責任を「家族相互及び国民相互の助け合いの仕組み」を通じた個人の自立の支援に矮小化するもので、国による生存権保障、社会保障制度の理念そのものを否定するに等しく、憲法二五条一項・二項に反するおそれがあると批判している。こうした社会保障制度改革推進法が、消費税の増税法とともに成立したことは、「社会保障・税一体改革」のねらいが、消費税増税による社会保障の充実ではないことを如実に物語っている。その本当のねらいは、消費税増税と社会保障の削減を一体的に実現することにあったといえる。

†予算のすげ替えというトリック

そもそも、安倍政権のもとで、二〇一四年四月に、消費税が八％に引き上げられたにもかかわらず、社会保障は充実するどころか、削減されているのはなぜか。

政府は、消費税率八％引き上げの初年度の消費税増収分は五・一兆円で、基礎年金の国庫負担財源に二・九五兆円、後代への負担のつけ回しの軽減に一・四五兆円、社会保障の充実に五〇〇〇億円を配分したと説明している。これをみると、大半は社会保障の安定化に使われ、充実は増収分の一割にすぎない。二〇一八年度予算でみても、消費税増収額八・四兆のうち、基礎年金財源に三・二兆円、後代への負担のつけ回しの軽減に三・四兆円、社会保障の充実に回されるのは一・三五兆円と、増収分の一六％程度にとどまる。

また、政府は「後代への負担のつけ回し」の表現にみられるように、社会保障の費用の大半を借金で賄っているかのように説明しているが、社会保障費は、他の歳出項目と同様、国債を含めた歳入全体から支出されており、所得税や法人税などの税収によっても賄われている。歳入に占める国債の割合は四割程度で推移しているから、それで案分しても、社会保障費のうち借金に依存しているのは四割程度と推計される。

そして、社会保障の安定化に消費税収を用いるということは、これまで社会保障に充てられてきた法人税収や所得税収の部分が浮くことを意味する。いわゆる予算のすげ替えである。つまり、消費税増税による増収分の大半は、社会保障の安定化と称し、つぎにみるように、法人税減税などによる減収の穴埋めに使われていることになる。

何よりも、消費税の社会保障目的税化といわれるが、特別会計となっているわけではなく、目的税化されてはいない。お金に色はついていないのだから、消費税収が何に使われたかは確認しようがなく、森友学園への国有地値引きに充てられた可能性すらあるのだ(梅原英治「消費税は社会保障に使われているか」『経済』二〇一八年六月号、六三頁参照)。

†法人税減税と消費税増税はセット?

実際、消費税の増税にあわせるかのように、法人税の減税が行われてきた。すでに、民主党政権のときの二〇一二年より、法人税率は三〇%から二五・五%に引き下げられ(法人実効税率は三五・六四%に)、安倍政権になると、成長戦略の一環として法人税減税が加速する。まず東日本大震災復興のための特別法人税が一年前倒しして二〇一四年三月末で廃止され(約八〇〇〇億円の減収)、ついで、二〇一五年度には、法人実効税率がさらに三二・一一%にまで引き下げられた。そして、二〇一六年度には、消費税率を一〇%に引き上げる際に、酒類と外食を除く飲食料品、新聞(定期購読契約が締結され週二回以上発行されているもの)について税率を八%に据え置く軽減税率(正確には「税率据え置き」というべきだが)の導入が決定される。これと同時に、法人実効税率が二九・九七%と、ついに二〇%台にまで引き下げられた。

図表20　消費税収と法人３税の減収額（単位：兆円）

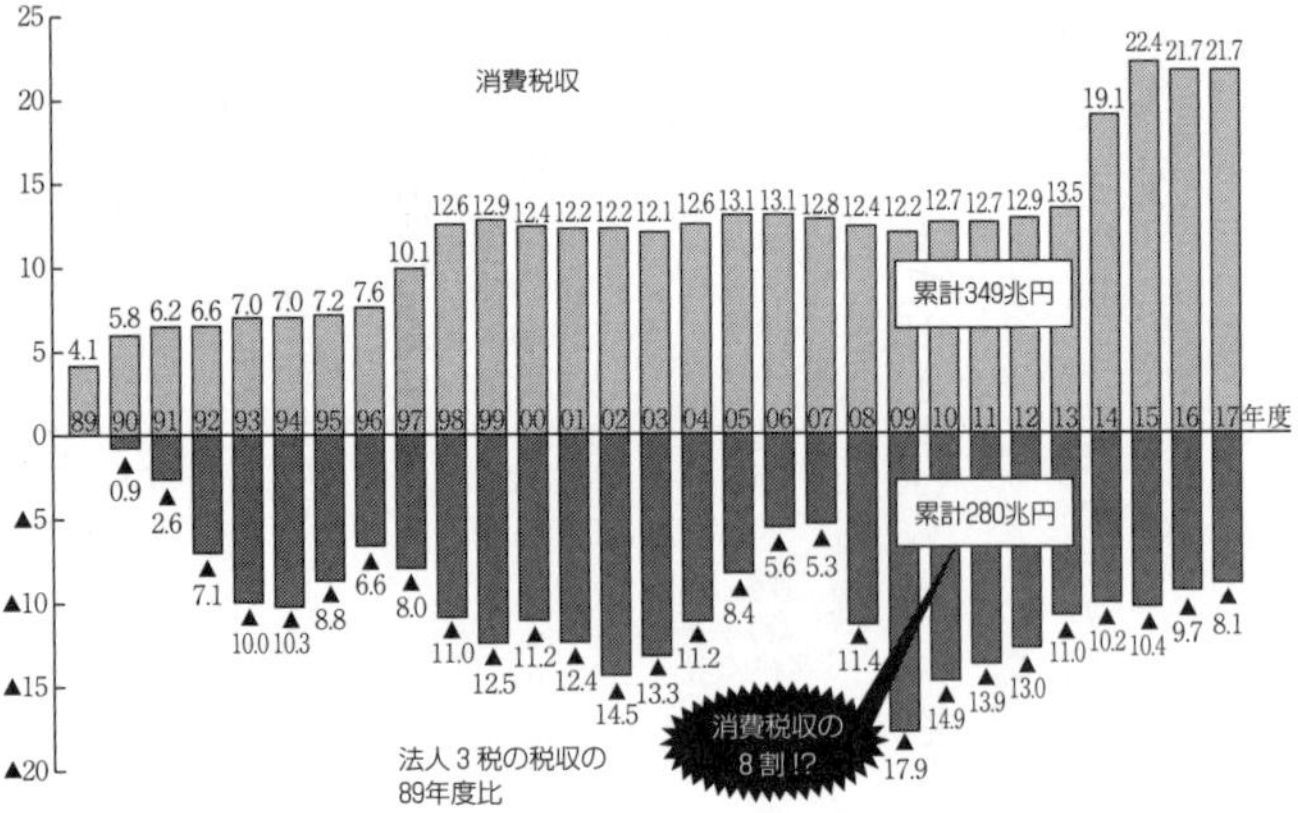

出所：不公平な税制をただす会編『消費税を上げずに社会保障財源38兆円を生む税制』（大月書店、2018年）91頁・図２

ここで、法人税の実効税率とは、法人税、法人住民税、法人事業税のほか、地方法人特別税、地方法人税を含む、企業など法人が負担している税額総額の法人所得に対する比率をいう。二〇一五年四月時点でみると、アメリカは約四〇％、フランスは約三三％、ドイツは約三〇％、イギリスは二〇％となっており、日本の税率（三二・一％）が高いことが指摘され、このことが法人税率の引き下げの論拠となっている。しかし、法人税の実効税率は、計算上の表面的な税率を示したもので、実際の負担率を意味するものではない。日本の税制では、研究開発減税をはじめ多くの減税措置（租税特別措置）があり、これらを利用できる大企業

（資本金一〇億円以上の企業をさす。以下同じ）の実際の税負担率は、表面上の税率よりはるかに低くなっている（詳しくは、富岡幸雄『税金を払わない巨大企業』文春新書、二〇一四年、第一章参照）。

こうみてくると、法人税減税は消費税増税とセットであることがわかる。法人税収と消費税収の推移のデータをみても、地方税分を含めた法人三税の税収の税率引き下げなどによる累計減収分は、一九九〇年から二〇一七年まででニ八〇兆円に達する。一九八九年からの消費税収の累計は、地方分を含めて三四九兆円となっており、消費税の増収分の八割は法人税の減税の穴埋めに使われたこととなる（図表20）。

しかし、法人税を減税しても、減税分の利益の大半は、株主への配当や役員報酬、企業の内部留保となり、労働者の賃金には回ってきていない。労働者の平均賃金は、一九九八年から下がり始め、それと並行して日本の経済成長も停滞している。経済のグローバル化に対応して国際競争力をつけるためと称して、人件費の削減が徹底して行われ、労働者の賃金が上がらない構造ができあがったといえる。非正規労働者の増大などにより、正社員を中心とする労働組合の組織率が低下し（現在、一七％）、組合の交渉能力が弱体化したことも影響している。一方で、大企業の内部留保は四一九兆円と過去最高額を更新している（二〇一七年一〇～一二月期の法人企業統計）。

†消費税の強い逆進性

何よりも、消費税は税制度として根本的な欠陥があり、以下のような問題を抱えている。第一に、日本の消費税は、一部の例外を除いてほぼすべての商品やサービスの流通過程にかかるため、家計支出に占める消費支出（とくに食料品など生活必需品）の割合が高い低所得者ほど負担が重くなる逆進性の強い税である。

こうした消費税の逆進性は、すでに多くの論者によって指摘され実証されているが、高所得者ほど、株式投資や預貯金などの金融所得が多いため、所得比でみた消費税の逆進性はいっそう強まる傾向にある。そして、消費税の強い逆進性は、消費税を社会保障の主要財源に用いた場合には、社会保障の所得再分配機能を減殺してしまうばかりか、社会保障の維持・充実のための消費税増税への同意が得にくくなるため、政治的に増税が難しくなり、社会保障の削減という政策選択がされやすい。実際、安倍政権のもとで、消費税率の引き上げは二度延期され、それを口実に、医療・介護の分野を中心に、社会保障削減が加速していることは、各章でみてきたとおりである。

日本の消費税率は、ヨーロッパ諸国の付加価値税（日本の消費税に相当）に比べれば低く、それが税率引き上げの根拠とされているふしがある。しかし、財務省が発表している最新の消費課税の概要（国税）をみると、国税収入に占める消費税収の割合は、二九・四%に達している（二〇一五年度）。これは税率二〇%のイギリスやフランスの同割合（それぞれ二五・八%、二四%。二〇一三年の割合）よりも高い水準で、ドイツ（税率三〇%）とほぼ同じ水準だ。

イギリスなどでは、食料品など生活必需品は、ゼロ税率や軽減税率であるのに対して、日本の消費税は、家賃や授業料などの非課税の品目があるだけで、ゼロ税率や軽減税率はなく単一税率であるため、税率は低くとも、税収は大きくなっているのである。さらに、食料品の税率をくらべてみても、イギリスは〇%、ドイツは七%、フランスは五・五%であり、日本の八%が一番高くなっている。日本の消費税率八%は、負担する側からすれば、とくに低所得の人にとっては、重い税であり、十分高いといえる（重税感が強い）。

†貧困や格差を拡大する消費税

また、消費税は、法人税や所得税のように利益に課税する税ではなく、事業の付加価値に課税する税のため、年商一〇〇〇万円（消費税の免税点）以上の事業者であれば、事業が赤字であっても納税額が発生し、滞納が生じやすい。実際、消費税は、国税のあらゆる品目の中で最も滞納が多い。

消費税法では、消費税の納税義務者は事業者とされているが、商品の価格は、自由市場の中で決まるため、消費税分は物価の中に埋没し、商品等の流通過程で誰が消費税分を負担しているかは明らかではなくなる。消費税分の転嫁は、市場での競争力や力関係によって決まり、力関係において劣位に置かれている下請けや零細事業者などは、価格に転嫁できず、消費者から預かってもいない消費税分を、自腹を切って納付しなければならなくなる。結局、力の弱い中小零細企業・自営業者が負担を強いられる仕組みで、滞納が多いのもそのためである。消費税の滞納が急増した一九九八年（前年に消費税率が五％に引き上げられた）は、自殺者がはじめて年間三万人を超えた年であることを考えれば、二〇一九年一〇月の一〇％への消費税率引き上げは、転嫁ができず納税を迫られる中小企業経営者・自営業者に大きな打撃を与え、それらの人の自殺を増加させる可能性が高い。

一方で、消費税は、輸出還付金により輸出大企業には大きな恩恵を与えている。企業が海外に輸出した製品については、日本の消費税を預かることはできず、製品になるまでに支払ってきた消費税分を「損税」として、企業が負担することになり、これを払戻税として還付を受けることができる。この輸出還付金は、二〇一三年度決算期で、金額一位のトヨタ自動車で、年間およそ一八〇〇億円、上位二〇社（日産自動車、キヤノン、ソニーなど）で合計およそ一兆円にのぼっており、二〇一二年度の還付金の合計額三兆二〇〇〇億円は輸出還付金控除前の消費税収一六兆六一三七億円の約二割に相当する（湖東京至「消費税の何が問題なのか――不公平性を払拭できない欠陥税制」『世界』二〇一四年二月号、一九二頁）。消費税率が八％になっている現在は、さらに還付金が増大しているはずだ。つまり、消費税が増税されれば、当然、輸出還付金も増大するわけで、輸出大企業を中心とする財界が、消費税増税を求めているのもこのためである。

さらに、消費税は、間接的ながら雇用破壊税としての性質も有している。企業は、正社員を減らし、必要な労働力を派遣や請負などに置き換えれば、それらの経費は、消費税の「仕入れ税額の控除」の対象となるため（正社員への給与はならない）、当該企業の納める消費税の納税額が少なくなる。そのため、消費税の増税は、正社員のリストラや非正規化・外注化を促しやすい。実際、消費税増税に呼応するかのように、労働分野の規制緩和が進み、派遣労働者や非正規労働者が増大している。安倍政権のもとでも、二〇一五年九月に、派遣労働による常用代替禁止原則を破棄するに等しい改正労働者派遣法が成立している。

以上のように、消費税は増税すればするほど、富める者がますます富み、貧しい者がますます貧しくなる、究極の不公平税制といえる。そして、消費税を社会保障の主要財源とすると、消費税の増税自体が、貧困や格差を拡大するので、それに対処するため、社会保障支出の増大が不可避となり、消費税を増税し続けなければならなくなる。増税ができなければ、社会保障を削減し、貧困と格差の拡大を放置するかしかない。消費税は、社会保障の財源として最もふさわしくないどころか、まさに社会保障の破壊につながる（詳しくは、伊藤周平『消費税が社会保障を破壊する』角川新書、二〇一六年、第五章参照）。そもそも、社会保障の費用すべてを消費税収で賄うことなど不可能であり、そうしている国など存在しない。社会保障の費用は、あらゆる税収で賄われるのが当然だからだ。

†増える社会保険料負担

社会保障の財源としては、税収のほかに、社会保険料も大きな比重を占めている。

筆者がかつて在職していた国立社会保障・人口問題研究所（在職当時は社会保障研究所）は、毎年「社会保障費用統計」を計算し公表している。二〇一五年度の統計（二〇一七年八月発表）をみると、「社会保障給付費」総額は約一一四兆九〇〇〇億円で、過去最高を更新、そのうち、年金保険が約五四兆一〇〇〇億円、医療保険（高齢者医療を含む）が約三五兆一〇〇〇億円、介護保険が約九兆三〇〇〇億円、雇用保険が約一兆八〇〇〇億円、労災保険が約九〇〇〇億円であり、これらを合計すると約一〇一兆二〇〇〇億円に達し、給付費総額の約八八％にあたる。日本は社会保障給付費の九割近くを社会保険方式で給付している社会保険中心の国なのである。

社会保障財源（給付費のほかに管理費、施設整備費なども含まれる）でみても、社会保険料収入が六六兆六二四〇億円と、社会保障収入総額の五四・三％を占める。社会保険料の内訳は、被保険者本人の負担（被保険者拠出）が三五兆三七二七億円で、事業主負担の三一兆五五一四億円を抜いて最も高くなっている。他の国では事業主負担の方が多いのに、社会保険料の本人負担が重いのが日本の特徴だ。実際、社会保険料の個人負担は、先進諸国ではトップレベルで、個人の所得税負担より社会保険料負担の方が大きいのは、主要国中では日本だけと指摘されている（高端正幸「誰もが抱える基礎的なニーズは税で満たせ－「社会保険主義」の罪」『公平な税制を求める市民連絡会会報』八号、二〇一七年、一二頁）。

しかも、社会保険料は、給付を受けるための対価とされているため、所得の低い人、もしくは所得がない人にも保険料を負担させる仕組みをとることが多く、低所得者ほど負担が重くなる。逆進性が強いのだ。これまでみてきたように、国民年金の保険料は定額負担（二〇一七年度で月額一万六四九〇円）で、免除制度は存在するが（ただし、保険料免除の場合は、国庫負担を除いて給付に反映されない）、国民健康保険料や介護保険料については、保険料の軽減制度はあるものの、最大で七割軽減であり、まったく収入がなくても、無年金でも、保険料が賦課される。

特別な理由があれば、市町村は条例により保険料を減免することができるが、災害など突発的な理由がある場合に限定されており、恒常的な生活困窮者の保険料免除は想定されていない。また、所得税のような累進制が採用されておらず、保険料負担には上限が存在し（厚生年金保険料について標準報酬月額の上限は六二万円）、高所得者の保険料負担は軽減されている。こうした逆進性の強い社会保険料負担は、とくに低所得者の家計に重くのしかかり、その生活を圧迫している。

加えて、この間、保険料の引き上げや自己負担（医療費の自己負担、介護保険の利用者負担など）の増大、国庫負担の引き下げなどにより、社会保険そのものが、きわめて保険主義的な制度、私保険に近い制度に変容してきた。社会保障制度としての社会保険には「保険原理」を修正する「社会原理」があるが、それが軽視され「負担なければ給付なし」という「保険原理」だけが強調されるようになってきた。なかでも、介護保険制度は、低所得を理由とした保険料免除を認めず、月額一万五〇〇〇円という低年金の高齢者からも年金天引きで保険料を徴収し、給付費と保険料が連動する仕組みを構築し「保険原理」を徹底した制度である（第四章2参照）。二〇〇八年には、後期高齢者医療制度が導入され、高齢者医療でも、保険料の年金天引き、高齢者医療費と保険料が直結する仕組みがつくられた。また、国民健康保険料の滞納者への給付制限も強化されてきた（第三章3・4参照）。

†日本における「社会保険主義」

重い社会保険料負担に加えて、社会保険の「保険原理」に重きを置く、日本の「社会保険主義」は、社会福祉の給付についても、あたかも公的扶助のような資産調査や所得制限を伴うようなイメージを付与してきた。政策面でも、福祉の公費負担を抑制する意図もあって、一九八〇年代以降、高齢者・障害者福祉サービスや保育の提供といった福祉の給付（措置制度といわれた）、そして社会手当について、受給資格に所得制限をつけ、給付内容を必要最小限度にとどめ、保育所や福祉施設の整備を抑え、保育料など利用者の負担を強化する政策が展開されてきた（第四章1、第六章1参照）。

確かに、戦後の福祉国家体制の発展を思想的に支えたイギリスの「ベヴァリッジ報告」も、社会保険制度を社会保障計画の中軸に位置づけていたが、その後、イギリスはもとより、ドイツ、フランスなど社会保険制度が中心の国々でも、日本に先んじて介護・保育など福祉サービスの重要性に気づき、「社会保険主義」の修正を進め、そうした福祉サービスは税方式で提供するようになっていった。しかし、日本では、そのように舵を切るタイミングが遅れ、財政赤字の深刻化や高齢化・少子化の進展に見舞われた一九九〇年代以降になったこともあって、政策転換が進まなかったのである。

かくして、日本では「社会保険主義」の呪縛は強く、生活保護や福祉の給付は、いまだに権利と意識されず、税方式で行っていた高齢者介護を介護保険に転換し、ついには、保育や子育て支援についても「こども保険」の構想が提唱される始末だ。

†税・社会保障による所得再分配の機能不全

こうした日本における「社会保険主義」は、不公平な税制とあいまって、税・社会保障による所得再分配の機能不全を引きおこしている。所得再分配は、税・社会保障のもつ重要な機能で、累進課税によって所得の高い人により多くの負担を求め、これを財源に、たとえば、生活保護のように、生活困窮者に対して必要な生活費を支給することで、高所得者から生活困窮者（低所得者）に対して所得が再分配される。医療保険でも、所得に応じた保険料負担を求め、必要に応じて医療を提供することで、所得の再分配が行われている。

ところが、日本では、前述のように、所得税や法人税の累進性が緩和され、社会保障の中心をなす社会保険制度の「保険原理」が強化されてきたため、税・社会保障による所得再分配が機能不全に陥っている。実際、税・社会保障による貧困削減効果は、日本はOECD（経済協力開発機構）加盟国中で最低水準である。そればかりか、同加盟国において、日本は、政府による再分配（就労等による所得から税・保険料負担を引いて、社会保障給付を足した数値）の前後を比較すると、再分配後で、子どもの貧困率が高くなる唯一の国となっている。税・社会保障による所得再分配が機能していないどころか、逆に貧困を増大させるという驚くべき事態を招いているのである。以上のことは、本来であれば、税や社会保険料が免除される所得水準の人に対しても課税や保険料賦課がなされ、それらの人に対する社会保障給付（年金・手当）がきわめて少ないことを意味する。

安倍政権の社会保障削減は、こうした税・社会保障による所得再分配の機能不全と社会保障制度の劣化を加速させ、国民の生活不安を増幅させている。政府は、社会保険では、保険料負担が給付に結びついているから、負担についての国民の理解が得やすいというが、たとえば、高い介護保険料をわずかな年金から源泉徴収されている高齢者は、保険料を払っても使えない介護保険制度に対する不信感のみが拡大している（「国家的詐欺」といわれる。第四章6参照）。年金保険についても、事前に保険料を支払っているはずなのに、マクロ経済スライドにより、もらえる年金が減らされ、さらに、日本年金機構のずさんな情報管理・処理が露呈し、制度不信が拡大している（年金保険料を払っても、どうせ年金はもらえないのではないか！）。不信が拡大した制度に未来はない。

†憲法にもとづく公正な税制の確立を――税制改革の方向

一九九七年の消費税率の五％への引き上げ以降の税制改革（所得税・法人税の減税政策）と賃金所得の低下から、所得税・法人税の税収調達力が低下してきている。所得税収は、ピーク時（一九九一年度）の二六・七兆円から、二〇一五年度で一六・四兆円と一〇兆円以上減少し、法人税収もピーク時（一九八九年度）の一九兆円から、一一兆円と激減している。二〇一八年には、法人税率そのものが二三・二％にまで引き下げられている。

税制の基本原則は、負担能力（税法では「担税力」といわれる）に応じた負担、すなわち「応能負担原則」にある。この原則は、憲法二五条の生存権規定から導き出される要請である。同時に、国民が「健康で文化的な最低限度の生活を営む権利」（憲法二五条一項）を公権力が侵害してはならない、つまり、最低生活費に食い込むような課税や社会保険料の賦課は行ってはならないという「最低生活費非課税原則」もそこから導き出される（北野弘久著、黒川功補訂『税法学原論〔第7版〕』勁草書房、二〇一六年、一二二頁参照）。所得税は、所得が高いほど税率が高くなり（最高税率が下げられてきたという問題はあるが）、基本的に応能原則で貫かれているが、消費税は、逆進性の強い不公平税制である。応能負担原則に反する消費税が、国税では、法人税の税収を追い抜き、所得税とほぼ同じ税収となっているのは（消費税率が一〇％になれば、消費税収が所得税収を抜き、トップになるのは確実だ）、どう考えても異常というほかない。

こうした異常ともいうべき不公平税制を是正するため、所得税や法人税の累進性を強化し、大企業や富裕層への課税を強化し、それを社会保障の税財源とすべきである。税の所得再分配機能を強化する、憲法の原則に基づいた税制改革が必要となる。

まず、日本の所得税率は、一九八六年まで、一五段階、最高税率七〇％（住民税の最高税率一八％）であったが、現在は、七段階、最高税率四五％（住民税の一〇％とあわせて最高税率五五％）と累進性が大きく緩和されてきた。少なくとも、最高税率の水準を一九八六年水準にまで戻せば、相当の税収増になるはずである。

また、法人税については、少なくとも、法人税の減税は早急に中止し、引き下げられてきた税率をもとに戻し、さらに引き上げも検討すべきだろう。とくに、大企業に集中する租税特別措置法による減税措置で一兆五三六一億円、法人税法の減税措置で四兆二六一二億円、合計で五兆七九七三億円の減税がなされている（二〇一四年度。「租税特別措置の適用実態調査」による）。こうした租税特別措置の廃止、少なくとも縮小で、法人税の課税ベースを拡大すべきである。

「不公平な税制をただす会」によれば、以上のような不公平税制の是正により、二〇一七年度の増収試算額は、国税で二七兆三三四三億円、地方税で一〇兆六九六七億円、合計三八兆三一〇億円にのぼるとされている（不公平な税制をただす会編『消費税を上げずに社会保障財源38兆円を生む税制』大月書店、二〇一八年、一〇〇―一〇三頁）。

†社会保険改革の方向

税制に加えて、社会保険改革が必要となる。

具体的には、社会保険料について減免措置の拡大が不可欠である。とくに、国民健康保険料・介護保険料・後期高齢者医療保険料については、収入のない人や低所得（住民税非課税）の被保険者の保険料は免除とし、保険料賦課上限の引き上げ、応益負担部分の廃止、所得に応じた負担の徹底などの抜本改革が求められる。社会保険料も憲法上は租税の概念に含まれており、保険料負担についても、応能負担原則・累進負担の原理・最低生活費非賦課の原則が適用されなければならない（北野・前掲『税法学原論［第7版］』一一五頁参照）。

また、他の国に比べて社会保険料負担に占める割合が低い事業主負担と公費負担を大幅に増大させる必要がある。とくに、国民健康保険については、医療費の定率国庫負担割合を一九八四年水準の四〇％に戻し、保険料の大幅な引き下げを行うべきだ（第三章4参照）。

さらに、被用者保険の標準報酬等の上限の引き上げも必要である。厚生年金の標準報酬月額を、現行の六二万円から健康保険と同じ一三九万円に引き上げるだけで、一・五兆円弱の保険料増収が見込めるという試算もある（垣内亮「社会保障・教育の財源は、消費税にたよらず確保できる・下」『経済』二〇一八年三月号、九六頁）。年金については、社会保険料のほかにも、前述のように、年金積立金の取り崩しにより、給付水準を引き上げることもできる（第二章4参照）。

†課題と展望――岐路に立つ社会保障

それでも、国の借金は一〇〇〇兆円を超えており、財政再建が必要だ。また、少子高齢化の進展で、税や保険料を納める社会保障の「支え手」が減るため、増え続ける社会保障費を抑制しなくてはならない、と考える人は多いのではないか。実際、政府がそのような宣伝を繰り返している。なかでも、政府が大々的に宣伝しているのが「肩車型社会」論である（財務省のホームページにも掲載されている）。高齢者人口（六五歳以上の人口）を生産年齢人口（二〇歳から六四歳までの人口）で除した数値をもとに、およそ半世紀前（一九六五年）には、六五歳以上の高齢者一人をおよそ九人の現役世代で支える「胴上げ型社会」だったが、近年（二〇一四年）では、高齢者一人を三人の現役世代で支える「騎馬戦型社会」になり、二〇五〇年には、一人の高齢者を現役世代一人で支えなくてはならない「肩車型社会」になるというものだ。

しかし、少し考えてみればわかるが、こうした財政危機論は事実の誇張であり、「肩車社会」論は誤りである。まず、国の借金だが、二〇一四年末の統計（国民所得統計）でみると、日本政府（国と自治体をあわせた政府部門全体）の債務残高は一二一二兆円であり、GDP（国内総生産）の二・四倍に及ぶ。一方で、政府部門の資産残高は一一九九兆円（金融資産五九八兆円、非金融資産六〇一兆円）もある。すなわち、日本政府は巨額の債務を抱えてはいるが、ほぼそれに見合うだけの巨額の資産を保有していることになる（山家・前掲「社会保障とその財源を考える・下」一二頁参照）。

つぎに「肩車型社会」論であるが、生産年齢人口のすべての人が働いて税・保険料を納めているわけではないし、高齢者でも働いて税・保険料を納めている人は多数いる。正確には、総人口を労働力人口（一五歳以上の人口のうち、休業者を含む就業者と失業者の合計）で除して、労働力人口一人当たりが何人を扶養することになるか（労働人口扶養比率）をみるべきだろう。これで計算すると、二〇一〇年で、労働力人口扶養比率一・八八に対して、二〇五〇年のそれは二・〇五と、労働力人口一人当たりの社会的扶養の負担は、一・一倍程度の増加にとどまるとの試算がある（醍醐聰『消費増税の大罪』柏書房、二〇一二年、一四五頁)。女性や高齢者の労働市場への進出率が高まると見込まれ、総人口が減少していくからである。

正規雇用を増やして、賃金を上げていけば、社会保障の「支え手」は増えるし、人手不足は解消されるはずだ。そして、社会保障の充実は、経済成長と雇用の創出に寄与する(このことは『厚生労働白書』でも言及されている)。とくに介護職の待遇改善を実現すれば、高齢化と過疎に悩む地域社会でも、若い人が戻って地域の活性化につながる。

多くの国民は、いま生活や老後の不安を抱え、子育てや介護・年金など社会保障の充実を望んでいる。しかし、消費税が増税されても、社会保障は充実しないこと、消費税を社会保障の財源とすることには無理があるのではないかと気づきはじめている。

社会保障の正確な現状を知らせつつ、市民運動として、消費税増税の中止と五%への引き下げ、医療・介護・年金の充実案、そのための財源は所得税と法人税の累進性の強化によって十分賄えることなどの対案を提示すること、それを今後の選挙の争点としていく取り組みが必要だ。社会保障の劣化をこのまま許して、貧困と格差が極限にまで拡大する不安定な社会にするのか、政治を変えて、社会保障を充実し、誰もが安心して暮らせる社会を実現できるのか、日本に住む私たちは、今まさに岐路に立っているといえよう。

あとがき

本書は、鹿児島大学法科大学院・法文学部法政策学科での「社会保障法」の講義をもとに、社会保障を学ぶ学生のみならず、一般の読者にも広く活用されることを目的に、できるだけわかりやすく、手にとりやすい新書の形で書き下ろした社会保障の入門書である。

本書でも指摘したが、いま、安倍政権の長期政権ゆえの驕りとゆがみが顕在化している。二〇一八年三月には、森友学園への国有地払い下げ問題に関する財務省の決裁文書の改ざんが発覚し、自殺者まで出ているにもかかわらず、官僚にすべての責任を押し付けようとする安倍政権の姿勢に批判が噴出し、一時内閣支持率が急落したが、安倍首相は、十分な証拠を示すことなく関与を否定し続け、野党側も分裂し十分な追及ができないまま、森友・加計問題に幕引きがなされようとしている。六月には、過労死が増えると過労死遺族が反対する中、高年収の専門職を週四〇時間、一日八時間を超えて労働させてはならないとする労働基準法の規制から外す高度プロフェッショナル制度の導入を含む「働き方改革関連法」が、十分な審議もなしに成立した。高度プロフェッショナル制度の対象となる年収要件は一〇七五万円以上といわれているが、国会での審議が不要な省令で改定可能なため、国民の目に触れないまま、経済界の要求に沿って、引き下げられていく可能性が高い。引き下げられれば、かなりの労働者に甚大な影響をもたらす労働規制緩和であるにもかかわらず、メディアが取り上げることも少なくなり、国民の関心は薄れてきているようにも思われる。

多くの国民は、いま生活や老後の不安を抱え、比較的安定している（ようにみえる）現在の経済状況と政権が続いてほしいと考えているのかもしれない。しかし、国民の生活不安を増幅させているのは、ほかならぬ安倍政権による社会保障削減なのである。だからこそ、社会保障削減の内容をわかりやすく伝え、社会保障充実のための明確な対案を示すことが必要ではないか。本書を執筆したのは、そうした問題意識からである。どこまで、その目的が達せられたかは、読者の叱責を待つしかないが、本書が多くの人に読まれ、社会保障を充実し、誰もが安心して暮らせる社会を実現するための一助になればと願っている。そして、私自身、社会保障充実のために、今後も研究を続けていきたいと考えている。

最後に、本書の成立にあたっては、さまざまな形で多くの方々の助言や援助をいただいた。個々にお名前を挙げることはできないが、学習会の場や個別の取材に対して、貴重な時間をさいて、お話を聞かせてくださった障害者や高齢者の方々、保育士や介護士の方々、さらに生活保護基準引き下げ違憲訴訟および年金引き下げ違憲訴訟の原告・弁護士、支援者の方々に、この場をかりて改めて感謝申し上げたい。そして、筑摩書房新書編集部の橋本陽介さんには、企画の段階からお世話になり、わかりやすい記述への適切なアドバイスをいただき、また校正段階での大幅な修正にも応じていただいた。厚くお礼を申し上げたい。

二〇一八年七月

伊藤周平

ちくま新書
1333-3

社会保障入門《しゃかいほしょうにゅうもん》
（シリーズ ケアを考える）

二〇一八年八月一〇日 第一刷発行

著者 伊藤周平（いとう・しゅうへい）

発行者 喜入冬子

発行所 株式会社 筑摩書房
東京都台東区蔵前二-五-三 郵便番号一一一-八七五五
振替〇〇一六〇-八-四一二三

装幀者 間村俊一

印刷・製本 三松堂印刷 株式会社

乱丁・落丁本の場合は、左記宛にご送付ください。
送料小社負担でお取り替えいたします。
ご注文・お問い合わせも左記へお願いいたします。
〒三三一-八五〇七 さいたま市北区櫛引町二-六〇四
筑摩書房サービスセンター 電話〇四八-六五一-〇〇五三

ISBN978-4-480-07161-3 C0236

ちくま新書

1333-1
持続可能な医療【シリーズ ケアを考える】
――超高齢化時代の科学・公共性・死生観
広井良典
高齢化の進展にともない増加する医療費を、将来世代にこれ以上ツケ回しすべきではない。人口減少日本の最重要課題に挑むため、医療をひろく公共的に問いなおす。

1333-2
医療ケアを問いなおす【シリーズ ケアを考える】
――患者をトータルにみることの現象学
榊原哲也
そもそも病いを患うとは、病いを患う人をケアするとはどういうことなのか。患者と向き合い寄り添うために現象学という哲学の視点から医療ケアを問いなおす。

1155
医療政策を問いなおす
――国民皆保険の将来
島崎謙治
地域包括ケア、地域医療構想、診療報酬改定。2018年に大転機をむかえる日本の医療の背景と動向を精細に分析し、医療政策のあるべき方向性を明快に示す。

1261
医療者が語る答えなき世界
――「いのちの守り人」の人類学
磯野真穂
医療現場にはお堅いイメージがある。しかし実際はあいまいで豊かな世界が広がっている。フィールドワークによって明らかにされる医療者の胸の内を見てみよう。

998
医療幻想
――「思い込み」が患者を殺す
久坂部羊
点滴は血を薄めるだけ、消毒は傷の治りを遅くする、抗がん剤ではがんは治らない……。日本医療を覆う、根拠のない幻想の実態に迫る!

1020
生活保護
――知られざる恐怖の現場
今野晴貴
高まる生活保護バッシング。その現場では、いったい何が起きているのか。自殺、餓死、孤立死……。追いつめられ、命までも奪われる「恐怖の現場」の真相に迫る。

1090
反福祉論
――新時代のセーフティーネットを求めて
金菱清
大澤史伸
福祉に頼らずに生き生きと暮らす、生活困窮者やホームレス。制度に代わる保障を発達させてきた彼らの生活実践に学び、福祉の限界を超える新しい社会を構想する。